GOTTESERFAHRUNG
UND WEG IN DIE WELT

Bernhard von Clairvaux

HERAUSGEGEBEN,
EINGELEITET UND ÜBERSETZT
VON BERNARDIN SCHELLENBERGER

WALTER-VERLAG
OLTEN UND FREIBURG IM BREISGAU

Die Abbildung zeigt einen Ausschnitt der Miniatur aus einem Cistercienser-Gra-
duale des Frauenklosters Wonnetal im Breisgau, Badische Landesbibliothek Karls-
ruhe, Cod. U. H. 1, fol. 195, Mitte 14. Jahrhundert. Sie stellt die Vision Bernhards
dar, in der Christus sich ihm vom Kreuz herab zuneigt.

1. Auflage 1982
Alle Rechte vorbehalten
© Walter-Verlag AG, Olten 1982
Gesamtherstellung in den grafischen Betrieben des Walter-Verlags
Printed in Switzerland

ISBN 3-530-06590-0

Inhaltsverzeichnis

Vorwort 7

EINFÜHRUNG 9

TEXTE 71

I. Der Weg der Rückkehr zu Gott

73 Komme zu dir selbst
80 Erkenne als Armer die Liebe Gottes, die dich beschenken will
82 Aus dir selbst bist du nichts, aber Gottes Liebe macht dich groß
87 Die nüchternen Anfänge im geistlichen Ringen und das Gebet um Gottes Beistand
93 Ein Überblick: Der Weg der Rückkehr zu Gott ist der Weg der Liebe; er steht jedem Sünder offen
100 Was der Mensch auf den einzelnen Stufen seiner Bekehrung erfährt, wenn er sich auf den Weg macht
116 Der geistliche Weg als Heilungsprozeß
118 Was sich im Menschen bei der Abkehr von Gott und bei der Rückkehr zu ihm abspielt, aufgezeigt am Gleichnis vom Verlorenen Sohn
127 Der Stufenweg der Erkenntnis: Erkenntnis und Liebe seiner selbst – seiner Mitmenschen – Gottes

*II. Die Begegnung mit Gott in der Armut
und Schwäche Christi*

142 Der Glaube, der vom Hören kommt, erkennt Christus in seiner äußeren Unansehnlichkeit
153 Die höchste Weisheit und Philosophie: Jesus kennen, und zwar als Gekreuzigten
158 Christi Liebe und Hingabe weckt unsere Liebe und Hingabe

160 Wie Gott uns in seiner Menschwerdung für seine Liebe gewonnen hat

165 Das Schauen auf den Menschgewordenen im Glauben wandelt sich zur Schau in der Liebe und führt zum Gespräch mit dem WORT

III. Stufen der Gottesliebe

171 Der Weg aus der Knechtschaft des Eigenwillens in die Freiheit der Liebe über die Stufen der Liebe des Knechtes, des Lohnarbeiters und des Sohnes

180 Das stete Wachsen der Liebe bis zur Ekstase und Vollendung in Gott

IV. Gezeiten des Suchens und Findens

207 Das Kommen und Gehen des WORTES, und wie seine Erfahrung beschaffen ist

212 Wer Gott liebt und sucht, wird bereits von Gott geliebt und gesucht

V. Begegnung und Vereinigung mit Gott

219 Drei Orte der Begegnung mit Gott

226 Die Ekstase in den Ort jenseits aller Bilder und Vorstellungen hinein

230 Die Sprache der Liebe

233 Wie der Mensch mit Gott eins werden kann

239 Die Teilhabe am Leben des dreifaltigen Gottes in Erkenntnis und Liebe

ANHANG 249

251 Schlüssel der zitierten Werke

252 Literaturhinweise

254 Lebenstafel

30 - Mai 2004

Bernhard hat gesagt (Schaller

Wer auf Maria schaut,
geht nicht in die Irre

VORWORT

Bernhard von Clairvaux kann man nicht eigentlich darstellen im Sinn von unbewegt hinstellen. Aus seiner Geschichte und seinen Schriften sprüht noch heute Leben, das anstecken und mitreißen will. Vieles von dem, was er gesagt hat, läßt sich einfach nicht besser sagen. Darum ist bereits die Einführung in diese Textauswahl streckenweise zu einer Aufreihung von Worten Bernhards geworden, miteinander verbunden durch einige erläuternde Sätze. Im zweiten Teil werden dann bewußt *längere* Texte aus seinen Schriften vorgestellt oder seine geistlich ergiebigsten Traktate in gekürzter, gestraffter Form. Sie sind so angeordnet, daß es dem Leser möglichst gut gelingt, sich auf den inneren Weg, den Bernhard weist, mitnehmen zu lassen. Dem sollen auch die Überschriften und Zwischentitel dienen, die vom Herausgeber eingefügt sind. Sämtliche Texte wurden für dieses Buch neu übersetzt, da Bernhards Schriften leider nie vollständig in deutscher Sprache erschienen und die vorhandenen älteren Übersetzungen seiner Predigten und einzelner Abhandlungen sprachlich etwas veraltet sind. Mit dem vorliegenden Band erscheint nach über vierzig Jahren erstmals wieder eine etwas umfangreichere Übersetzung der Schriften Bernhards von Clairvaux.

Ich widme dieses Buch meinen Brüdern in der Abtei Mariawald und meinen Mitbrüdern und Mitschwestern in allen deutschsprachigen Zisterzienserklöstern beider Observanzen.

Im Frühjahr 1982   Br. Bernardin Schellenberger OCSO

EINFÜHRUNG

«Ich bin wütend (irascor) über all die Dinge, die mich beanspruchen», hat Bernhard von Clairvaux an die Kartäuser geschrieben. «Sie sind daran schuld, daß ich mich nicht um Euch kümmern konnte, obgleich ich Euch nicht vergessen habe. Darunter leide ich häufig. Und deshalb bin ich häufig wütend» (Brief 12). Und mit fast denselben Worten an Gräfin Ermengard von der Bretagne: «Glaube mir, ich bin wütend über alle diese Beschäftigungen, die mich ständig davon abhalten, Dich zu sehen» (Brief 117). Mit Papst Eugen III. erwägt er diese «verfluchten Beschäftigungen (occupationes maledictae)», die dem Herzen die Gottesfurcht und die Aufgeschlossenheit für die Menschen rauben (Cons. I,3,3).

Immer wieder klagt Bernhard in seinen Briefen, er sei überlastet und könne deshalb nur kurz antworten. Bei seinem Freund Wilhelm von Saint-Thierry, der sich beschwert, auf mehrere Briefe kein einziges Antwortschreiben bekommen zu haben und seine Liebe ungebührend erwidert zu finden – «ut plus amans minus diligar» –, entschuldigt er sich mit dem fadenscheinigen Argument, im 1. Johannesbrief stehe, wir sollten «uns nicht mit dem Wort und mit der Zunge, sondern in Tat und Wahrheit lieben» (1 Joh 3,18; Brief 85).

Eine seiner Hoheliedpredigten bricht er ab mit der Klage: «Wir werden weggerufen, um uns etwas anderem zu widmen, das nicht wert ist, unser Thema zu verdrängen. Von allen Seiten diese Bedrängnis! Ich weiß gar nicht recht, worunter ich mehr leide: daß ich von diesem hier weggerissen oder daß ich von jenem zerrissen werde. Jedenfalls ist beides zusammen noch lästiger als eines davon. Diese Knechtschaft! Dieser Zwang! Ich tue nicht, was ich will, sondern was ich hasse» (Cant. 76,10).

Bei der Besprechung des Hoheliedverses 2,7: «Stört die Geliebte nicht, bis sie selbst es will», entfährt ihm die Beschwerde, die er dann gleich wieder bereut und widerruft: «Hier sitzen einige, die etwas aufmerksamer bei der Behandlung dieses Abschnitts zuhören sollten. Dann würde ihnen deutlich, daß man seine Vorgesetzten nicht grundlos belästigen sollte, und sie würden endlich anfangen, mich ein klein bißchen mehr als bisher zu schonen. Sie würden sich mir nicht so unverschämt und leichtfertig aufdrängen, wenn ich einmal einen freien Augenblick habe. Ihr wißt doch genau, wie selten mir angesichts all dieser Besucher eine ruhige Stunde vergönnt ist» (Cant. 52,7).

Sein Inneres gleiche einem verwüsteten Weinberg, führt er in einer anderen Ansprache aus: «Weh mir! In welcher Gefahr schwebt mein Weinberg! Weder komme ich dazu, einen Zaun darum zu legen, noch eine Kelter darin zu graben. Weh mir! Die Mauer meines Weinbergs ist zerstört, und alle, die am Weg vorbeikommen, plündern ihn aus (vgl. Ps 80,13). Er ist der Trostlosigkeit schutzlos ausgeliefert. Ungehindert dringen Zorn und Ungeduld in ihn ein. Die umtriebigen Füchse der andrängenden Geschäfte verwüsten ihn. Von allen Seiten brechen Ängste, Argwohn und Besorgnis in ihn ein. Selten vergeht eine Stunde, ohne daß ihn Scharen streitsüchtiger Menschen und lästige Händel heimsuchen. Mir bleibt keine Möglichkeit, sie mir vom Leib zu halten; keine Kraft, sie abzuweisen, ja nicht einmal Zeit zum Gebet» (Cant. 30,7).

Kein «einfacher» Heiliger

Bis vor nicht allzu langer Zeit haben solche Äußerungen peinlich und störend in dem Bild gewirkt, das von einem Heiligen und Mystiker vom Format Bernhards verbreitet war. Heute sind sie eher dazu angetan, uns zu trösten und zu ermutigen: nicht so sehr, weil sie uns in unseren eigenen Schwierigkeiten und Schwächen beruhigen und beschwichtigen könnten, sondern weil sie uns offenbaren, daß die Lebensbedingungen und menschlichen Erfahrungen selbst solcher überragender Geister nicht völlig anders als die unsrigen sind. Lange hat eine gut gemeinte Überlieferung die Heiligen derart von unserer eigenen Alltagswelt abgehoben, daß wir sie nur von ferne bestaunen konnten und zugleich die Hoffnung verlieren mußten, den Anschluß an ihren Weg jemals zu finden. Bernhard von Clairvaux scheint in besonderer Weise dazu geeignet, uns zerrissenen Menschen des zwanzigsten Jahrhunderts eine realistische Mystik vorzuleben und uns nüchterne Vorstellungen darüber zu vermitteln, selbst wenn bestehen bleibt, daß sein Charisma einmalig war und nicht einfach imitierbar ist.

Bernhard war ein sehr komplizierter, spannungsgeladener, widersprüchlicher Mensch. Seine frühen Biographen und eine jahrhundertelange Tradition haben das allzusehr überspielt, aber spätestens seit dem Beginn der neuzeitlichen Geschichtsforschung und endgültig seit der konsequenten Anwendung der historisch-kritischen Methode auf die Quellen über sein Leben (namentlich seit 1961 durch A.H. Bredero) und neuerdings durch «psychohistorische» und linguistische Analysen seiner Schriften (durch J.Leclercq) ist diese Tatsache nicht mehr zu übersehen.

A.Luchaire war bereits 1899 so weit gegangen, den Abt von Clairvaux als eine zutiefst gespaltene Persönlichkeit zu bezeichnen, in der zwei unvereinbare Wesenszüge nebeneinander bestanden hätten. Der Widerspruch zwischen dem glühenden Kontemplativen, Mystiker und Asketen einerseits und dem Mann ständiger Aktionen, dem rastlosen Prediger, der dem Hochadel sowie Königen und Päpsten seine Direktiven gab und jahrelang der eigentliche Führer der lateinischen Kirche war, schien ihm ein gesundes Maß zu überschreiten. Dazu kam der Widerspruch zwischen seiner körperlichen Schwäche und seiner geistigen Ausstrahlungskraft, zwischen seiner gewinnenden Güte und Zärtlichkeit und seiner abstoßend militanten Heftigkeit und Unduldsamkeit, eine seltsame Verbindung von tiefer Demut mit Machtlust und Menschen- und Weltverachtung. Luchaire sah darin den Grund für Bernhards großen Einfluß auf seine Zeitgenossen: seine schillernde Natur sei geeignet gewesen, die unterschiedlichsten Menschen in ihren widersprüchlichsten Aspirationen zu bestätigen und für sich zu gewinnen; die einen habe er durch sein monastisches Ideal, seine Heiligkeit und

seine Wunder mitgerissen, die anderen durch seine militante Ge-
walttätigkeit und Agitationskunst, wobei ihm seine suggestive
Kraft und sein Redetalent in außerordentlicher Weise von Nutzen
gewesen seien.

C. H. Talbot hat 1954 aus einer Analyse der Briefe Bernhards den
Schluß gezogen, Bernhard habe sich oft aufgrund von mangelhaf-
ten Informationen zum Gegner anderer gemacht und sei recht an-
fällig für überzogene oder einseitige Darstellungen gewesen. Zu
dieser Neigung sei der Hang gekommen, sich in viele Angelegenheiten einzumischen, die ihn als Abt von Clairvaux eigentlich
nichts angingen; er habe es dabei an Diskretion gegenüber den per-
sönlichsten Empfindungen anderer fehlen lassen und sei vom
Wunsch nach persönlichem Erfolg auf Kosten anderer beseelt gewesen.

So übertrieben vor allem Luchaires Schlüsse sein mögen: es steht jedenfalls eindeutig fest, daß eine gewaltige Spannung zwischen
Bernhard als Heiligem und Bernhard als widersprüchlichem Menschen besteht. «Man könnte das natürlich mit theologischen Refle-
xionen abtun und das menschliche und historische Element in
Bernhard als Angelegenheit von untergeordneter Bedeutung her-
unterspielen. Aber alle Historiker, die nicht diese Ausflucht ge-
wählt haben, sahen sich vor diese beiden miteinander unvereinba-
ren Interpretationen Bernhards gestellt und mußten folglich bei
ihm ein psychologisches Problem, einen inneren Widerspruch kon-
statieren, von dem man annimmt, er habe ihn ständig gepeinigt,
wenn nicht an den Rand gebracht» (A. H. Bredero).

Die bekannteste und vielzitierte Stelle, an der Bernhard selbst diesen Widerspruch formuliert hat, steht in einem Brief an den Kar-
täuserprior Bernhard von Portes, den er in vorgerücktem Alter geschrieben hat: «Es ist Zeit, daß ich mich um mich selbst kümmere.
Meine abscheuliche Lebensführung und mein beunruhigtes Gewissen schreien zu Euch. Denn ich bin gleichsam die (widernatürli-
che) Chimäre meines Jahrhunderts. Ich lebe weder das Leben eines
Mönches, noch das eines Laien. Dem klösterlichen Lebensstand

habe ich schon längst entsagt, aber nicht dem Gewand. Ich will Euch nicht dasjenige schreiben, was Ihr, wie ich glaube, von anderen über mich erfahren könnt, was ich nur immer tue, was ich anstrebe und über welche Grenzlinien ich mich an die Welt wende, oder besser, in welche Abgründe ich mich stürze» (Brief 250,4; übers. v. Bredero).

Die Spannung im christlichen Begriff von Kontemplation

Im Rahmen unserer Darstellung von Bernhards «Gotteserfahrung und Weg in die Welt» können und sollen nicht alle die vielfältigen Widersprüche in seinem Wesen und Leben näher untersucht werden. Wir beschränken uns hier auf den Konflikt zwischen Kontemplation und Aktion, in dem er gestanden hat. Es soll gezeigt werden, wie gerade im Leben dieses spannungsgeladenen Menschen Wesentliches über die Eigenart christlicher Mystik deutlich wird: daß *diese Mystik selbst* in ihrem Kern ein spannungsgeladenes Phänomen ist und in Wirklichkeit jener Art Einfachheit und statischen Ruhe entbehrt, die ein ruheloses Herz – und nicht zuletzt dasjenige Bernhards – von ihr erwartet und erhofft.

«Einfachheit» und «Ruhe» samt allen ihren Synonymen meinen in der Tradition der genuin biblisch-christlichen Mystik nicht einen objektiven äußeren oder inneren Zustand, eine psychische Befindlichkeit des Menschen *an sich*, sondern die Eindeutigkeit, Konsequenz und Kontinuität einer personalen Beziehung auf das Du Gottes und dessen Willen hin. Der daraus sich ergebende ständige Gehorsam gegenüber diesem Du, dieser unablässige Anspruch, aus sich selbst herauszugehen und sich sich selbst nehmen zu lassen – mystische «Ekstase» ist in diesem Sinn eine *Gehorsams*-Ekstase –, ist nicht unbedingt dazu angetan, jene Art Ruhe-in-sich-selbst zu bestätigen und zu fördern, zu der sich jeder Mensch mehr oder weniger stark von Natur aus hingezogen fühlt. Selbstverständlich kennt auch die Beziehung zu Gott Erfahrungen des Friedens und des Ruhens in der Liebe. Bernhard schreibt, sie seien kurz und selten – «breve momentum, et experimentum rarum» (Cant. 85,13). Aber ein grundlegendes Mißverständnis und ein immer aktuelles Problem in der Geschichte der Mystik, und namentlich in der Tradition der kontemplativen Orden, besteht darin, diese Erfahrung als Dauerform einrichten und die lebendige Beziehung in eine statische Lebensordnung umgießen zu wollen. Das mag in einem gewissen Grad unerläßlich und notwendig sein, kann aber, wenn es die lebendige Beziehung ersetzt und allzusehr normiert oder mit Bräuchen oder Techniken am Leben zu halten versucht, diese geradezu verhindern oder ersticken.

Platonismus und Neuplatonismus haben der christlichen Tradition die Denkmodelle und Begriffe zur Ausformulierung einer zutiefst menschlichen Sehnsucht nach der Rückkehr ins ungeteilte Eine, nach dem Ausruhen im Einfachen, nach dem Frieden im Eindeutigen und Endgültigen geliehen – die indes ständig durchkreuzt wird vom erst eigentlich christlichen Anspruch des Gehorsams in der Nachfolge Christi durch diese komplexe Welt hindurch, zum Engagement im Komplizierten, zum Streiten und Leiden im Verworrenen und Vorläufigen.

Das Leben Bernhards als Schauplatz dieser Spannung

Bernhard war ein zu komplizierter Mensch, um dieses Ideal (nur-) menschlicher Ruhe und Einfachheit als Dauerzustand auch nur annähernd zu erreichen; und gerade diese seine schwierige Natur hat ihn – ein gut Stück weit gegen sich selbst, gegen seine eigene menschliche Sehnsucht, gegen konventionelle, allzu einfache Vorstellungen von Kontemplation – gezwungen, jenen anderen, vom Evangelium verheißenen Frieden mitten in der Bedrängnis zu entdecken, die kontemplative Dimension mitten im aufreibenden Dienst. Bei näherem Zusehen zeigt sich, daß das, was Luchaire und andere für eine nahezu pathologische Zwiespältigkeit in seinem

Wesen gehalten haben – wenigstens, was sein Hin- und Hergerissenwerden zwischen Kontemplation und Aktion betrifft –, nicht nur Bernhards persönliches, durch seinen Charakter bedingtes Problem war, sondern daß er in seinem Leben jene Spannung, die der christlichen Mystik grundsätzlich eigen ist, besonders deutlich ausgetragen und sichtbar gemacht hat. Er mußte lernen, damit zu leben. Es macht ihn im Grunde nur sympathischer und bringt ihn uns und unseren Problemen mit uns selbst und mit Gott näher, wenn wir erleben, wie er immer wieder aufbegehrt hat gegen diesen anstrengenden Lernprozeß.

Schon seine Zeitgenossen und Freunde, und erst recht die Epigonen und Nachfahren im eigenen Orden, haben diese Spannung selten genügend erfaßt und durchgehalten, sondern sie haben Bernhard halbiert und zum «rein» kontemplativen Mönch umstilisiert, der sich nur, wenn er im Gehorsam gezwungen wurde, in kirchlichen und politischen Angelegenheiten engagiert und in dieser Hinsicht Ausnahmen gemacht haben soll, die ganz außerhalb des Horizonts eines «normalen» Mönchslebens bleiben müssen.

Schon früh hat bei den Chronisten der Zisterzienser und den Biographen Bernhards eine «légendarisation consciente» (A.H. Bredero, J.Leclercq), ein bewußtes Stilisieren der Historie zum Zweck der Erbauung der Leser und der Verbreitung bestimmter Ideale, eingesetzt. Bernhards Sekretär Gaufried schreibt bereits um 1145, also noch zu Lebzeiten Bernhards, als Kind sei dieser sehr menschenscheu und furchtsam gewesen, «so daß er lieber sterben wollte, als öffentlich das Wort ergreifen oder Unbekannten vorgestellt werden» (Fragm. Gaufr. n. 4). Wilhelm von Saint-Thierry begründet zur selben Zeit Bernhards Klostereintritt mit dem Wunsch, vor den gefährlichen Versuchungen durch die Welt zu fliehen, «vor der Eitelkeit, wozu ihn seine weltliche Adelsstellung, seine hohe geistige Begabung oder der Ruf einer gewissen Heiligkeit hätten verleiten können». Er habe «völlig verschwinden und ‹vor den Schrecknissen der Menschen in der Geborgenheit des Antlitzes Gottes verborgen sein wollen› (Ps 31,21)» (Vita I,I,8).

Nun pflegen allerdings menschenscheue, schüchterne junge Männer, die im Kloster untertauchen wollen, kaum den Ehrgeiz und erst recht nicht die Fähigkeit zu entwickeln, ihre sämtlichen Bekannten und Verwandten ebenfalls dafür zu begeistern und mitzuschleppen. Bernhard hat das getan: Er hat alle seine Brüder und Freunde, insgesamt dreißig, zum selben Schritt überredet, hat sie in einer Art Kommune ein halbes Jahr lang gesammelt und geschult und dann als geschlossene Gruppe nach Cîteaux mitgenommen. Schon an diesen in der Geschichte des christlichen Mönchtums einmaligen Umständen des Klostereintritts Bernhards wird seine übersprühende Natur und sein nicht nur auf Gott, sondern auch auf die Menschen ausgerichteter Elan überdeutlich.

Man wird es glauben dürfen, daß er, «sooft er sich den Geschäften entziehen konnte, betete, las oder schrieb» (Gaufried, Vita I,III,2); aber das ist nicht der *ganze* Bernhard, und es stimmt nur halb, es sei «von Anfang an sein Wunsch gewesen, sich um jeden Preis von Geschäften fernzuhalten und nirgends hinzureisen, sondern im Kloster zu verweilen» (Gaufried ebd. 5). Dazu paßt nicht ganz die Tatsache, daß ihm 1143 Papst Innozenz II. vorgeworfen hat, er mische sich unnötig stark in politische Dinge ein. Und «ein Biograph berichtet uns, daß es Bernhard gesundheitlich immer gut ging, wenn er außerhalb seines Klosters weilte; dagegen wurde er sehr krank, wenn er in der Klausur blieb. Das ist ein recht interessantes Phänomen für die Psychologen», hat B. Smalley bemerkt. M.-M. Davy hat dazu gemeint: «Erstens weiß man nicht, ob das stimmt, und zweitens gleicht man Jakob, der mit dem Engel kämpft, wenn man sich der Kontemplation widmet: man hinkt.»

Das Mönchsleben ist ein dynamischer Prozeß

Im Folgenden soll nun zu zeigen versucht werden, daß der *ganze*, lebendige Bernhard in seinem aufreibenden Hin und Her zwischen Kontemplation und Aktion und in zahlreichen reiferen Reflexio-

nen darüber sehr viel besser an eine biblisch und theologisch stichhaltige Auffassung christlicher Lebenspraxis heranreicht als jener
halbe, eindeutige Mensch, zu dem man ihn immer wieder gern
umgemodelt hätte und in dessen Rolle er auch selbst nicht ungern
geschlüpft wäre. De facto hat er eine vielseitige und deshalb realisti-
schere und erst eigentlich christliche Form des Mönchslebens verwirklicht; er hat sie nicht systematisch dargestellt, und man findet
bei ihm etliche Passagen, aus denen man schließen könnte, er sei der
Auffassung gewesen, ein volles Christenleben sei streng genommen
nur hinter den Mauern eines Zisterzienserklosters und fern der
Welt möglich.

Zwei Lebensbeschreibungen von Mönchen der christlichen Früh-
zeit dürfen – ganz unabhängig von der Frage, wie weit sie historisch stichhaltige Fakten angeben – als maßgebliche Entwürfe für
das ganze nachfolgende Mönchtum in Ost und West angesehen
werden: die Vita des heiligen Antonius aus der Feder des Bischofs
Athanasius von Alexandrien († 373) und die Vita des heiligen Benedikt von Papst Gregor dem Großen († 604). Beide schildern das
Mönchsleben nicht als eine statische Einrichtung, sondern als einen
dynamischen Prozeß durch zahlreiche Entwicklungsstufen und Lebensformen hindurch. Es beginnt mit einer Zeit völliger Zurückgezogenheit – besonders intensiv und lange bei Antonius – und des
geistlichen Kampfes mit den Bildern und Mächten des Bösen, die
den Einsamen anfallen. Dann öffnet sich dieses Leben immer weiter
und strahlt in die Welt aus: um den Eremiten sammeln sich Brüder, mit denen er in Gemeinschaft lebt; er gründet Klöster; er widmet sich den Armen oder unterweist andere im Glauben; er engagiert sich in der Kirche (Antonius geht zeitweise nach Alexandrien,
um den verfolgten Christen beizustehen und den Arianern die Stirn
zu bieten) und in der zeitgenössischen Politik (Antonius schreibt
einen Ermahnungsbrief an den Kaiser, Benedikt empfängt den Go-
tenkönig Totila). Dabei kommt der Mönch aus seinem zurückge-
zogenen Leben und kehrt immer wieder in dieses zurück.

Im orientalischen Mönchtum ist diese Dynamik am lebendigsten geblieben und hat bis zum Anfang unseres Jahrhunderts in den russischen Starzen eindrucksvolle Gestalten hervorgebracht, denen Dostojewski im Starez Zosima (in «Die Brüder Karamasow») ein bleibendes Denkmal gestiftet hat.

In der abendländischen Tradition ist seit dem Mittelalter der Sinn für die vielfältigen Phasen einer mönchischen Existenz ziemlich verlorengegangen: die bewegte Kurve der Linie eines Mönchslebens mit ihren alternierenden Ausschlägen in Richtung Einsamkeit und in Richtung Engagement in der Welt wurde sozusagen auf ihren arithmetischen Mittelwert eingependelt, und es wurde eine Art «Normalform» mönchischen Daseins eingerichtet, in der ständig und unabänderlich tagtäglich für jedes Element ein angemessener Raum – nicht zu wenig und nicht zu viel – vorgesehen war: ein Stück Alleinsein, ein Stück Gemeinschaft, ein Stück Arbeit, ein Stück Muße. Jeder Tag bot nun alles, Extreme wurden vermieden – um den Preis, daß der einzelne sein ganzes Leben lang auf den Lebensstil eines eifrigen Novizen festgelegt wurde, und daß der «kontemplative» Charakter einer Gemeinschaft danach bemessen wurde, wie gut sie ihre Mitglieder in der Klausur unter Verschluß hielt und wie intensiv ihre Tages- und Gebetsordnung war. Machte sich im Leben eines Mönches jener Reifungs- und Entwicklungsprozeß bemerkbar, so konnte er in größte Schwierigkeiten geraten: In seinen eigenen Augen und in denjenigen seiner Umgebung sah das wie eine «Krise» aus, er lief Gefahr, kein «richtiger», «normaler» Mönch mehr zu bleiben. Schon Bernhard hatte unter diesem Konflikt zu leiden, und bis in die gegenwärtige Gesetzgebung für die kontemplativen Orden wirkt diese statische Vorstellung, diese erstarrte «Norm», wie ein Mönch auszusehen habe, nach. Besonders beengend kann dies für die Nonnen werden, obwohl die frühe Tradition auch für sie eine große Beweglichkeit kannte; den Mönchen bot das Priestertum immer Möglichkeiten für eine legitime Öffnung, stellte allerdings auch zugleich eine ständige Versuchung dar, in pastorale Tätigkeiten abzuwandern, ehe sie sich dem Anspruch der Einsamkeit genügend gestellt hatten.

Nicht ganz unschuldig an dieser Entwicklung oder vielmehr Erstarrung ist der Umstand, daß seit dem 9.Jahrhundert die Regel Benedikts im Abendland zur nahezu ausschließlichen Richtschnur mönchischen Lebens wurde. Benedikt schreibt zwar darin, sie sei als «bescheidene Regel für Anfänger geschrieben» (RB 73,8), und er sieht ausdrücklich ein Hinauswachsen aus der von ihr festgelegten Lebensform vor. Aber praktisch wurde das als Bescheidenheitsfloskel des Autors betrachtet; oder man räumte grundsätzlich diese Möglichkeit ein, anerkannte aber kaum konkrete Fälle, auf die sie tatsächlich zutraf.

Bernhard: Vielen nützen ist besser als einsam leben

Bei Bernhard finden sich zahlreiche Äußerungen, die den Mönch definitiv auf ein «rein» kontemplatives Leben im Bereich des Klosters festzulegen und also diese statische Auffassung zu bestätigen scheinen.

«Das Amt des Mönches in der Kirche ist es, zu sitzen und zu schweigen», schreibt er an Abt Odo von Tours (Brief 397,2), und wiederholt zitiert er das Wort des Hieronymus (an das sich dieser selbst auch nicht gehalten hat): «Der Mönch hat nicht den Auftrag, zu lehren, sondern über sich und die Welt zu weinen» (Hieronymus, Contra Vigilantium 15; zitiert in Cant.64,3; Brief 89,2; Brief 365,1). In einer Predigt karikiert er den inneren Antrieb des Mönches, anderen zu predigen, als Versuchung, als «kleinen Fuchs, der den Weinberg verwüstet» (nach Hld 2,15; Cant.64,2–3).

Aber Bernhard kann auch anders sprechen. Sieht man genau zu, so hat er den inneren Antrieb zum Predigen als Versuchung *der Anfänger* beschrieben; er kennt auch andere Phasen des Mönchslebens, wo das Predigen sinnvoll, ja zur Pflicht werden kann. In einer Hoheliedpredigt spricht er von den Fehlern, «entweder herzugeben, was wir für *uns* empfangen haben, oder zurückzuhalten, was uns zum Verteilen gegeben worden ist. Was dem Nächsten zusteht, hältst du zum Beispiel zurück, wenn du gereift und dazu noch nach außen mit den Gaben des Wissens und der Beredsamkeit begabt bist und dann aus Furcht oder Trägheit oder aus unkluger Demut das gute Wort, das vielen helfen könnte, in einem nutzlosen, ja verdammenswerten Schweigen verschlossen hältst. Du bist dann verflucht, weil du dem Volk das Getreide vorenthältst (vgl. Sprw. 11,26). Ungekehrt verschleuderst und verlierst du, was dir gehört, wenn du dich, ehe du selbst ganz voll bist, schon als Halbreifer beeilst, alles ausfließen zu lassen. Dann verstößt du gegen das Gesetz, indem du bereits mit dem Erstlingswurf deiner Rinder pflügst und dein erstgeborenes Schaf scherst (vgl. Dtn 15,19)» (Cant. 18,2).

Für sich selbst entscheidet er im Zweifelsfall zugunsten des Predigens oder Schreibens: «An den Scheideweg gestellt, habe ich lange gezögert, welchem der beiden Wege ich mich sicher anvertrauen könne. Ich fürchtete, entweder brauchbar über die Demut zu reden und dadurch selbst gegen die Demut zu fehlen; oder in Demut zu schweigen und dadurch keinen Nutzen zu bringen. Und als ich sah, daß keiner der beiden Wege ganz sicher war und ich trotzdem einen von beiden wählen mußte, habe ich mich dafür entschieden, Dir lieber, soweit ich es zustande bringe, einige Früchte des Wortes zu schicken, als mich für mich allein im Hafen des Schweigens in Sicherheit zu wiegen» (Grad. praef.). Er hält sich also an keine starre Norm, sondern geht das Risiko ein zu entscheiden, was im konkreten Einzelfall jeweils angebracht ist; und im Zweifelsfall gibt das Kriterium den Ausschlag: «Was anderen Menschen eher nützt.»

An Papst Innozenz II. schickt er einen Glückwunsch dazu, daß er den Prior der Kartause von Portes zum Bischof ernannt habe: «Es ist sehr vernünftig, ein verborgenes Licht ins Licht zu stellen, damit nicht für sich allein lebt, wer auch andere ins Leben ziehen kann. Denn wie lange soll nur verborgen glühen, wer auch zu leuchten imstande ist? Mit Recht hebt man ihn auf den Leuchter, damit er als Licht glüht und dazu noch leuchtet» (Brief 155).

Männern in verantwortlicher Stellung, die daran dachten, sich in ein Leben als einfache Mönche zurückzuziehen oder die es bereits getan hatten, spendete er eher Tadel als Lob. Seinem Freund Wilhelm, der als Benediktinerabt von Saint-Thierry zurücktreten und Zisterzienser werden wollte, schrieb er: «Bleibe, wo Du bist, und bemühe Dich, denen zu nützen, denen Du vorstehst. Fliehe nicht aus dem Vorsteheramt, solange Du noch nützen kannst. Denn wehe Dir, wenn Du vorstehst und nicht nützt; aber ein noch viel schlimmeres Wehe Dir, wenn Du aus dem Nützen fliehst, weil Du den Mut zum Vorstehen verloren hast!» (Brief 86,2). Und an Abt Johannes von Chartres: «Wenn jemand die eigene Ruhe über den Nutzen der Gemeinschaft stellt, wie kann der ehrlichen Herzens sagen: ‹Mir ist Christus' Leben und Sterben Gewinn› (Phil 1,21)? Wie stellt er sich zu dem Wort des Apostels: ‹Keiner lebt für sich, und keiner stirbt für sich› (Röm 14,7)? Und: ‹Nicht was mir, sondern was vielen nützt› (1 Kor 10,33)? Und: ‹Damit, wer lebt, nicht mehr sich selber lebt, sondern dem, der für alle gestorben ist› (2 Kor 5,15)?» (Brief 132,1; vgl. Briefe 87 und 132).

Im übrigen hat Bernhard zwar für sich das Bischofamt abgelehnt, obwohl es ihm fünfmal angeboten worden ist, aber seine Mönche hat er gar nicht ungern für Abts- oder Bischofsstühle zur Verfügung gestellt, und das wohl nicht nur, um seinen Einflußbereich auszudehnen. Er warnt, leichtfertig die Ehren des bischöflichen Amtes zu begehren, aber grundsätzlich gilt: «Wenn du als Mönch sorgfältig auf dich selbst achtest, tust du gut; aber wer vielen beisteht, handelt besser und männlicher» (Cant. 12,9). Wer sich ausschließlich der Kontemplation widme, tue das, weil er zu schwach für eine anspruchsvollere Aufgabe sei. Johannes Kassian († 430/435), der das Ideal des frühen ägyptischen Mönchtums dem Abendland vermittelt hat, spricht bereits davon, am vollkommensten seien die «Beidhändigen», die sowohl für die Kontemplation wie für die Aktion tüchtig seien (Coll. VI,10). Diese Ansicht Kassians hat Bernhards Freund Wilhelm aufgegriffen, als er an die Kartäuser schrieb: «Schaut auf die Tüchtigkeit derer, die weit über euch stehen; bewundert den Ruhm derjenigen, die sich als Beid-händige auszeichnen. Sie sind wie Ahod, jener berühmte Richter Israels (Ri 3,15), der mit der linken wie mit der rechten Hand das Schwert zu führen verstand. Solange es möglich ist, sind sie inner-lich in Liebe für die Betrachtung der Wahrheit frei; sobald aber die Notwendigkeit oder die Verantwortung ruft, geben sie nach außen die Kontemplation auf – nicht aber im Innern –, um der Pflicht der Liebe nachzukommen» (Ep. ad Fratres de Monte Dei I,2,6).

Die Kontemplation drängt in die Aktion

In seiner 50. Predigt zum Hohenlied betont Bernhard derart den praktischen Vorrang der tätigen Liebe (caritas in actu), daß der Benediktiner Jean Mabillon im 17. Jahrhundert bei der Neuausgabe der Werke Bernhards es für notwendig hielt, in einer Fußnote ei-gens anzumerken, Bernhard wolle keineswegs die affektive, innere Liebe (caritas in affectu) in Frage stellen.

Dies alles sind für Bernhard keine Fragen nur theoretischer Refle-xion, sondern – und damit kommen wir dem Quellort seiner My-stik näher – seiner eigenen Erfahrung.

Er hat darüber geklagt, wie mühsam es sei, ständig für andere geist-liche Nahrung bereiten zu müssen (Cant. 22,2–3), welche Nerven-kraft das viele Briefschreiben koste (Brief 89,1) und wie sehr das Verfassen von Abhandlungen die Zeiten des Gebets und der Medi-tation verkürze (Apol. praef.). Dennoch hat er sich all dem nicht entzogen, weil er zutiefst wußte und erfuhr, daß er in all dem *Gott selbst* diente. Seine Beschwerde in der 52. Hoheliedpredigt, man be-lästige ihn allzusehr und lasse ihn garnicht mehr zur Ruhe kom-men, hat er unverzüglich widerrufen mit den Worten: «Aber nein – ich gehe mit meinem Gejammer zu weit. Ein Kleinmütiger könnte aus Furcht, mich zu stören, über die Kräfte seiner Geduld hinaus mit seinen Nöten hinter dem Berg halten. Ich überwinde mich also und will den Schwachen kein Beispiel der Ungeduld geben. Nehmt mich in Anspruch! Hauptsache, *ihr* werdet gerettet. Mich werdet ihr schonen, indem ihr mich *nicht* schont. Und ich will eher darin meine Ruhe finden, daß ihr ohne Bedenken meine Ruhe stört, wenn ihr etwas auf dem Herzen habt. Ich will euch zur Verfügung stehen, soweit ich nur kann; will in euch meinem Gott in ungeheuchelter Liebe dienen, solange ich lebe. Ich will nicht das Meine suchen; auch nicht, was *mir* gut tut; sondern was vielen nützt, das will ich auch für mich als nützlich ansehen» (Cant. 52,7).

Aber nicht nur seine Mönche haben ihn aus der Ruhe der Kontemplation geholt, sondern diese Kontemplation selbst barg in sich den Stachel einer Unruhe: «Die Liebe Gottes stachelt uns an, uns um das Heil unserer Brüder zu kümmern. Und sooft einer, der Seelen zu führen hat oder von Amts wegen den Dienst der Predigt versehen muß, sich im Innern heftig dazu angetrieben fühlt, darf er dessen gewiß sein, daß der Bräutigam (d. h. Gott in seiner intimen Liebeszuwendung) da ist und ihn zur Arbeit in seine Weinberge einlädt» (Cant. 58,3). «Und du darfst dir vorstellen, daß der Bräutigam sagt: ‹Fürchte dich nicht, meine Freundin, als ob mein Auftrag zur Arbeit im Weinberg unseren Liebesaustausch hindern oder unterbrechen müßte. Ganz gewiß ist auch diese Arbeit für unser beider Anliegen von unmittelbarem Nutzen›» (Cant. 61,2).

Deutlich zeigt sich in Bernhards intensiven Gotteserfahrungen, daß solche Nähe und Entrückung kein privates Geschenk ist, verborgen zu wahren im eigenen Herzen oder nur mitteilbar im exklusiven Kreis einiger weniger, die dessen fähig und würdig erachtet werden; nein, solche Erfahrungen haben, wie jede Gnadengabe, den Charakter eines Auftrags für die ganze Kirche. Aus dem Innersten der Hingabe an Gott quillt, untrennbar davon, die Hingabe an die Menschen, so daß das Merkmal einer authentischen Kontemplation die Sorge um das Heil der anderen ist:

«Die Braut hört, sie solle sich aufmachen und eilen: zweifellos, um andere Menschen zu gewinnen. Denn der wahren, selbstlosen Kontemplation ist es eigen, den Geist, den sie am göttlichen Feuer zu heller Glut entfacht hat, immer wieder mit großem Eifer und heftigem Verlangen dazu zu drängen, andere Menschen für Gott zu gewinnen. Sie sollen ihn ebenso lieben wie er selbst, und der Verkündigung des Wortes zuliebe unterbricht er gern die Ruhe der Beschauung. Kommt dann dieser Drang wieder zur Ruhe, so eilt er mit um so größerer Sehnsucht zu sich selbst zurück, je mehr er erfährt, daß die Unterbrechung seiner Beschauung belohnt wird. Und wiederum eilt er, nachdem er aufs neue die Beschauung gekostet hat, mit frischer Kraft und mit dem gewohnten Schwung los, um andere für Gott einzufangen.

Bei einem derartigen dauernden Wechsel ist der Geist ständig hin- und hergerissen. Die Furcht bereitet ihm heftiges Kopfzerbrechen, ob er angesichts der Zerrissenheit seiner Interessen nicht vielleicht doch mehr als angemessen sich der einen oder der anderen Seite zuwendet und so hier oder dort, wenn auch nur wenig, vom Willen Gottes abweicht.

Vielleicht hat auch der heilige Ijob etwas Ähnliches erfahren, als er sagte: ‹Wenn ich mich zur Ruhe lege, frage ich: wann darf ich mich erheben? Und dann warte ich wieder auf den Abend.› (Ijob 7,4). Das heißt: In der Ruhe habe ich ein schlechtes Gewissen, meine Arbeit zu versäumen, und bei der Arbeit habe ich ein schlechtes Gewissen, meine Ruhe aufgegeben zu haben. Du siehst, wie der heilige Mann zwischen segensreicher Tätigkeit und ruhevoller Kontemplation schmerzlich hin- und herschwankt. Und mag er sich auch immer fruchtbaren Dingen widmen, so büßt er es doch dauernd, als habe er etwas Böses getan, und in jedem Augenblick fragt er seufzend, was wohl der Wille Gottes sei» (Cant. 57,9).

So ist das Leben für Bernhard von seinem Wesen her ein ständiges Eingespanntsein zwischen die beiden Pole der Ruhe in Gott und des Dienstes an den Brüdern. Wenn er für kurze Augenblicke in der Ekstase ganz zu Gott hingerissen wird, «reißt ihn am gewalttätigsten davon die Liebe zu den Brüdern weg, die ihn zurückruft. Wehe! Er wird gezwungen, zu sich selbst zurückzukehren, auf sich selbst zurückzufallen, und aus seinem Elend kann er nur schreien:

‹Herr, ich leide Gewalt, steh du für mich Rede und Antwort!› (Jes 38,14) und: ‹Ich unglückseliger Mensch, wer wird mich aus diesem Todesleib befreien?› (Röm 7,24)» (Dil. X,27).

Christliche Existenz, wie Bernhard sie erfahren und gelebt hat, kommt auf Erden nie lange zur Ruhe, kann sich nie endgültig in einer objektiven Form oder Aufgabe einrichten, sondern fühlt sich ständig in Frage gestellt, oder besser, fragt ständig: «Das einzige Heilmittel, die einzige Zuflucht in dieser Lage ist das Gebet, das andauernde Flehen zu Gott, er möge uns ständig neu wissen lassen, was und wann und wie wir etwas tun sollen» (Cant. 57,9).

«Armut im Geist» vereint den Menschen mit Christus

Ihm geht auf, daß dies nicht nur eine Not, sondern zugleich eine Gnade ist: das Angewiesensein auf den immerwährenden lebendigen Kontakt zum lebendigen Gott; ja, es ist eine ganz eigene Seligkeit, nämlich die Seligkeit der Bergpredigt, die doch den Armen, den Trauernden, den Hungernden und Dürstenden, den Verfolgten verheißen ist. Angesichts des Wortes Jesu: «Selig die Armen im Geist» (Mt 5,3) fragt Bernhard: «Wer ist schließlich ärmer im Geist als der, welcher in seinem ganzen Geist keinen Ruheplatz findet, keinen Ort, wohin er sein Haupt legen könnte?» (Conr. VII,12).

Von dieser Einsicht ist kein weiter Schritt mehr zur Erkenntnis: Wie es mir hierin ergeht, so ist es auch Jesus Christus ergangen. Und folglich macht mich das ihm sehr ähnlich und vereint mich mit ihm.

Wir stehen hier mit einem Mal im Zentrum der Meditation Bernhards und der Mystik der Zisterzienser. Die «Passionsmystik», die sie entfalten, sucht die volle Identifikation mit Christus, der ganz wie wir geworden ist. «Vermutlich sind sogar wir selbst sein Kreuz, an das er geheftet wird. Denn es heißt: ‹Ich bin an den Lehm des Abgrunds geheftet› (Ps 69,3). Wir sind ja aus Lehm gebildet. Und es heißt: ‹Ich bin geheftet›, nicht: ich bin durchgegangen oder: ich bin wieder herausgekommen. Nein: ‹ich bin bei euch bis zur Vollendung der Weltzeit› (Mt 28,20)» (4. Pr. z. Vigil von Weihnachten, 7). Unser Wunsch, *sein* Schicksal zu teilen, ist die geziemende Antwort auf seinen Willen, *unser* Schicksal zu teilen. Und «indem wir (mit dem sich hingebenden Christus) gleichförmig werden, werden wir umgewandelt, transformamur cum conformamur» (Cant. 62,5).

Sich das Leben und Schicksal Jesu vor Augen halten

«Christus der Herr erwog die Mühsal und den Schmerz des Menschen, um sie in seine Hände zu nehmen, oder vielmehr, um sich in ihre Hände auszuliefern. Er stieg selbst tief in den Schlamm hinab, bis ihm die Wasser bis an die Seele reichten (vgl. Ps 69,3.2). ‹Sieh›, sagte er zum Vater, ‹meine Erniedrigung und meine Mühsal› (Ps 25,18), ‹denn ich bin von Jugend an arm und geplagt› (Ps 88,16). Er litt und ertrug geduldig die Mühsal, und seine Hände dienten unter Mühen. Sieh, was er vom Schmerz gesagt hat: ‹O ihr alle, die ihr am Weg vorbeikommt, schaut her und seht, ob ein Schmerz so groß wie mein Schmerz ist› (Klgl 1,12). Tatsächlich: er hat selbst unsere Leiden getragen und unsere Krankheiten und Schmerzen auf sich genommen (Jes 53,4), er, der Mann der Schmerzen, arm und leidend, angefochten in allem, doch ohne Sünde. Sein Leben war eine passive Aktion (in vita passivam habuit actionem: ein Handeln durch Leiden), und in seinem Sterben hat er eine aktive Passion erlitten (in morte passionem activam sustinuit: er hat sich vorsätzlich ins Leiden begeben), als er mitten auf der Erde unser Heil wirkte.

Deshalb will ich mir mein Leben lang seine Mühen vor Augen halten, die ihn das Predigen gekostet hat (interessanterweise nennt Bernhard die Anstrengung des Predigens, die ihm selbst ständig abverlangt war, an erster Stelle), sein Ermüden beim Wandern, seine

Anfechtungen beim Fasten, sein Wachen im Gebet, seine Tränen beim Mit-leiden. Ich will auch ständig an seine Schmerzen denken, an die Schmähungen, das Bespienwerden, die Backenstreiche, das Verlachtwerden, die Beschimpfungen, die Nägel und alles andere dieser Art, das im Übermaß über ihn gekommen und durch ihn hindurchgegangen ist. Das ist für mich eine Quelle der Kraft, das macht mich ihm ähnlich; allerdings nur, wenn ich ihn freiwillig nachahme, um seinen Spuren zu folgen. Es gibt viele Menschen, die unter Mühsal und Schmerzen leiden; aber sie tun es nur gezwungen und sagen nicht ja dazu. Sie sind nicht dem Bild des Sohnes Gottes gleichförmig. Wenn ich ihn aber freiwillig nachahme, ist mir das die sicherste Gewähr, daß für mich das Leiden des Erlösers und sein Menschsein fruchtbar werden. Das gibt der Mühsal und dem Leiden einen ganz eigenen Geschmack und seine Frucht. Schau also, wie er dreiunddreißig Jahre lang auf der Erde gelebt und bei den Menschen geweilt hat. Was er tat, wurde ihm schlecht ausgelegt, was er sagte, wurde mit Spott bedacht. Er hatte keinen Ort, wo er sein Haupt hinlegen konnte» (Pr. am Karmittwoch 11–12).

Man spürt hier, wie Bernhard im Schicksal Christi den Schlüssel zur Deutung seines eigenen Zustands findet. «Ich gebe dir», läßt er in einer Pfingstpredigt Christus sagen, «nicht nur meine Empfängnis, sondern mein ganzes eigenes Leben, und zwar in allen seinen Altersstufen: als Kind, als Knabe, als Jüngling und Mann. Ich gebe dir obendrein noch mein Sterben, mein Auferstehen, meine Himmelfahrt und die Sendung des Heiligen Geistes. Und dies deshalb, damit meine Empfängnis die deine reinige, mein Leben das deine unterweise, mein Tod den deinen vernichte, meine Auferstehung der deinen vorangehe, meine Himmelfahrt die deine vorbereite, und damit dir schließlich der Heilige Geist in deiner Schwäche beistehe. So wirst du also klar den Weg sehen, auf dem du gehen sollst; du wirst sehen, worauf du beim Gehen achten mußt, und du wirst die Wohnung vor Augen haben, zu der du unterwegs bist. Erkenne in meinem Leben deinen Weg. Ich habe mich an die Pfade der Armut und des Gehorsams, der Erniedrigung und der Geduld, der

Liebe und des Mitleids gehalten, ohne davon abzubiegen. Halte auch du dich an die gleichen Spuren und weiche nicht nach rechts oder links davon ab» (2. Pfingstpr. 5).

Charakteristisch für Bernhard ist, daß er sich bei dieser Betrachtung der Lebensstationen Jesu nicht in frommer Phantasie die Details bis ins einzelne ausmalt, wie es spätere Heilige getan haben, sondern daß ihn vor allem die Grundhaltung, der «modus» (Cant. 11,3) der Existenz Jesu beeindruckt: sein Zunichtewerden (exinanitio), seine Entäußerung, Erniedrigung und Demut, sein Dienst, sein Gehorsam. Bernhards Lebensform als Mönch stellte ja offensichtlich keine naiv-buchstäblich verstandene «Imitation» des irdischen Lebens Jesu dar.

Andererseits ist zu beachten, daß für Bernhard der Lebensweg Christi mehr als ein bloß formales Modell und Vorbild ist: der Weg Christi hat für den, der sich auf ihn einläßt, eine sakramentale, umwandelnde Wirkung. Aus dem Ähnlichwerden mit Christus wird Identifikation und Schicksalsgemeinschaft: «meine Empfängnis reinigt die deine, mein Leben unterweist das deine, mein Tod vernichtet den deinen...»

Darin besteht für Bernhard auch der wesentliche Sinn des Mönchslebens und der christlichen Existenz überhaupt: im Hier und Heute der Kirche und der Welt Christus durch das eigene Leben gegenwärtig werden zu lassen, aus dem Glauben und Vertrauen, daß diese Präsenz Christi *als solche* wie ein Sauerteig von innen her die Welt umzuwandeln vermag. Der Gedanke des stellvertretenden Gebets steht dazu nicht im Gegensatz, tritt aber im Denken Bernhards demgegenüber stark in den Hintergrund.

Bernhard und die anderen Zisterzienserautoren zitieren immer wieder gern 1 Kor 6,17: «Wer dem Herrn anhängt (im Kontext geht das oft ins Bild über: «Wer den Herrn umarmt, umklammert...»), wird *ein* Geist mit ihm.» Die oft gemalte Legende, wie der Gekreuzigte seine Arme vom Balken löst und den vor ihm im Gebet knienden Bernhard umarmt, bringt diesen Kern bernhardscher Mystik treffend zum Ausdruck.

Die Ablösung des byzantinisch-karolingischen
Frömmigkeitsstils

Mit seiner affektiven Hinwendung zur *menschlichen* Seite Jesu Christi steht Bernhard im Strom einer Bewegung, die seit dem elften Jahrhundert im Gange war. Es handelt sich um den ersten Schub jener Armutsbewegung, die in ihrer zweiten Phase im zwölften und dreizehnten Jahrhundert zur Gründung der Bettelorden der Franziskaner, Dominikaner und anderer geführt hat. Ausgelöst wurde sie durch das Zusammenwirken verschiedener kirchen- und kulturgeschichtlicher Faktoren, und nicht zuletzt von einer neuen Weise des Zugangs zu Christus, die sich stark von derjenigen der Antike und der Karolingerzeit abhob. In der Kunst hat das – allerdings erst nach Bernhard – seinen sichtbaren Niederschlag gefunden in der Ablösung der byzantinischen und romanischen Darstellungen des Pantokrators durch die gotischen Bilder des Schmerzensmannes.

Bis ins elfte Jahrhundert hatte in der Frömmigkeit die Verehrung der *Gottheit* Christi im Vordergrund gestanden, des Kyrios als wesensgleichen Abglanzes des ewigen Vaters. Seine Menschheit, in der die Fülle der Gottheit leibhaftig wohnt, wurde als das reale Symbol, als die Ikone der Gottheit betrachtet und auf diese göttliche Qualität hin durchschaut. Dieses überzeitliche, metaphysische, von erhabenem Ewigkeitsbewußtsein getragene Christusbild trat im Laufe des elften Jahrhunderts in den Hintergrund. Zunehmend erwachte bei den Menschen das Interesse für die historisch-menschliche Gestalt Christi, für den Jesus von Nazaret, der als Wanderprediger durch Palästina gezogen war und die Grenzen des Menschseins bis in Leiden und Tod hinein geteilt hatte. Die praktische Folge war die allmähliche Ablösung einer stärker auf den Kult bezogenen Mystik und der eher objektiv-pneumatisch verstandenen Nachfolge Christi durch eine experimentell und psychologisch interessierte, stärker gefühlsmäßige Mystik und durch Formen der Nachfolge Christi, bei denen die individuelle, ethische Seite der

«Nachahmung» des Lebens des irdischen Jesus betont wurde. Dabei ging es nicht um Gegensätze oder einander ausschließende Perspektiven, sondern um eine starke Akzentverlagerung.

«Als Ziel galt es jetzt, Christus nachzuahmen, und vor allem Christus als Menschen, der dem Vater gehorsam ist und den Willen des Vaters erfüllt; der demütig ist und so voll Erbarmen mit seinen Brüdern, daß er sogar ihr Leiden und ihren Tod am Kreuz auf sich nimmt. In der Frömmigkeit wurde jetzt viel stärker die affektive Seite betont, im Gegensatz zur spekulativen, von der man den Eindruck hatte, sie neige dazu, alle Aktivitäten der Seele an sich zu ziehen und, wenn sie ein gewisses Ausmaß erreicht habe, das Herz nach und nach verkümmern zu lassen... Nun hieß die Losung: ‹Laß das Ebenbild Gottes in dir Wirklichkeit werden›, das heißt: ahme Christus nach, indem du Gott bedingungslos gehorchst, alle Menschen liebst und ein Leben der Buße, der Armut und der Strenge führst» (B. Lackner).

Eremitische Tendenzen, Vorrang des einzelnen

Infolge starker Einflüsse aus der orientalischen Mönchstradition nahm die neue geistliche Strömung zunächst stark eremitische Züge an. «Trotz großer individueller Unterschiede voneinander waren den Eremiten doch eine Reihe von Wesenszügen gemeinsam. Sie alle hatten eine instinktive Abneigung gegen Geld und Reichtum und dementsprechend das Verlangen, Christus in seiner Armut nachzuahmen. Sie suchten nach wirklicher Armut, nach Zurückgezogenheit, rigorosem Fasten, langem Gebet und Handarbeit» (B. Lackner).

Das Kloster in Cîteaux war anderthalb Jahrzehnte ehe Bernhard dort eintrat von Männern gegründet worden, die aus der eremitischen Bewegung stammten und von deren Idealen beseelt waren. Allerdings hatten sie im Laufe der Zeit ein ausgeprägtes Gemeinschaftsleben entwickelt, in dem eine strenge Schweigedisziplin an die Herkunft aus der eremitischen Bewegung erinnerte. Bernhards Beitrag bestand darin, diese Lebensform mit einer mitreißenden Mystik erfüllt und ihr dank seines Charismas zur rapiden Ausbreitung über ganz Europa verholfen zu haben.

Gegenüber dem überkommenen cluniazenischen Mönchtum wurde in der neuen Bewegung der Vorrang des lebendigen einzelnen und seiner persönlichen Fömmigkeit vor der Tradition und dem Anspruch einer stärker gemeinschaftlich-kultisch geprägten Gottesdienstform betont. Viel gelesen wurde in jener Zeit Augustinus, der sich namentlich in seinen «Bekenntnissen» als profilierter «einzelner» vor Gott ausgewiesen hat. Aber man kann nur sehr bedingt von Bernhard als «wiedererstandenem Augustinus, Augustinus redivivus» (A. v. Harnack) oder vom überall durchschimmernden augustinischen Untergrund (Linhardt) in Bernhards mystischer Theologie sprechen, wenn man nicht wesentliche Unterschiede übersehen will. «Denn trotz einer gewissen subjektiven Haltung, die aber nicht mit der Subjektivität Bernhards verwechselt werden darf, ist Augustinus zweifellos eine Persönlichkeit, die nur aus der *antik*-christlichen Ideenwelt zu verstehen ist, während Bernhards Geisteswelt im Grunde schon neuzeitlich-moderne Züge aufweist» (W. Kahles).

Am Anfang: Selbsterkenntnis

Der «moderne» Charakter der Spiritualität Bernhards besteht nicht in erster Linie in einer «modernen» neuen Theorie – er greift durchweg traditionelle Ansichten und Themen auf und erweist sich tatsächlich als der «letzte der (Kirchen-)Väter» (diesen Titel hat ihm der Humanist Nicolaus Faber, 1554–1612, verliehen); er zeigt sich eher in der neuen Mentalität, mit der er bei Grunderfahrungen des Menschen mit sich selbst ansetzt und ihn dort abholt, wo er sich in seiner Begrenztheit, Armut und Verworrenheit vorfindet.

Was er vom Anfänger erwartet, ist die Bereitschaft, sich ungeschminkt *selbst zu erkennen*. – Der Aufruf zu dieser Selbsterkenntnis ist nicht neu. Er stand bereits als Motto an der Vorhalle des Tempels zu Delphi: «Gnothi Sauton – Erkenne dich selbst». In der philosophischen Tradition Griechenlands bis in die Stoa hinein als Ermahnung verstanden, angesichts des Gottes seiner menschlichen Beschränktheit eingedenk zu sein, wird ihm von Platon her der andere Sinn unterlegt, der Mensch solle aus seiner Vergeßlichkeit und Verschüttung emportauchen und seines Adels, seiner Verwandtschaft mit den Göttern eingedenk sein. Pompejus, der in Athen den Göttern opferte, las an der inneren Seite des Tempeltores die Inschrift: «Insoweit du weißt, daß du ein Mensch bist, insoweit bist du ein Gott» (Plutarch, Pompejus 27).

Für die Neuplatoniker hieß Sich-erkennen: auf den eigenen Ursprung zurückblicken, von dem her die Seele «abgestiegen» ist. Über die frühen Kirchenväter, namentlich auch Augustinus, wirkte dieser Grundgedanke nachhaltig auf die gesamte christliche Tradition der Mystik weiter. Bernhard zitiert ausdrücklich Augustins Gebet «Deus noverim me, noverim te – Gott, laß mich mich erkennen, daß ich dich erkenne» (Soliloquia II,1,1; bei Bernhard Div.2,1).

Arm im «Land der Unebenbildlichkeit»

Doch zunächst entdeckt der Mensch bei der Besinnung auf sich selbst vor allem seine Einsamkeit und Armut, die in schroffem Gegensatz zu seiner Sehnsucht nach Liebe und Erfüllung steht.

«‹Zur Mühsal wird der Mensch geboren›, heißt es in der Schrift (Ijob 5,7). Wer nicht in Schmerzen geboren ist, könnte in Frage stellen, ob er tatsächlich geboren sei, um zu leiden. Aber der Schmerzensschrei der werdenden Mutter zeigt diesen Schmerz, das Weinen und Wimmern des Neugeborenen die Mühsal an... Niemand kann sich rühmen, in diesem armseligen Leben dieser doppelten Plage zu entkommen, denn keiner von allen Nachkommen Adams lebt hienieden ohne Mühsal, keiner ohne Leid. Mancher hält sich diese oder jene Plage vom Hals, fällt dafür aber zweifellos nur in viel schlimmere Plagen» (Div. 2,1.2).

Bei der theologischen Deutung dieser Situation greift Bernhard wiederum auf einen Begriff aus dem antiken Denken zurück, den er ebenfalls von Augustinus übernommen hat: für Gott geschaffen und als Gottes Ebenbild entworfen, sei er wie der Verlorene Sohn aus dem Haus des Vaters ins «Land der Unebenbildlichkeit», in die «regio dissimilitudinis» geraten.

Geprägt hat diesen Ausdruck Platon (Politikos 273 D); bei Plotin ist er zum Inbegriff für das Sein außerhalb des Einen geworden. Augustinus (Conf. VII,X,16) hat ihn in ähnlicher Bedeutung übernommen und damit – ontologisch – den Bereich des Werdens bezeichnet, den Zustand zwischen dem Nichtsein des Nichts und dem unwandelbaren Sein Gottes. Bei Bernhard dagegen ist die «regio dissimilitudinis» – entsprechend seiner eher existentiell-heilstheologischen Sicht – das Land der Sünde und der Verunstaltung des Menschen infolge der verlorenen Ebenbildlichkeit mit Gott und damit auch der Entfremdung von sich selbst: «denn die Gott unähnliche Seele entspricht auch nicht mehr sich selbst» (Cant. 82,5). Das geistliche Leben und der Aufstieg zu Gott stellen folglich einen Weg der Heimkehr zu Gott dar, der auch den Sünder mit seiner Liebe umfängt und ihn, wie der Vater den Verlorenen Sohn, in unendlicher Geduld erwartet.

Der Weg der Rückkehr zu Gott

Zunächst sollen der besseren Durchsichtigkeit wegen in knappen Strichen die Grundlinien und -elemente dieser Wiederherstellung des Menschen als Sohn Gottes, wie Bernhard ihn darstellt, gezeichnet werden, ehe wir sie im einzelnen noch etwas genauer entfalten. Der Mensch, als «Bild und Ebenbild Gottes» (imago et similitudo Dei, nach Gen 1,26) erschaffen, hat sich durch die Sünde von Gott und von sich selbst entfremdet: er hat seine Ebenbildlichkeit (similitudo) verloren; dennoch sind ihm einige unauslöschliche Merkmale seiner Verwiesenheit auf Gott (imago) erhalten geblieben, und deshalb bleibt er grundsätzlich für Gott empfänglich, capax Dei. Vor allem bleibt ihm die Anlage zur Liebe, auch wenn diese Liebe ihren Horizont nur noch auf Irdisches beschränkt.

Um diesen restlichen Funken Liebe im Menschen neu zur Gottesliebe zu entfachen, ist Gott in Jesus Christus ganz irdisch geworden: so kann der Mensch den Menschen Jesus lieben und durch ihn unmerklich – weil dieser Mensch zugleich Gott ist – zu Gott weitergeführt werden. Jesus lehrt ihn das rechte Menschsein, vor allem das Mitleid mit anderen Menschen.

Voraussetzung dafür ist die «Demut», die Einsicht, genau wie die anderen am Boden zu liegen und deshalb keinen Grund zu haben, auf sie herabzublicken, zumal Jesus sich zu ihnen in ihre Erniedrigung begeben hat. Wo aber arme Menschen einen Blick füreinander bekommen und solidarisch werden, da werden sie ganz unmerklich von ihrer größten Armut, ihrer ichbezogenen «Krümmung» (curvatio) und ungesunden Re-flexion auf sich selbst geheilt: ihre Kapazität zu lieben weitet sich. Nach und nach werden in ihnen die Qualitäten des gottebenbildlichen Menschen wiederhergestellt, und auf Stufen immer intensiverer Liebe steigt der Mensch bis zu Gott empor. Die höchste Stufe im irdischen Leben sind kurze Augenblicke der Ekstase, des völligen Hingerissenwerdens zu Gott in einer Erfahrung reiner, vollkommener Liebe, und darum des Einsseins mit Gott.

Eine Mystik der Liebe und Gemeinschaft

Was Bernhard in seiner Predigt und Unterweisung als Entwicklung beschrieben und wozu er angeleitet hat, ist ein Weg der Entfaltung der Liebe, einer Liebe, die ihm selbst allem Anschein nach vom Anfang seiner mönchischen Existenz an geschenkt war. Deshalb läßt sich in seinem Leben im Grunde keine wirkliche geistliche

Entwicklung ablesen. Bereits seine Frühschrift «Über die Stufen der Demut und des Stolzes», die aus seinen Auslegungen der Regel Benedikts für die Mönche entstanden ist, bietet eine Darstellung der Mystik, die von der gleichen Tiefe ist wie das, was er kurz vor seinem Tod in seinen letzten Predigten über das Hohelied ausgeführt hat.

So ist seine Lehre Reflexion über das, was ihm selbst von vornherein im Überfluß gegeben war. Dabei scheint seine geistliche Erfahrung auf dem Fundament intensiver Prägung des Kindes durch die Liebe seiner Mutter zu ruhen. Wie weit Wilhelm von Saint-Thierry zu glauben sei, der vom starken Einfluß der Mutter auf Bernhard berichtet, ist allerdings heute umstritten, zumal Gaufried eher den Einfluß des Vaters und der Brüder betont.

Jedenfalls hat Bernhard aus dem Bewußtsein des bedingungslosen Geliebtseins gelebt und gelehrt. Oft und gern hat er die Aussage wiederholt: «Gott hat uns zuerst geliebt» (1 Joh 4,19).

Stefan Gilson hat dargestellt, wie der Abschnitt des 1. Johannesbriefs 4,7–21, aus dem dieser Satz stammt, zu einem Grundpfeiler der geistlichen Lehre Bernhards geworden ist. «Gott ist die Liebe, Deus caritas est» (1 Joh 4,8). Und weil Gott die Liebe ist, kann ihn nur erkennen, wer selbst liebt: «jeder, der liebt, stammt von Gott und erkennt Gott» (1 Joh 4,7), und zwar mit *der* Art Liebe, die von Gott als der Quelle der Liebe geschenkt wird. Das Geschenk der Liebe setzt Bernhard nach 1 Joh 4,13 gleich mit dem Heiligen Geist. Dieser, so führt er aus, vereint den Menschen mit Gott und läßt sein geistliches Leben zu einer Teilnahme am göttlichen Leben werden. Die Erfahrung dieser uns umgebenden und in uns wohnenden Liebe ist ein Vorgeschmack und ein Unterpfand der uns noch fehlenden Schau Gottes (1 Joh 4,12.16) und bedeutet ein Hineingenommenwerden in das Leben des dreifaltigen Gottes, in den Liebesaustausch zwischen Vater und Sohn im Heiligen Geist.

Ansätze zu einer Dreifaltigkeitsmystik, wie sie sein Freund Wilhelm von Saint-Thierry weiterverfolgt hat, zieht Bernhard allerdings nicht weiter aus.

Aus seiner Grunderfahrung des Geliebtwerdens leitet Bernhard eine sehr optimistische Anthropologie ab. Der Mensch, wie er ihn sieht, ist von Natur aus für die *Liebe* geschaffen. Auch wenn er das vergessen und diese Fähigkeit verschüttet hat, findet er unweigerlich die Quelle und den Ansatzpunkt der Liebe wieder, wenn er in sich geht.

Ein zweiter Grundzug ist die Konsequenz, die sich aus dem eindeutig biblisch-neutestamentlichen Ansatz seiner Liebeslehre ergibt. «Liebe» ist nach dem 1. Johannesbrief eine sehr konkret zu verstehende *Bruder*liebe. Wir haben bereits gesehen, wie untrennbar von da her für ihn die Einheit von Gottes- und Nächstenliebe ist, in welche Zerreißproben ihn dies auch in der Praxis führen mochte. Aus diesem Grund hatte Bernhard seine Bedenken gegen das Eremitenleben und räumte die Möglichkeit dazu nur in seltenen Fällen ein.

Einer Nonne, die Eremitin werden wollte, redete er das mit dem entwaffnenden Argument aus: «Entweder bist Du eine der törichten Jungfrauen (vorausgesetzt, Du bist eine Jungfrau) oder eine der klugen. Gehörst Du zu den törichten, so brauchst Du die Gemeinschaft; bist Du eine kluge, so braucht die Gemeinschaft Dich» (Brief 115,2).

«Verinnerlichung» der Lebensform

Der orthodoxe Theologe Paul Evdokimov hat in unseren Tagen die Überzeugung geäußert, im christlichen Mönchtum stecke eine Tendenz zur Selbstaufhebung oder besser: zur «intériorisation», zur «Verinnerlichung». Das heißt: zunächst praktisch gelebte *äußere* Lebensformen, zum Beispiel die radikale Askese der Wüstenväter, hätten die Aufgabe besessen, der Kirche bestimmte wesentliche *innere* Haltungen ins Bewußtsein zu prägen. Sei das geschehen, so könne es durchaus sein, daß eine äußere Lebensform ihre Aufgabe erfüllt habe und wieder verschwinde oder nur noch von einer geringen Minderheit gelebt werde. Das sei kein Schaden, sondern einfach ein Zeichen, daß die Kirche in ein neues «geistliches Lebensalter» getreten sei. Es wäre dann im Gegenteil schädlich, wollte man sich weiterhin an eine bestimmte äußere Form klammern, statt seine Aufmerksamkeit der Aneignung und Vertiefung jener inneren Haltung und Qualität zuzuwenden, deren Ausdruck sie gewesen war und zu der sie hatte hinführen wollen. Evdokimov meint, darauf weise die im Lauf der Jahrhunderte zu beobachtende Entwicklung des christlichen Ordenslebens sehr augenfällig hin.

Man muß die Konsequenz dieses Gedankens nicht in irreführende Extreme treiben, zumal Evdokimov selbst die Auffassung vertritt, daß die physische Trennung der Mönche von der Gesellschaft auch heute noch eine unaufgebbare Zeugniskraft besitze. Aber sie ist *Form*, die sich wandeln und in dem Maß relativiert werden kann und vielleicht muß, in dem sie zur inneren Haltung geworden ist.

Es ist nun interessant, daß Bernhard, der mit überschäumendem Ungestüm die Lebensform seines Ordens gepriesen und propagiert hat, dennoch deutliche Ansätze zu einer solchen «intériorisation» des Mönchslebens entwickelt, die es erlauben, sein geistliches Ideal auch ohne die zeitbedingte Form dem Menschen von heute, der unter völlig anderen äußeren Bedingungen lebt als er damals, weiterzugeben.

So vertritt er zum Beispiel einen Begriff von «Allein-» bzw. «Einsamsein» (es gibt kein deutsches Wort, das eindeutig und nur die positive, wünschenswerte Qualität dieses Zustands faßt), der schon sehr «verinnerlicht» ist:

«Sitze, wie der Prophet sagt, einsam, weil du dich über dich erhoben hast (Klgl 3,28). Habe keine Gemeinschaft mit der Menge, mit der großen Masse. Zieh dich aus dem, was öffentlich geschieht, zurück, zieh dich sogar von deinen Hausgenossen zurück. Gehe abseits. Aber tu es mit dem Herzen, tu es im Geist. Denn Christus der Herr ist im Geist vor deinem Angesicht (vgl. Klgl 4,20), und er möchte, daß du dem Geist, nicht dem Leib nach einsam bist. Allerdings kann es gelegentlich von Vorteil sein, wenn du auch dem Leibe nach irgendwohin allein gehst, sofern das angebracht ist. Du entsprichst damit dem Wort Christi: ‹Wenn du beten willst, geh in deine Kammer, schließe die Tür und bete› (Mt 6,6). Was er gesagt hat, hat er auch selbst getan. Er hat ganze Nächte allein im Gebet verbracht. Im übrigen aber wird dir empfohlen, dem Herzen und dem Geiste nach die Einsamkeit zu suchen. Du bist für dich allein, wenn du nicht denkst, wie alle denken, wenn du dich nicht von dem in Beschlag nehmen läßt, was dir unter die Augen kommt; wenn du das verschmähst, worauf die Menge großen Wert legt; wenn dich anwidert, woran alle ihr Herz hängen; wenn du allem Zank aus dem Weg gehst; wenn es dir nichts ausmacht, etwas zu verlieren, und wenn du Beleidigungen schnell vergißt. Hast du nicht diese Grundhaltungen, so bist du nicht einsam, selbst wenn du dem Leibe nach ganz allein sein solltest» (Cant. 40,4–5).

Der Mensch – ein unzerstörbares Bild Gottes

Betrachten wir nun etwas eingehender den Weg der Bekehrung zur Liebe, wie ihn Bernhard entworfen hat. Es ist nicht der Weg zu etwas völlig Neuem, sondern ein schrittweises Entfalten dessen, was im Menschen grundsätzlich angelegt ist. Nach Gen 1,26 ist der Mensch als «Bild und Ebenbild» Gottes erschaffen. Schon die frühesten Kirchenväter in Ost und West haben diese Aussage des Schöpfungsberichts zur Grundlage ihrer geistlichen Lehre gemacht, und sie ist im Laufe der Zeit Allgemeingut in der Tradition der christlichen Mystik geworden.

Wenn Bernhard genauer erläutert, worin die Ebenbildlichkeit des Menschen mit Gott bestehe, so lehnt er sich eng an Augustinus an. Drei Elemente seien es, die des Menschen Prägung durch den dreifaltigen Gott verrieten: seine Vernunft (ratio), sein Wille (voluntas) und sein Erinnerungsvermögen (memoria). «Diese drei Kräfte machen die Seele aus» (Cant. 11,5). Sie sind krank, aber grundsätzlich unverlierbar:

«Wie angeschlagen und unvollkommen jede dieser drei Kräfte im gegenwärtigen Leben ist, spüren alle, die der Geist auf den Weg geschickt hat. Die Vernunft täuscht sich sehr häufig in ihren Urteilen, der Wille wird nach allen Richtungen hin- und hergerissen, das Erinnerungsvermögen leidet unter seiner großen Vergeßlichkeit. Diesen drei Formen der Armut ist der Mensch, dieses edle Geschöpf, unfreiwillig unterworfen, und trotzdem hofft es auf Befreiung davon. Denn Gott, ‹der das Verlangen der Seele mit Gütern stillt› (Ps 103,5), wird einst die Vernunft mit einem Übermaß an Licht überströmen, den Willen mit der Fülle des Friedens, das Erinnerungsvermögen mit ewiger Beständigkeit. O Wahrheit, Liebe, Ewigkeit! O selige und beseligende Dreifaltigkeit! Nach dir seufzt und stöhnt meine jämmerliche Dreifaltigkeit, weil sie ins Unglück fern von dir verbannt ist. Sie ist von dir weggegangen und hat sich in zahllose Irrtümer, Schmerzen und Ängste verstrickt. Wehe mir! Was für eine Dreifaltigkeit habe ich da gegen dich eingetauscht!» (Cant. 11,5).

«Aber jede Seele, mag sie noch so mit Sünden belastet sein, kann in sich spüren, daß ihr die Möglichkeit offensteht, nicht nur aufzuatmen in der Hoffnung auf Vergebung, in der Hoffnung auf Erbarmen, sondern sogar kühn nach der Vermählung mit dem WORT zu verlangen» (Cant. 83,1). Denn auch der verkommenste Mensch verliert nicht seine fundamentale Würde, weil er mit seinen unzerstörbaren Anlagen der Vernunft, des freien Willens und des Erinnerungsvermögens *Bild* (imago) Gottes *bleibt*. Dieses Bildsein ist der Keim der Wiedergeburt, der Wiederherstellung der *Ebenbildlichkeit* (similitudo) mit Gott, die er *verloren* hat: der Fähigkeit, seine Vernunft tatsächlich richtig einzusetzen, und der Kraft, das gewählte Richtige mit seinem Willen auch auszuführen.

Ichbezogene Liebe

In seiner Selbstbesinnung findet sich der Mensch als zwiespältiges, gebrochenes, inkonsequentes Wesen vor. Erschaffen im Adel des

Aufrechtstehenden, der zum Himmel blickt, hat er sich auf den Boden gekrümmt und zur Erde geneigt und hat nur mehr Sinn für Irdisches, Innerweltliches (vgl. Cant. 80,30; Dil. II,4). Diese «Krümmung» (curvatio) seines Wesens äußert sich im Sich-Zurückbeugen auf sich selbst, in einer narzißtischen Re-flexion und Verkapselung in sich selbst. Der gekrümmte Mensch «stöhnt unter der unerträglichen Last seines Eigen-Willens, statt das süße Joch und die leichte Bürde der Liebe zu tragen» (Brief 11,5), jener Liebe, die das Lebensgesetz der Dreifaltigkeit ist und «sie zur Einheit fügt und im Band des Friedens zusammenhält. Die Liebe sucht nicht, was ihr allein nützlich ist, sondern was vielen nützt» (ebd. 11,4).

Und doch, sagt Bernhard, ist diese ichbezogene Liebe, dieser «amor carnalis», nicht von Grund auf schlecht. Sie ist die erste, wenn auch verkrampfte und noch unerleuchtete Stufe jener Liebe, die der Mensch lernen soll, ist Ausdruck eines gesunden Instinkts, den es jedoch aus seiner Engführung und aus seiner Versklavung in die «Begehrlichkeit» (cupido), die den Menschen fesselt und zieht, zu befreien gilt. Die «fleischliche» Liebe (im neutestamentlichen Sinn von: egoistisch, selbstbezogen) sucht kurzsichtig mit den falschen Mitteln falsche Befriedigungen: sie muß ausgeweitet und «geordnet» werden (Div. 50,2; Brief 11,7; der Ausdruck ist geprägt im Anschluß an Hld 2,4: «ordinavit in me caritatem») zu einer unendlichen Liebe und zur Erfahrung eines unendlichen Geliebtwerdens.

Mitleid lernen

Um den Kreis eines übermäßig auf sich selbst bezogenen Lebens zu durchbrechen, rät Bernhard, solle der Mensch aus der Erfahrung seiner eigenen Armut den Schluß ziehen, er sei ein Armer unter Armen und habe folglich keinen Grund, auf seine Mitmenschen herabzuschauen, sondern solle mit ihnen Mit-leid haben:

Sage dir «nicht unwillig und voll Ärger, sondern voll Mitleid und Sympathie: ‹Jeder Mensch ist ein Lügner› (Ps 116,10.11, Vulgata-Fassung). Jeder Mensch ist schwach, jeder Mensch ist armselig und hilflos, und er kann weder sich noch einen anderen retten. Und halte dir das nicht nur als Wissen vor Augen, sondern auch als Schmerz» (Grad. V,16).

«Der Blick auf die eigenen Nöte öffnet den Blick für die Nöte der anderen; und durch das, was man selbst erleidet, wird man fähig, mit anderen Leidenden mitzuleiden» (Grad. V,18).

Die «voluntas propria», der Eigen-Wille, soll sich allmählich zur «voluntas communis», zum Gemein-Willen, zur Solidarität entwickeln. Mit-leidende «weiten ihre Zuneigung auf ihre Mitmenschen aus. Durch die Liebe werden sie mit ihnen derart gleichförmig, daß sie ihre Stärken und ihre Schwächen wie ihre eigenen Stärken und Schwächen empfinden» (Grad. III,6).

Solche neue Perspektiven erwirbt sich der Mensch nicht in rein theoretischen Erwägungen und Betrachtungen, sondern in einer entsprechenden Lebenspraxis. Für Bernhard bedeutet das konkret: man muß sich auf eine gemeinschaftliche christliche Lebensform einlassen, die sich am Beispiel der Urkirche orientiert, in der die Gläubigen «ein Herz und eine Seele» waren und wo «alle alles gemeinsam hatten» (Apg 2,44; 4,32). In seinen Augen war – sicher ein gut Stück weit subjektiv und zeitbedingt – deren optimale Verwirklichung das Leben im Zisterzienserkloster mit seinem konsequenten Gemeinschaftsleben.

Jesus Christus ist der Schlüssel zur Deutung des eigenen Lebenssinnes

Mit einem anderen armen Menschen seine Armut teilen und gemeinsam die Last des Lebens tragen zu können, ist bereits eine erste, aus dem Allein- und Verlassensein im Elend erlösende Erfahrung. Doch bleibt auch solche Gemeinschaft noch in ihre Beschränkungen eingeschlossen. Die Augen, die es gelernt haben, von sich selbst wegzublicken, können noch einen Dritten entdecken, der ihre Armut teilt und der zugleich die Möglichkeit in sie hineingetragen hat, ihre Grenzen zu sprengen: den in Jesus Christus selbst arm gewordenen Gott.

Wir haben bereits gesehen, wie Bernhard mit seiner Erfahrung des Hin- und Hergerissenseins zwischen vielerlei Pflichten und der Sehnsucht nach Stille und Alleinsein in Jesus Christus den Schlüssel zur Deutung seines eigenen Schicksals und zur Verwirklichung des tiefsten Sinns der menschlichen Existenz gefunden hat: dieser Schlüssel gilt ganz allgemein für jeden Menschen. Deshalb erfüllt ihn die «Liebe zum Fleisch Christi und zu dem, was Christus im Fleisch getan und geboten hat» (Cant. 14,6). Christi irdisches Leben wird ihm zum Gegenstand ständiger Meditation; seine «höchste Philosophie» ist die, «Jesus zu kennen, und zwar als Gekreuzigten» (Cant. 43,4); ihm «steht das Bild des Gottmenschen vor Augen, wie er geboren oder gestillt wird, wie er lehrt, stirbt und aufersteht oder zum Himmel aufsteigt» (Cant. 20,6); und er will «als Mensch zu Menschen von ihm als Menschen sprechen» (Cant. 22,3).

Es ist dabei menschlich, daß der Mensch zunächst aus Eigennutz und Selbsterhaltungstrieb nach Christus als Rettungsanker greift. Bernhard versteht das: Hauptsache, der Mensch läßt sich überhaupt auf Christus ein. Und er ist der Zuversicht:

«Je mehr er über ihn nachdenkt und liest, je mehr er zu ihm betet und ihm gehorcht, desto vertrauter wird er mit ihm, und ganz allmählich leuchtet ihm Gott spürbar auf. Die Folge ist, daß er immer mehr Geschmack an Gott findet. Und wenn er so verkostet, wie gut der Herr ist, gelangt er auf die Stufe, wo er Gott nicht mehr um seines eigenen Gewinnes, sondern um seiner selbst willen liebt.

In diesem Zustand bleibt man dann lange; und ich weiß nicht, ob ein Mensch in diesem Leben ganz so weit kommen kann, daß er (auf einer weiteren Stufe) sich selbst nur noch um Gottes willen liebt» (Dil. XV, 39 = Brief 11,8).

Wo sucht, wo findet der Mensch Gott in jener langen Zeit – sie macht den größten, den alltäglichen Teil des Lebens aus –, um immer mehr Geschmack an ihm zu finden und ihn schließlich um seiner selbst willen zu lieben? Bernhard sagt: in der Heiligen Schrift.

Alle Einzelheiten, die er aus dem Leben Jesu weiß und betrachtet, hat er als Strauß «im Wald des Evangeliums» gesammelt (Cant. 43,4). Aber die Schrift bedeutet ihm wesentlich mehr als Information und Nachricht über Jesu Leben und über Gottes Geschichte mit den Menschen. Sie hat für ihn geradezu sakramentalen Charakter, so sehr, daß in seiner geistlichen Lehre gegenüber der Schrift die Sakramente im strengen Sinn (die für ihn selbstverständliche Grundlage sind) auffallend stark zurücktreten zugunsten der lebendigen Begegnung mit Gott in seinem Wort und des existenziellen Eingehens in Christi Lebensgestalt. Josef Lortz hat deshalb von einer «auffallenden Asakramentalität» Bernhards und anderer geistlicher Autoren des zwölften Jahrhunderts gesprochen.

Für Bernhard ist die Bibel die ständige lebendige Anrede Gottes an den Menschen. Hinter dem Schleier ihrer Worte entdeckt er Christus selbst (vgl. Cant. 73,2), das ewige WORT des Vaters: «Gott hat einmal gesprochen. Und zwar einmal, weil immer. Denn er spricht ein für allemal, ohne Unterbrechung, beständig und immerdar» (Div. 5,1) in dem *«einen* WORT, das er gezeugt hat» (Div. 73).

Entsprechend dieser aus der Theologie des Johannesevangeliums, namentlich seines Prologs, stammenden Überzeugung spricht Bernhard, wenn er seine mystische Gotteserfahrung erläutert, gern von der Begegnung mit dem WORT, vom Heimgesuchtwerden vom WORT. Das WORT, die ständige Anrede Gottes an die Menschen, ist für ihn zugleich der Gott, der sich der Seele schenkt: «Locutio Verbi, infusio doni – Das WORT spricht, indem es sich als Gabe eingießt» (Cant. 45,8).

Die Heilige Schrift als Wort Gottes vermittelt folglich dem, der sich ihr öffnet, die Gegenwart Gottes selbst: «Wenn ich spüre, wie mein Sinn geöffnet wird für das Verständnis der Heiligen Schrift, oder wie das Wort der Weisheit gleichsam aus meinem Innersten hervorsprudelt, oder wie mir von oben Licht eingegossen wird und sich mir Geheimnisse erschließen, oder wie der Himmel mir sozusagen seinen unermeßlich weiten Schoß öffnet und von oben meinen Geist mit einem überreichen Regen von Meditationsanregungen überschüttet: dann zweifle ich nicht, daß der Bräutigam da ist. Denn das sind die Schätze des WORTES, und aus seiner Fülle empfangen wir all dies» (Cant. 69,6).

Deshalb wurde Bernhards Lebenselement die Heilige Schrift. «Bernhard wohnt in der Bibel: er bewegt sich in ihr, lebt von ihr und will, daß alle von ihr leben» (J. Leclercq). Er machte sich die Sprachgestalt der lateinischen «Vulgata» derart zu eigen, daß er buchstäblich «Bibel» sprach: die Wendungen, Formulierungen und Bilder der Bibel wurden sein «Dialekt» und sind gar nicht klar als Zitate aus seinen eigenen Worten herauszulösen. Gaufried von Auxerre berichtet, Bernhard habe ihm anvertraut, in einer Stunde des Meditierens und Betens habe in einer Art Vision die ganze Heilige Schrift vor ihm gelegen und sich ihm in ihrem Sinn erschlossen (Vita I,III,3,7). Weil er es verstanden hat, aus dem Buchstaben der Heiligen Schrift, der den meisten trocken und hart wie ein Fels vorkommt, den «Honig» ihres geistlichen Sinnes fließen zu lassen (das Bild stammt von Origenes, in Anspielung auf Dtn 32,13 und Ps 81,17), hat man Bernhard den Titel «Doctor mellifluus, honigfließender Lehrer» verliehen.

Das Hohelied als mystisches Lesebuch

Mit seinem johanneischen Sinn für das WORT vereint Bernhard eine Vorliebe für die Christusmystik des Paulus: «Der Mund des Paulus ist eine große, unerschöpfliche Quelle, die für uns offensteht» (Cant. 10,1). Diese wiederum sieht er im Zusammenklang mit dem Text des «Hohenliedes», an dessen erste beide Kapitel er

86 Predigten geknüpft hat. Darin entfaltet er seine geistliche Lehre am ausführlichsten.

Es ist erstaunlich, wie Bernhard und die übrigen frühen Autoren der Zisterzienser in ihrem ungemein strengen Mönchsleben eine geradezu weibliche, frauliche Sensiblität entwickelt haben. Sie haben ihr Ich als «anima» erlebt, als «Seele», die sich nach Gott sehnt. «Hab Vertrauen», sagt Bernhard in einer seiner ersten Hohelied-predigten, «der du diese Seele bist, hab Vertrauen und wage dich hervor. Erkenne am Geist des Sohnes: du bist die Tochter des Vaters und die Braut und Schwester des Sohnes.» (Cant. 8,9).

Daß die Bilder und die Sprache der Liebe von Bräutigam und Braut Bernhards Mystik beherrschen, schenkt dieser Mystik nicht nur ihre menschliche Wärme und Poesie, sondern schließt auch jede Versuchung zur Auflösung der Person in einem diffusen «Göttlichen» aus: diese Mystik ist wesentlich dialogischer Natur.

In Bernhards Augen war das Hohelied die dichterische Beschreibung des Dramas der Begegnung der Seele mit Gott, die von ständigen Erlebnissen des Auf und Ab mystischer Erfahrung hin- und hergerissen wird, mit der fein gestuften Fülle der dabei erweckten Zustände zwischen Einssein und Verlassenheit, Brennen und Starrsein, Leben und Sterben.

Noch ein Menschenalter vor Bernhard war in Theologie und Exegese eine solche Deutung, also die unmittelbare Einbeziehung der menschlichen Seele in das Brautverhältnis mit Gott, kaum mehr unternommen worden. Die Ausleger hatten die Braut des Hohenliedes auf die Kirche oder, seltener, auf Maria gedeutet. Bernhard, und vor ihm bereits Rupert von Deutz († 1129) und Gerhoh von Reichersberg († 1169), erweckten in dieser Hinsicht den Eindruck von unerhörten Neuerern, die einem geistlichen Neuaufbruch mit der überzeugenden Kraft einer neuen Geburt zum Sieg verhalfen und über weite Zeiträume zurück unmittelbare Verbindungen bis zu Benedikt, Origenes und Paulus herstellten.

Das Tun und Wirken Gottes am Menschen, von dem wir in der Schrift lesen, erfährt Bernhard also als etwas, was sich in ihm selbst abspielt. Und umgekehrt: Wenn er erfährt, daß sich dieses Wirken in ihm abspielt und wenn er die Bibel aus seiner eigenen Erfahrung heraus liest, dann erschließt sich ihm umso deutlicher ihr wahrer Sinn. So besteht eine ständige Wechselwirkung zwischen dem Wort der Schrift und der eigenen geistlichen Erfahrung. Das Wort Gottes «muß deshalb in das Innerste deiner Seele Einlaß finden; es muß in dein innerstes Empfinden und in deine ganze Lebensart übergehen» (Adv. 5,2), denn in ihm «spricht sich dir die innerste Liebeszuwendung zu, nicht der Verstand; und deshalb richtet es sich nicht (nur) an den Verstand» (Cant. 67,1). «Höre selbst in dich hinein, wende die Augen deines Herzens dorthin, und du wirst aus eigener Erfahrung lernen, was sich da abspielt» (Conv. 3,4).

Wenn Bernhard die Schrift auslegt, dann treibt er keine sachliche Exegese: «non disputatio comprehendit, sed sanctitas, nicht die theoretische Erörterung, sondern die eigene Heiligkeit hilft zum Begreifen» (Cons. V,14,30). «Ich will nicht Worte auslegen, sondern Herzen (mit lebenspendendem Wasser) berieseln. Deshalb muß ich für euch schöpfen und euch zu trinken geben. Das kann ich nicht, wenn ich alles schnell durcheile, sondern nur, indem ich es sorgfältig behandle und euch häufig ermahne» (Cant. 16,1).

«Vielleicht fragt mich einer noch weiter, was es denn heiße, ‹das WORT genießen› (Verbo frui quid sit). Ich antworte: Er soll lieber jemanden suchen, der das aus Erfahrung weiß (expertum); den kann er danach fragen. Oder wenn mir die Gnade geschenkt worden wäre, das zu erfahren, glaubst du, ich wäre imstande, das auszusprechen, was unaussprechlich ist? Höre einen, der es erfahren hat: ‹Wenn wir von Sinnen sind, dann ist es für Gott; sind wir aber nüchtern, dann ist es für euch› (2 Kor 5,13). Das heißt: Ich teile etwas mit Gott, und allein Gott weiß davon; und etwas anderes teile ich mit euch. Was ich mit Gott teile, durfte ich erfahren, aber auf keinen Fall weitersagen; in dem, was ich mit euch teile, steige ich so weit mit euch hinab , daß ich es euch sagen kann und ihr mich verstehen könnt. O, wer immer du neugierig wissen möchtest, was es heißt, ‹das WORT zu genießen›, öffne ihm nicht dein Ohr, sondern dein Herz. Nicht die Zunge, sondern die Gnade lehrt das. ‹Vor den Weisen und Klugen bleibt es verborgen, den Kleinen aber wird es enthüllt› (Mt 11,25).

Brüder, eine große und erhabene Tugend ist die Demut, die sich eine Erkenntnis verdient, die nicht durch die Lehre vermittelt wird. Sie kann erwerben, was man nicht erlernen kann; sie ist würdig, durch das WORT und vom WORT zu empfangen, was sie mit eigenen Worten gar nicht erklären kann. Warum dies? Nicht weil sie es sich so verdient hat, sondern weil es dem Vater des WORTES so gefallen hat, dem Vater des Bräutigams der Seele, unseres Herrn Jesus Christus» (Cant. 85,14).

Vorbehalte gegen bestimmte Formen der theologischen Wissenschaft

Man kann verstehen, daß Bernhard die kritisch-distanzierte Auseinandersetzung mit Heiliger Schrift und Theologie, wie sie die zeitgenössischen Lehrer an den Schulen zu treiben begannen, innerlich fremd war. Ja, er empfand sie als äußerst bedrohlich, weil sie die Einheit von Glauben und christlicher Existenz zu zersetzen drohte. Er hat deshalb mit einer Leidenschaft, die nicht immer die Regeln der Fairneß und Sachlichkeit einhielt, Lehrer wie Abälard und Gilbert von Poitiers bekämpft. Sein Einsatz gegen die aufkommende scholastische Methode war im übrigen vergeblich, und in den nachfolgenden Jahrhunderten sollten theologische Wissenschaft und mystische Frömmigkeit auf weite Strecken getrennte Wege gehen: die «devotio moderna», zu deren geistigen Vätern Bernhard gehört, ist von einem spürbaren Ressentiment gegen die

Schulen beseelt. Entsprechende Bemerkungen in der «Nachfolge Christi» (Endfassung 1524) z.B. lassen darüber keinen Zweifel.

Doch wäre es falsch, Bernhard der grundsätzlichen Wissenschaftsfeindlichkeit zu zeihen oder ihn gar als Anwalt eines fragwürdigen, einseitig vom Gefühl oder von der Askese beherrschten Obskurantismus zu mißbrauchen. Es geht ihm im Gegenteil zutiefst um die Integration von Liebe und Wissen: «Was würde gründliche Bildung (eruditio) ohne Liebe tun? Sich aufblähen. Was Liebe ohne gründliche Bildung? Sich verirren. Deshalb waren jene im Irrtum, von denen es heißt: ‹Ich stelle ihnen das Zeugnis aus, daß sie Eifer für Gott haben, aber nicht mit der rechten Einsicht› (Röm 10,2). Die Braut des WORTES darf nicht dumm sein; aber eine aufgeblasene Braut duldet der Vater auch nicht» (Cant. 69,2).

Eine kirchliche Mystik

Was Bernhards intensives Leben aus dem Wort der Bibel vom reformatorischen Prinzip unterscheidet, «sola Scriptura, einzig die Schrift» sei Richtschnur und Norm christlicher Existenz, ist sein ausgeprägter Sinn für die *Kirche,* «die den Rat und den Geist ihres Bräutigams und Gottes bei sich hat. Zwischen ihren Brüsten ruht der Geliebte, und er nimmt und behält in ihrem Herzen den wichtigsten Platz. Sie hat sein Herz so verwundet und ihr Auge der Kontemplation so tief in den Abgrund der Geheimnisse Gottes versenkt, daß ihm in ihrem Herzen und ihr in seinem Herzen immerdar eine Wohnung bereitet ist. Wenn sie deshalb in den Heiligen Schriften Worte umsetzt oder verändert, dann ist diese Umstellung aussagekräftiger als die ursprüngliche Stellung der Worte» (In Vig. Nat. 3,1).

Bernhard vertritt die Auffassung, Schrift und Kirche stammten in gleicher Unmittelbarkeit von Gott und könnten sich deshalb wechselseitig ergänzen. Die Kirche ist nicht menschliche Einrichtung, sondern die Braut des Bräutigams Christus, die mit ihm vom

Himmel herabgestiegen ist (vgl. Offb 21,2). «Als der heilige Gott-mit-uns der Erde seine himmlische Lehre brachte, als er uns in seiner Person ein sichtbares Abbild jenes himmlischen Jerusalem, das unsere Mutter ist, offenbarte und einen Abglanz von dessen Schönheit erkennen ließ: haben wir da nicht im Bräutigam die Braut gesehen, haben ein und denselben Herrn der Herrlichkeit als Bräutigam im Schmuck seiner Krone und als Braut im Schmuck ihres Geschmeides bewundert? Der also, der herabsteigt, ist auch der, der hinaufsteigt, und niemand kann in den Himmel steigen, der nicht vom Himmel herabgestiegen ist: ein und derselbe Herr als Bräutigam im Haupt und als Braut im Leib» (Cant. 27,7).

Christus und seine Kirche sind «zwei in einem Fleisch» (ebd.): die Kirche ist der mystische Leib Christi, in den der einzelne Gläubige einverleibt wird, und in dem Maß, in dem er in und mit der Kirche lebt, wird er selbst zur Braut Christi. Bernhard beschreibt, wie wir schon gesehen haben, die geistliche Erfahrung mit Vorliebe in der Bildersprache des Hohenliedes; darin sieht er in der Rolle der Braut «die Kirche oder die Gott liebende Seele» (Cant. 29,7). «Wir selbst sind die Braut; wir sind alle zusammen *eine* Braut, und die Seelen der einzelnen sind sozusagen je für sich Bräute» (Dom. 1 p. Oct. Epiph. 2,1).

Die einzelne Seele ist nach Bernhards Auffassung jedoch nur Braut innerhalb der Kirche; nur die Kirche besitzt alle Gaben, die ganz unterschiedlich und in vielfältigster Form auf ihre verschiedenen Glieder verteilt sind, und deshalb ist nur die Kirche die Braut, die Christus voll und ganz entspricht. «So soll sich also niemand von uns anmaßen, leichtfertig seine Seele als Braut des Herrn zu bezeichnen; aber dennoch gehören wir der Kirche an, die zu Recht diesen Namen führt und sich rühmen darf, dieser Bezeichnung auch tatsächlich zu entsprechen. Wir können folglich trotzdem mit gutem Recht unseren Anteil an dieser Herrlichkeit in Anspruch nehmen. Denn was wir alle gemeinsam und vollständig besitzen, an dem haben wir auch als einzelne zweifellos Anteil. Dank sei dir, Herr Jesus, der du uns in deine geliebte Kirche aufgenommen hast, nicht nur damit wir Gläubige seien, sondern damit auch wir in der Person der Braut in köstlicher, keuscher, ewiger Umarmung mit dir vereint werden und auch selbst mit enthülltem Angesicht deine Herrlichkeit schauen, die dir eigen ist zusammen mit dem Vater und dem Heiligen Geist in alle Ewigkeit. Amen» (Cant. 12,11).

Der einheitliche Nenner für die Aktivität in vielen Bereichen

Hier wird wiederum deutlich, wie sehr Bernhards persönlichste Mystik «politischer» Natur ist: weil das Schicksal seiner eigenen Seele und dasjenige der Kirche, und zwar der Kirche, die nicht eine nur ideelle, rein geistliche Gemeinschaft der Vollkommenen, sondern die konkrete irdische Institution ist, untrennbar miteinander verknüpft sind und sich gegenseitig bedingen, sind die Leiden der Kirche seine eigenen: «Die tiefe Spaltung der Kirche zerreißt mich selbst, so daß meiner Seele das Leben verleidet wird» (Brief 141,2). Gerade seine tiefe Schau in das Wesen der Kirche als Braut Christi ließ ihn umso schmerzlicher die Widersprüche und Wunden spüren, von denen sie verunstaltet war, und sein rastloses Bemühen diente dem Ziel, die Kirche im Sinne der von Papst Gregor VII. eingeleiteten Reformen zu erneuern und so ihres Bräutigams würdiger zu machen.

Sein Leben, das äußerlich zerrissen scheint zwischen der Zurückgezogenheit im Kloster und seinen vielfältigen Aktivitäten auf politischem und kirchlichem Gebiet, stand im Grunde genommen im Dienst eines einzigen Anliegens und findet darin seinen einheitlichen Nenner: es galt dem Kampf gegen die Mächte des Zwiespalts, des Leidens und des Todes, die den einzelnen, die Kirche und die Welt peinigten und deshalb im Letzten Gott selbst, den Leib Christi, neu in Schmerz und Agonie stürzten. Was der einzelne, die «Seele», an Sünde, Zerrissenheit und Elend erfährt, das ereignet sich im großen Maßstab in der Sünde, der Zerrissenheit und dem Elend der Kirche und ist in einer Wechselwirkung damit verbunden; und die Kirche wiederum ist die Repräsentantin und der Spiegel der gesamten sündigen, zerrissenen und in der Gottferne lebenden Menschheit. So gilt der Kampf in der Einsamkeit der Zelle, in der Gemeinschaft des Klosters, in den kirchlichen Auseinandersetzungen und auf dem politischen Feld stets den gleichen Gegnern und wird mit den selben Waffen ausgetragen; Sieg oder Niederlage in einem dieser Bereiche haben ihre unmittelbaren Rückwirkungen auf alle anderen.

Hier liegt jedoch auch eine Gefahr nahe: daß Bernhard Konflikte seines eigenen Herzens allzusehr in Gegner hineinspiegelte und dann in diesen energisch bekämpfte. Wenn er Abälard attackierte als «Menschen, der mit sich selbst uneins ist, durch und durch zwiespältig, und der nichts von einem Mönch an sich hat als den Namen und das Kleid» (Brief 403); wenn er Arnold von Brescia als Ungeheuer «mit einem Taubenkopf und einem Skorpionenschwanz» karikiert (Brief 406) und Stefan von Garlande als «Monstrum, das Kleriker und Soldat zugleich sein will und in Wirklichkeit keines von beiden ist» (Brief 78,11), so erinnert das deutlich an das Bild von der «Chimäre», als die er sich zu seinem eigenen Leidwesen empfand. Hat er nicht seine Ungeduld über sich selbst gelegentlich an entsprechenden schwachen Punkten seiner Gegner abreagiert?

Bernhard und die Marienverehrung

Doch kehren wir zurück zu seiner Deutung der Braut des Hohenliedes auf die Kirche und auf die Seele des einzelnen. Ganz organisch würde sich in diese Sicht *Maria* als höchste Verwirklichung des Mysteriums der Kirche und als Vorbild der gottgeeinten Seele einbeziehen lassen. Tatsächlich war es zu seiner Zeit, z.B. bei Rupert von Deutz, durchaus üblich, in der Braut des Hohenliedes Maria zu sehen. Aber Bernhard lehnt seine mystische Lehre stark an die konsequent christozentrische Mystik des Paulus an und spart Maria so gut wie ganz daraus aus. In seinen 86 Hoheliedpredigten, an denen er fast zwanzig Jahre gearbeitet und in die er seine tiefsten Einsichten und Erfahrungen eingebracht hat, erwähnt er Maria sehr selten und nur nebenbei.

A. Wilmart, einer der besten Kenner der mittelalterlichen Tradition, schreibt: «Ich zweifle keinen Augenblick daran, daß er Maria verehrt hat. Aber wenn man seine authentischen Werke durchsieht, stellt man fest, daß er seine Gedanken oder Empfindungen über Maria nur in den wenigen Predigten zum Ausdruck bringt, die er an den ihr gewidmeten liturgischen Festen gehalten hat. Nimmt man die Texte, wie sie sind, so ist es übertrieben, ja irreführend, die Frömmigkeit Bernhards auf den Begriff einer ausgesprochenen Marienfrömmigkeit und seine Theologie auf den einer Mariologie zu bringen. Abgesehen von der Darstellungsweise bleibt er ganz im Strom der Tradition, und ich stelle keinen spürbaren Unterschied zwischen seiner Sicht und der des heiligen Anselm, der vor ihm gelebt hat, bezüglich Marias fest. Für die volkstümliche Literatur des zwölften Jahrhunderts kann man ihn nicht unmittelbar verantwortlich machen.»

Im Gesamt des Denkens und der geistlichen Physiognomie Bernhards nimmt die Marienverehrung einen ganz eigenen, nicht in seine übrige Lehre integrierten Raum ein, was er auch selbst zu sehen scheint, wenn er in der Vorbemerkung zu seinen vier Marienpredigten über das Evangelium der Verkündigung sagt: «Sie zu halten drängt mich zwar keinerlei Notwendigkeit vonseiten der Brüder, noch bewegt mich die Aussicht auf Nutzen dazu; aber ich denke, daß es euch nicht zum Schaden gereicht, wenn ich einmal meiner eigenen Frömmigkeit Genüge tue (si propriae satisfacio devotioni).»

Eine nähere Untersuchung zeigt, daß Bernhards erste Biografen und seine Zeitgenossen kaum von seiner Marienverehrung sprechen. Die «marianische Legende» um Bernhard ist erst im 13. Jahrhundert gesponnen worden, wobei man weitschweifigere und gefühlsreichere marianische Betrachtungen aus der Feder anderer Autoren (wie Arnold von Bonneval, Ekbert von Schönau, Ogier von Locedio) unter seinem Namen in Umlauf brachte und auf ihn Legenden über andere Heilige übertrug. Die in der Kunst oft dargestellte Szene seiner «Lactatio» durch Maria z. B. (die Jungfrau erscheint Bernhard und benetzt seine Lippen mit drei Tropfen ihrer Muttermilch, wovon sein marianisches Wissen stammen soll; in Wirklichkeit hat er gar nichts Neues über Maria gesagt) scheint aus entsprechenden Legenden über Johannes Chrysostomos und Fulbert von Chartres (um 1020 aufgezeichnet) und andere übernommen zu sein. Er ist weder der Dichter des «Salve Regina», noch hat er im Speyerer Dom die drei letzten Anrufungen dazugedichtet. Auch läßt sich in seinen Schriften nirgends das oft zitierte Motto «de Maria numquam satis, über Maria kann man nie genug sagen» finden, sondern eher die gegenteilige Äußerung: «Die königliche Jungfrau bedarf nicht falscher Ehre, denn sie hat genug wahre Titel und Würdezeichen» (Brief 174,2), die sich in einem Brief findet, in dem er sich *gegen* die Lehre von der «Unbefleckten Empfängnis» Mariens ausspricht.

Dennoch ist Bernhard in die Tradition und Kunst als der «Doctor marianus», der «marianische Lehrer», eingegangen. Auch wenn er keinen neuen, originellen Beitrag zur traditionellen Lehre der Kirche über Maria geleistet hat, ist das wenige, was er über Maria ausgeführt hat, derart gut und persönlich formuliert, daß es den Anstoß zur Entfaltung der nachfolgenden Marienfrömmigkeit geben konnte.

Das Jawort der Erde zum Himmel

M.-M. Davy hat einige der bei Bernhard nur im Ansatz vorhandenen Linien etwas weiter ausgezogen und damit aufgezeigt, wie wesentlich und fruchtbar gerade auch aus symbolisch-tiefenpsychologischer Sicht das marianische Motiv in der Dogmatik und Mystik sein kann. Sie knüpft dabei an eine Stelle in Bernhards 4. Predigt über die Verkündigungsperikope an, wo er dramatisch den Augenblick zwischen der Anrede des Engels und dem Jawort Mariens beschreibt:

«Der Engel wartet auf deine Antwort. Es wird Zeit, daß er zu Gott zurückkehrt, der ihn gesandt hat. Herrin, auch wir warten auf dein erbarmendes Wort, denn uns drückt der Urteilsspruch ins Elend. Siehe, dir wird angeboten, unser Heil zu erwerben: sobald du Ja sagst, sind wir befreit.

Wir sind alle im ewigen WORT Gottes erschaffen, aber siehe, wir sind dem Tod verfallen. Du mußt nur kurz Antwort geben, und wir sind geheilt und ins Leben zurückgerufen.

Gütige Jungfrau, um dieses Wort fleht zu dir unter Tränen der aus dem Paradies verbannte Adam mit seiner leidgeprüften Nachkommenschaft, um dieses Wort bittet dich Abraham, bittet dich David. Um dieses Wort flehen dich alle anderen heiligen Väter an, deine Vorfahren, die im Reich des Todesschattens wohnen. Die ganze Welt liegt vor dir auf den Knien und erwartet dieses Wort von dir. Und das zu Recht: denn von deinem Mund hängt der Trost der Armen ab, die Befreiung der Gefangenen, ja das Heil aller Kinder Adams, deines ganzen Geschlechts. Jungfrau, gib schnell deine Antwort. Herrin, gib Antwort mit dem Wort, auf das die Erde wartet, auf das die Unterwelt und auf das sogar die Himmel warten. Ja selbst der König und Herr aller verlangt so sehr nach deiner Schönheit, daß auch er voll Sehnsucht auf deine bejahende Antwort wartet: durch diese Antwort will er die Welt retten. Du hast ihm durch dein Schweigen gefallen. Du wirst ihm noch mehr durch dein Wort gefallen. Er selbst ruft dir ja vom Himmel her zu: ‹O schönste unter den Frauen, laß mich deine Stimme hören!› Wenn du ihn deine Stimme hören läßt, läßt er dich unser Heil schauen» (Sup. Missus est 4,8).

Davy erläutert dazu: Eva, die «Mutter der Lebendigen», ist der Prototyp der Schöpfung, die sich von Gott entfernt; sie steht für die einzelne Seele und für die ganze Menschheit. Die Jungfrau Maria stellt die Schöpfung dar, die zu Gott zurückkehrt. An ihrem Jawort hat die ganze Schöpfung Anteil, denn, so sagt Bernhard, der Mensch ist zwar erschaffen worden, ohne vorher gefragt zu werden, aber erlöst wird er nicht ohne seine Zustimmung. So wird dieses Jawort zur Vorbedingung für die Fleischwerdung Gottes und für das Heil der Welt.

Dies sieht Davy verbunden mit einer tiefen Symbolik der Vereinigung des männlichen Prinzips mit dem weiblichen. Bernhard schreibe, Christus als das ewige WORT sei ohne Mutter gezeugt worden, und Christus als der Menschensohn in der Zeit ohne Vater. Als Gott-Mensch aber ist er die vollkommene Frucht aus der Vermählung des ewigen Vaters mit der irdischen Mutter im Heiligen Geist: so werden in ihm ein neuer Himmel und eine neue Erde erschaffen.

Maria läßt sich folglich als der Inbegriff der im Schatten des Glaubens und des Fleisches lebenden Erde verstehen, die als Frucht ihrer Liebe zu Gott Christus, die göttliche Sonne, zur Welt bringt und dadurch zur lichterfüllten Erde, zur «terra lucida» wird.

Was in der Geburt Christi aus Maria begonnen hat, will um sich greifen, bis das Licht an alle Orte vorgedrungen ist, wo es die Finsternis noch nicht erfaßt hat (vgl. Joh 1,5). Dabei ist die Schöpfung auf jeden Menschen angewiesen, der nach dem Beispiel Mariens als «Seele» und «Braut» sein persönliches Jawort zu Gott sprechen soll, um in sich Himmel und Erde zu vermählen. Jede «Seele» hat deshalb als «Braut» nach dem Vorbild Mariens die Berufung und Aufgabe, zwischen Himmel und Erde zu vermitteln. Der dramatische, alles entscheidende Augenblick, auf den sich die sorgenvolle, gespannte Erwartung der ganzen Schöpfung richtet, ist der Augenblick der Entscheidung der Jungfrau, ihr Jawort zum Willen Gottes zu sprechen.

So wird die Verkündigungsszene zum Inbegriff der Entscheidungssituation, in die jeder Mensch vor Gott gestellt ist. Überall dort, wo ein Mensch unter dem Eindruck der Liebe Gottes zur Welt – ausgesprochen im «Ja, ich komme» des Sohnes Gottes bei seinem Eintritt in die Welt (vgl. Hebr 10,6–7) – mit seinem Jawort die Liebe der Welt zu Gott ins Wort bringt, wird auch er zum Keim einer Umwandlung: er hebt auf, vereint und bringt in Harmonie, was sich zuvor gegen Gott gesperrt und ihn abgelehnt hatte. Auf diese Weise kann die Fleischwerdung Gottes und die Gottwerdung des Menschen immer mehr wahr werden.

So weit Davys Ausfaltung einiger Ansätze bei Bernhard, die man aber nicht einfach als Bernhards eigene Spiritualität bezeichnen kann. Er sieht Maria weniger zusammen mit der Kirche und der einzelnen Seele, sondern hebt sie im Gegenteil von der Kirche ab und weist ihr einen besonderen Platz in der Nähe Christi zu, als «Königin zur Rechten des Königs» (nach Ps 45,10) und als «Mittlerin zum Mittler» (Dom. infr. Oct. Ass. BMV,2), wie er in seiner Predigt zum Sonntag in der Oktav von Mariä Himmelfahrt ausführt, einer Predigt, die sorgfältiger Auslegung bedarf, um nicht dogmatische Mißverständnisse aufkommen zu lassen.

Der Weg der Liebe

Historisch und sachlich richtiger als «Doctor marianus» würde Bernhard der Titel «Doctor caritatis, Lehrer der Liebe» kennzeichnen. Er hat einen, nein, *den* Weg der Liebe zu Gott und zu den Menschen gelebt und gelehrt und bis auf die Höhen der auf Erden möglichen Erfahrung verfolgt, dorthin, wo «der gute und getreue Knecht in die Freude seines Herrn eingeführt (Mt 25,21) und trunken sein wird von der Fülle des Hauses Gottes (Ps 35,9). Er wird dann auf eine wunderbare Weise sozusagen ganz sich selbst vergessen, gleichsam ganz und gar sich selbst entschwinden und ganz in Gott eingehen: von da an wird er ihm anhangen und *ein* Geist mit ihm sein (vgl. 1 Kor 6,17)» (Dil. XV,39 = Brief 11,8).

Die beiden letzten Sätze sind eine behutsame Beschreibung der mystischen Ekstase, des Aus-stehens des Menschen aus sich selbst in Gott hinein, die in ihrer Vollendung und Dauer erst nach diesem irdischen Leben erreicht, aber für kurze Augenblicke doch schon hienieden als gnadenhaftes Geschenk erfahren werden kann.

Auf dem Weg dorthin kennt Bernhard eine andere Art geistlicher Erfahrungen, die er als «Besuche des WORTES» beim Menschen bezeichnet. In seiner 31. Hoheliedpredigt erläutert er näher, um welche Weise der Begegnung mit Gott es sich dabei handelt. Die Grundgedanken sind folgende:

Dem *Himmel* ist jene vollkommenste Erfahrung Gottes von Angesicht zu Angesicht vorbehalten, in der Gott sich so mitteilt, wie er ist.

Auf *Erden* offenbart sich Gott auf verschiedenen Stufen:

– Zunächst hat er für alle Menschen einen Abglanz seiner selbst in die Geschöpfe gelegt. Daraus können sie schließen, *daß* er ist, aber nocht nicht, *was* er ist.

– Den Patriarchen und Propheten hat sich Gott zuweilen durch Visionen oder Stimmen geoffenbart, die sich an die Sinne oder an das Vorstellungsvermögen wandten. Das waren Offenbarungen von außen her; Gott blieb dabei noch außerhalb der Seelen, die er erleuchtete.

– Zuweilen kommt er *in* die Seele dessen, der, geläutert durch die Sehnsucht und hingegeben an die Liebe, ihm einen Platz bereithält. Sie spürt dann seine Gegenwart in ihrem Inneren: das ist der «Besuch des WORTES».

Dieser Besuch wird vorbereitet durch unablässiges Gebet und häufiges Seufzen. Gott kommt nur hie und da; aber man muß sich immer immer «mit Sehnsucht peinigen». Die Liebe wacht immer. Und plötzlich lodert ihre Flamme auf: diese jähe, ungewohnte Glut ist das Zeichen dafür, daß Gott da ist: «er brennt vor Süße, ardet suaviter» (Cant. 57,7). Zuerst hatte die Liebe die Gestalt der Sehnsucht; nun ist sie gegenwärtig, ist lebendiger und intensiver. Das ist die zweite Phase des geistlichen Lebens.

Während der ersten Phase ist der Mensch bereits für seine Sünden gestorben. Aber er trägt noch die frischen Wunden, die sie geschlagen haben, und die Erinnerung an sie demütigt ihn. Nach einer Zeit, die gewöhnlich lange dauert, denkt der Beter dank der Gnade Gottes immer weniger an seine Sünden, sondern läßt seine Aufmerksamkeit mehr und mehr von der Betrachtung des Wortes Gottes in Beschlag nehmen. Von Zeit zu Zeit kommt es dann vor, daß ihm der Bräutigam sein Antlitz enthüllt und sich in einer unaussprechlichen Freude beschauen läßt.

So schreitet der Mensch unter dem Antrieb des Heiligen Geistes von Klarheit zu Klarheit fort. Vorher hatte er nach dem Arzt verlangt; die Begehrlichkeit des Fleisches hatte ihn noch verführt; er hatte noch unter seinen Sünden gelitten und bedurfte noch der Heilung. Gott hatte ihm Arzneien, noch keine Küsse geschenkt. Aber Jesus, der Arzt der Seele, ist auch ihr Bräutigam. Er nimmt ihr alle Bitterkeit aus dem Herzen und erfüllt sie mit seiner Süßigkeit. Wenn er die Seele geheilt hat, gibt er sich ihr ganz hin. Er hebt sie über ihre Trägheit und Schwäche hinaus und spricht zu ihr von sich. Wenn sie diese Stimme vernimmt, muß ihr bewußt sein, daß sie nicht aus ihr selbst kommen kann: was sie da hört, ist nicht die Frucht eigener Überlegungen, sondern das sind die «Worte des WORT-Bräutigams, verba Verbi sponsi» (Cant. 32,4).

Es bedarf einer eigenen Gnadengabe, jener geistgeschenkten «Unterscheidung der Geister», von der Paulus spricht (2 Kor 12,10), um auszumachen, daß diese inneren Regungen Worte des WORTES sind (Cant. 32,6). Selbst der geläuterte und erfahrene Blick reicht allein nicht für diese Unterscheidung aus. Denn die Gedanken, die der Bräutigam eingibt, sind von derselben Art wie jene, die wir selbst aus uns schöpfen; sie bedienen sich derselben Seelenkräfte; doch stammen sie aus einer anderen Quelle: wir haben sie nicht mehr aus uns selbst, sondern sie sind von Gott eingegeben. «Eingegeben» ist indes der falsche Ausdruck dafür: denn sie kommen gerade *nicht* von außen in unser Herz; Gott wirkt dabei nicht mehr mittels der äußeren Sinne auf die Seele ein, wie er es bei den Propheten des Alten Bundes getan hat, sondern er enthüllt sich durch innerste Regungen der Seele, im «Mark des Herzens».

Nachvollziehbare Erfahrungen

Die mystische Sprache Bernhards könnte den heutigen Leser entmutigen, weil der Eindruck entstehen kann, hier würden Erfahrungen mitgeteilt, die ihm selbst ganz unzugänglich sind. In Wirklichkeit durchschaut und deutet Bernhard mit seiner Sensibilität ein gut Stück weit Erfahrungen, die keinem fremd sind, der ernsthaft aus dem Glauben zu leben versucht. So kann er uns helfen, Erfahrungen, die wir bereits *haben,* deutlicher zu erkennen, sie auf uns wirken und uns von ihnen weiterführen zu lassen.

«Viele von euch klagen darüber, daß ihr Geist so unter Dürre leidet und ihre Seele so taub und stumpf ist. Die Folge ist, daß sie nicht recht zu Gottes Tiefe und Wirklichkeit vorstoßen können und nichts oder nur wenig von der Süße des Geistes verkosten» (Cant. 9,3).

«Auch über mich kamen oft Überdruß, Traurigkeit und nahezu die Hoffnungslosigkeit, und ich grollte: ‹Wer wird im Angesicht dieser Kälte aushalten?› (Ps 147,17). Doch da konnte es geschehen, daß mich plötzlich ein geistlicher, reifer Mensch ansprach, oder daß ich ihn nur sah. Oder zuweilen erinnerte ich mich lediglich an einen solchen, der schon verstorben oder jedenfalls gar nicht da war: da wehte der Geist, und die Wasser begannen zu fließen; und diese Tränen waren mein Brot bei Tag und bei Nacht» (Cant. 14,6).

Oder: «Oft treten wir mit lauem, trockenem Herzen an den Altar und widmen uns dem Gebet. Bleiben wir darin treu, so ergießt sich unversehens die Gnade in uns; unsere Brust weitet sich, eine Woge der Liebe strömt in unser Inneres. Und kommt dann einer, der uns drückt, so strömt alsbald die Milch der empfangenen Süße im Überfluß aus» (Cant.9,7).

Das Bild ist unbefangen und kühn, die damit bezeichnete Erfahrung durchaus nachvollziehbar. Aus dem gleichen Bildfeld sind die Vergleiche für Wirkungen und Erfahrungen, die keinem fremd sind, der die Bibel intensiv liest und meditiert:

«Unsere Betrachtungen über den Herrn und seine Herrlichkeit, Schönheit, Macht und Majestät sind sozusagen Worte des WORT-Bräutigams an uns. Aber nicht nur das: wenn wir begierigen Herzens seine Zeugnisse und die Urteile seines Mundes durchdenken und bei Tag und Nacht über sein Gesetz nachsinnen (Ps 1,2), dürfen wir mit Gewißheit annehmen, daß der *Bräutigam da ist* und zu uns spricht, damit uns seine Rede erfrischt und wir durch die Mühen nicht erschöpft werden. Wenn du also spürst, daß deinen Geist solche Themen bewegen, dann halte das nicht für dein eigenes Denken, sondern erkenne, daß *der* zu dir spricht, der beim Propheten sagt: ‹Ich bin es, der Gerechtigkeit spricht› (Jes 63,1)» (Cant.32,4–5).

«Sein lebendiges, wirkmächtiges Wort ist für mich ein *Kuß*. Dieser Kuß besteht nicht darin, daß sich Lippen berühren – denn dies kann zuweilen einen Scheinfrieden zwischen den Herzen vortäuschen –, sondern dieser Kuß äußert sich so, daß die Freude in Fülle in mich einströmt und daß mir Geheimnisse erschlossen werden; daß sich wunderbar und irgendwie unwiderruflich das Licht von oben und mein erleuchteter Geist gegenseitig durchdringen und eins werden. Denn ‹wer Gott umarmt, ist *ein* Geist mit ihm› (1 Kor 6,17)» (Cant.2,2).

All dies sind, wie gesagt, keine außergewöhnlichen, uns heutigen Menschen unzugänglichen Erfahrungen. Sie führen den, der sich auf sie einläßt, unmerklich immer tiefer in die Begegnung mit Gott hinein.

Das WORT «besucht» den Menschen und hinterläßt seine Wirkungen

In seiner 74. Hoheliedpredigt (siehe im Textteil) hat Bernhard in einer Art «Narrenrede» ausführlich beschrieben, wie das WORT ihn selbst schon öfter besucht hat. Es teilt sich in einer Unmittelbarkeit und Übersinnlichkeit mit, die gar nicht beschrieben werden kann. Das WORT «rührt an» (afficit), es ist «wortlos, aber wirksam» (non loquax, sed efficax; Cant. 31,6) und kann nur aus seinen Wirkungen erschlossen werden: es weckt die schlafende Seele auf, erregt und verwundet sie, formt sie um und gibt ihr die Freude am Lob Gottes ein.

Diese Erfahrung ist noch nicht die «Schau» im strengen Sinn, aber doch schon eine Vorbereitung darauf, ein Schauen ohne Bilder, eine Zwiesprache ohne Worte, ein Austausch im Schweigen. Das WORT teilt sich der Seele mit, und sie empfängt es, erfüllt von Dankbarkeit und Bewunderung, in einer Art heiliger Trunkenheit. Solche Besuche des WORTES sind von kurzer Dauer, aber sie haben bleibende Wirkungen auf die Seele. Sie läutern das Begehren, die Phantasie, das Erinnern; sie machen den Menschen freier für die Kontemplation.

Aber der Bräutigam verschwindet immer wieder, und die Seele leidet um so stärker unter der Sehnsucht nach ihm. Das Hin und Her von Vereint- und Getrenntsein bringt in ihr ganzes Leben das Auf und Ab zwischen der Freude, wenn er kommt, und dem Schmerz, wenn er entschwindet. Wer von dieser Quelle trinkt, bekommt immer größeren Durst. Die Braut wird «krank vor Liebe» (Hld 2,5). Um ihr Kranksein zu lindern, sammelt sie in der Zeit der Abwesenheit des Bräutigams «die Früchte guter Werke und die Duftstoffe des Glaubens; darin findet sie etwas Ruhe, solange der Bräutigam ausbleibt» (Cant. 51,3). Sie denkt an die Güter des Himmels und widmet sich der Meditation. Sie sucht nach dem verborgenen Willen Gottes. Sie fastet und betet. Sie ruft sich die Wohltaten des Herrn in Erinnerung. «So horcht die Braut wachsam auf die

Schritte des Bräutigams, damit ihr nicht entgeht, wann und wie schnell er zu ihr kommt. Sie spürt genau, wann er fern, wann er nah und wann er anwesend ist, und es gelingt ihm gar nicht mehr, unversehens zu kommen und sie zu überraschen. So verdient sie es, daß er sie nicht nur voll Erbarmen ansieht, sondern sie mit Recht mit seiner liebevollen Stimme erfreut und sie mit Jubel über die Stimme des Bräutigams erfüllt» (Cant. 57,10).

«Komm zurück, mein Geliebter!» ruft Bernhard nach jedem Besuch des Bräutigams mit den Worten des Hohenliedes (2,17; Cant. 74,7). Dieser Hochzeitsgesang beherrscht in zunehmendem Maß sein Bewußtsein und nährt die Poesie seiner Darstellungen. Was im Herzen erfahren wird, übersteigt die Möglichkeiten verstandesmäßiger, sachlicher Erörterungen; aus den Worten werden zunehmend staunende Rufe: «O Süße! O Gnade! O Kraft der Liebe! Ist nicht der Höchste von allen einer von allen geworden? Wer hat das bewirkt? Die Liebe. Sie hat nicht auf Würde geachtet, war reine Güte, übermächtige Zuneigung, tatkräftiger Entschluß. Was ist gewalttätiger? Die Liebe besiegt Gott. Und wer ist dennoch bar jeder Gewalt? Die Liebe. Ich frage: Was ist das für eine Macht, die so gewalttätig ist, daß sie unbedingt siegt, und die zugleich so gewaltlos ist, daß sie jeder Gewalt ausgeliefert ist? Sie hat sich schließlich selbst entäußert (Phil 2,7), damit du es weißt: Die Liebe ist der Grund dafür, daß sich die Fülle ausgeschüttet, die Höhe auf unsere Ebene gebracht, der Einmalige sich zu unserem Gefährten gemacht hat» (Cant. 64,10).

Die Vermählung der Seele mit dem Bräutigam ist die Fortführung der Vermählung der Menschheit mit dem WORT. Der Vater hat seinen Sohn gesandt, der seinen Geist über die Kirche ausgegossen hat. Und Menschen, die sich nach dem Beispiel Christi entäußern und in seiner Kirche mit vollkommener Hingabe dienen, gelangen zur innigsten Vereinigung mit ihm. – Er hat sich herabgeneigt, damit der Mensch emporgehoben wird und in intimster Vertrautheit mit ihm lebt.

«O stürmische, heftige, lodernde, ungestüme Liebe! Du läßt nicht zu, daß man noch an etwas anderes als an dich denkt. Alles andere läßt du fade werden. Alles außer dir verschmähst du. Nur du selbst genügst dir selbst. Du wirbelst die Rangordnungen durcheinander, wirfst Brauch und Herkommen über den Haufen, hältst dich an kein Maß. Alles, was nach Vorteil, Verstand, Ziemlichkeit, Rat und Urteil aussieht, machst du zuschanden und unterwirfst es deiner Herrschaft, wenn du auftauchst. Alles Denken und Sprechen der Braut tönt von dir, atmet dich und nichts sonst: derart hast du ihr Herz und ihre Zunge erobert. Überall spricht in ihrem Lied die Liebe. Will einer der Leser verstehen, worum es darin geht, dann muß er selbst lieben. Wer nicht liebt, befaßt sich umsonst mit dem Hören und Lesen dieses Liebeslieds, denn ein kaltes Herz ist unfähig, diese glühenden Worte zu fassen. Wie einer, der nicht Griechisch kann, einen Griechisch Sprechenden nicht versteht, und wie einer, der kein Lateiner ist, einen Lateinisch Sprechenden nicht versteht, so bleibt auch die Sprache der Liebe für den, der nicht liebt, eine unverständliche Fremdsprache. Doch die, welche vom Geist die Gabe des Liebens erhalten haben, verstehen, was der Geist spricht; sie kennen sich bestens in den Redewendungen der Liebe aus und können unverzüglich in der gleichen Sprache antworten, das heißt, mit der Glut ihrer Liebe und mit Taten des Dienstes für andere» (Cant. 79,1).

«Ein solches Lied kann nur der Geist der Liebe lehren, es läßt sich nur in der Erfahrung lernen. Wer es erfahren hat, erkennt es wieder, und wer noch nicht, soll glühen in der Sehnsucht, nicht: mehr von ihm zu wissen, sondern: an der Erfahrung teilzuhaben. Dies Lied klingt nicht im Ohr: es jubelt auf im Herzen. Es tönt nicht von den Lippen, sondern erregt in tiefer Freude. Nicht Stimmen schwingen da in eins, sondern die Strebungen der Herzen. Es ist nicht draußen zu vernehmen, es schallt nicht offen auf dem Markt. Nur die es singt, vernimmt den Klang und der, dem sie es singt: die Braut und ihr geliebter Bräutigam» (Cant. 1,11).

Der «Besuch des WORTES» kann schließlich für kurze Augenblicke in die Ekstase reißen, ins völlige Sich-selbst-Genommenwerden. «Es gibt zwei Weisen der Kontemplation. Manche Menschen steigen (aus eigener Anstrengung) hinauf und stürzen ab; andere jedoch werden (sich genommen und) hin(auf) gerissen (rapiuntur) und steigen herab. (Die ersteren) haben ihren eigenen Kräften und ihrer Fähigkeit zugeschrieben, was (in Wirklichkeit) Gott ihnen offenbart hat. Darum folgt ihr Absturz: ‹und sie verfielen in ihrem Denken der Nichtigkeit. Sie behaupteten, weise zu sein, und wurden zu Toren› (Röm 1,21 f.). Die Auserwählten dagegen werden hingerissen (rapiuntur), wie Paulus und alle, die ihm gleichen. Auch sie steigen herab, um das, was sie in der Ekstase (per excessum mentis) geschaut haben, den Unmündigen weiterzusagen» (Div. 87,3).

Die ekstatischen Erfahrungen, die Bernhard mit den Ausdrücken «raptus» (Hingerissenwerden) und «excessus» (Außersichsein) bezeichnet, erweisen sich ganz konsequent als die Vollendung seiner Lehre von der Liebe. Sie werden von keinerlei außergewöhnlichen Umständen begleitet, sondern stellen den Zustand vollkommener Liebe dar, eine Integration restlos aller Wahrnehmungen und Strebungen in die allumfassende Liebe Gottes:

«Die Liebe hat an sich selbst genug. Wo die Liebe einzieht, zieht sie alle anderen Empfindungen und Strebungen an sich und nimmt sie gefangen. Deshalb *liebt* die Seele, die liebt, und sie kennt nichts anderes mehr als: lieben» (Cant. 83,3).

Die Ekstase ist der Anfang jener Daseinsweise, die als Dauerzustand erst nach diesem Leben möglich ist, das vollkommene Einssein mit Gott:

«Das Fleisch und Blut, das tönerne Gefäß, die irdische Wohnstatt: Wann können sie das fassen? Wann erfahren sie dieses Angerührtwerden: daß der Geist, trunken von göttlicher Liebe, sich selbst vergißt, wie ein Gefäß in sich selbst zerbricht, ganz in Gott eingeht,

Gott anhängt und *ein* Geist mit ihm wird (1 Kor 6,17)? Daß er sagt: ‹Mein Fleisch und mein Herz vergehen, Gott ist der Gott meines Herzens, und mein Anteil ist Gott in Ewigkeit› (Ps 73,26, Vulgata)?

Selig nenne ich den und heilig, dem geschenkt wird, etwas derartiges in diesem sterblichen Leben zu erfahren, selten zwar, aber doch zuweilen; oder auch nur einmal, und dies ganz plötzlich, im Zeitraum eines einzigen winzigen Augenblicks. Denn das ist ein Anteil am Zustand der Himmlischen, nicht Sache menschlichen Empfindens: dich sozusagen zu verlieren, gleichsam als wärest du nicht mehr; dich selbst überhaupt nicht mehr zu spüren, deiner selbst entledigt und nahezu zu Nichts geworden zu sein» (Dil. X,27: te enim quodammodo perdere, tamquam qui non sis, et omnino non sentire teipsum, et a temetipso exinaniri, et paene annullari...).

Bernhard beschreibt diese Vereinigung mit den klassisch gewordenen Bildern, die erstmals Maximus Confessor († 622) gebraucht hat: mit den Bildern vom Wassertropfen, der sich im Wein scheinbar ganz auflöst; vom glühenden und leuchtenden Eisen, das ganz wie das Feuer wird; von der Luft, durch die ein Sonnenstrahl fährt, so daß sie selbst Licht zu werden scheint (Dil. X,28). «Zwar bleibt die Substanz des Menschen, aber in einer anderen Form, in einer anderen Herrlichkeit, in einer anderen Potenz» (ebd.).

Der Mensch ist noch gar nicht fähig, die Fülle der Liebe und Herrlichkeit Gottes zu ertragen: sie würde sein allzu enges Gefäß sprengen. Deshalb wird sie, wenn sie einmal aufblitzt, sofort abgeschattet: «Wenn aber jäh (raptim) und schnell wie ein zuckender Blitz in einer Ekstase dem Geist etwas unmittelbar von Gott her aufleuchtet, so treten sofort, ich weiß nicht woher, bildliche Vorstellungen von Dingen niedrigeren Ranges auf, entweder, um den überstarken Glanz zu dämpfen, oder um der Unterweisung zu dienen; sie sind den von Gott her überströmten Sinnen angepaßt und umschatten sozusagen jenen völlig reinen, blendend leuchtenden Lichtstrahl der Wahrheit, damit ihn die Seele ertragen und für die, denen sie ihn mitteilen will, faßlicher machen kann» (Cant. 41,3).

In solchen Erfahrungen findet die Vermählung der Seele mit Gott den höchsten Grad ihrer irdischen Erfüllung. Bernhard hat in seiner vorletzten Hoheliedpredigt kurz vor seinem Tod darüber gesagt:

«Wenn du also eine Seele siehst, die alles verlassen hat, um mit ihrem ganzen Liebesvermögen dem WORT anzuhangen, für das WORT zu leben, sich vom WORT lenken zu lassen und vom WORT zu empfangen, was sie für das WORT gebiert; eine Seele, die sagen kann: ‹Mein Leben ist für mich Christus, und Sterben ist mir Gewinn› (Phil 1,21), so kannst du von dieser Seele annehmen, sie sei eine Braut, eine Vermählte des WORTES. Auf sie vertraut das Herz ihres Mannes; er weiß, daß sie ihm treu ist, und daß sie alles andere außer ihm verschmäht hat, daß sie alles als Unrat ansieht, um ihn zu gewinnen (Phil 3,8). Ein solcher war der, von dem der Herr gesagt hat: ‹Er ist mir ein auserwähltes Gefäß› (Apg 9,15). Ja, die Seele des Paulus war hingebungsvolle Mutter und treue Frau in einem, wie sein Ausspruch bezeugt: ‹Meine Kindlein, um die ich wiederum Geburtswehen leide, bis Christus in euch Gestalt annimmt›» (Gal 4,19).

Aber beachte, daß es in der geistlichen Ehe zwei Weisen des Gebärens und folglich zwei Arten von Kindern gibt, die voneinander verschieden sind, obgleich sie nicht im Widerspruch zueinander stehen: denn heilige Mütter gebären entweder Seelen, indem sie sich der Predigt widmen, oder sie gebären geistliche Einsichten, indem sie sich der Meditation hingeben.

Bei dieser zweiten Art von Gebären gerät die Seele gelegentlich außer sich und übersteigt jedes körperhafte Sinnesvermögen. Sie spürt dann nur noch das WORT, und sich selbst empfindet sie gar nicht mehr. Das geschieht, wenn der Geist, von einer unaussprechlichen Süße des WORTES angelockt, sich sozusagen sich selbst wegnimmt, oder besser: von sich selbst weggerissen wird und sich selbst verliert, um ganz im Genuß des WORTES aufzugehen (cum mens... quodammodo se sibi furatur, immo rapitur atque elabitur a seipsa, ut Verbo fruatur).

Die Empfindungen des Geistes sind also unterschiedlich, je nachdem, ob er für das WORT Frucht bringt, oder ob er das WORT genießt. Dort stachelt ihn die Not des Nächsten an, hier lädt ihn die Süße des WORTES ein. Er ist froh darüber, wenn er Mutter sein und Kinder gebären darf; aber noch froher ist er, wenn er Braut sein und in den Armen des Bräutigams ruhen kann. Seine Kinder als Frucht seiner Hingabe sind ihm lieb und teuer; aber noch mehr schmecken ihm die Küsse. Es ist gut, viele zu retten; aber es ist viel köstlicher, in der Ekstase beim WORT zu weilen.

Aber wann geschieht das schon, und wie lange? Das ist ein süßer Austausch; aber er geschieht nur in kurzen Augenblicken als seltene Erfahrung» (Cant. 85,12–13).

TEXTE

Komme zu dir selbst

Aus der Abhandlung «Über das Nachdenken» an Papst Eugen III. (Cons.)

Die Ausgangsfrage: Empfindest Du noch, wie krank Du bist?
I.I.1. Wo soll ich anfangen? Am besten bei Deinen zahlreichen Beschäftigungen, denn ihretwegen habe ich am meisten Mitleid mit
Dir. Ich kann allerdings nur Mitleid mit Dir haben, wenn Du
selbst Leid empfindest. Sonst müßte ich richtiger sagen, daß es mir
um Dich leid tut. Denn wo einer kein Leid empfindet, kann man
auch nicht mitleiden. Wenn Du also leidest, dann empfinde ich
Mitleid mit Dir; wenn nicht, tust Du mir dennoch leid, ja dann
erst recht, denn ich weiß, daß ein Glied, das nichts mehr empfindet,
schon ziemlich weit weg vom Heilsein ist, und daß ein Kranker,
der gar nichts mehr von seinem Kranksein spürt, in Lebensgefahr
schwebt.
I.II.2. Verlaß Dich nicht zu sehr auf das, was Du im Augenblick
empfindest. Es gibt in unserem Geist nichts, was sich nicht durch
Nachlässigkeit und Zeitverstreichen abschleift. Über eine alte
Wunde, die man vernachlässigt, wächst ein Schorf, und je weniger
man sie noch spürt, desto unheilbarer wird sie. Und einen ständigen heftigen Schmerz kann man nicht tagtäglich aushalten. Läßt er
sich nicht irgendwie tilgen, so spürt man ihn allmählich weniger.
Entweder erhält er rasch Linderung von einem Heilmittel, oder er
stumpft im Laufe der Zeit ab. Gibt es etwas, was die Gewohnheit
nicht verkehrt? Was durch ständiges Andauern nicht hart wird?
Was sich durch Gebrauch nicht verschleißt? Wie oft ist uns schon

73

etwas, vor dessen Bitterkeit wir zunächst zurückschreckten, durch den bloßen Gebrauch allmählich vom Schlechten ins Süße verwandelt worden? Höre den Gerechten, wie er über eine solche Erfahrung klagt: «Das, was meine Seele früher nicht anrühren wollte, ist mir jetzt in meiner Bedrängnis zur Nahrung geworden» (Ijob 6,7).

Zunächst kommt Dir etwas unerträglich vor. Im Laufe der Zeit gewöhnst Du Dich vielleicht daran und hältst es nicht mehr für so schwer; es dauert nicht lange, und es kommt Dir leicht vor; es vergeht nicht viel weitere Zeit, und es sagt Dir sogar zu. So verhärtet man allmählich Schritt für Schritt sein Herz, und auf die Verhärtung folgt die Abneigung. Ja, so geht es: ein schwerer und ständiger Schmerz drängt auf einen raschen Ausweg: entweder auf die Gesundheit oder auf die Empfindungslosigkeit.

Ständige Überbeschäftigung führt allmählich zu einem harten Herzen.
I.II.3. Aus diesem, eben diesem Grund lebe ich in ständiger Sorge um Dich. Ich fürchte, Du hast kein Heilmittel und könntest den Schmerz nicht aushalten und Dich deshalb verzweifelt in eine Gefahr stürzen, der kaum mehr zu entkommen wäre. Ich fürchte, sage ich, daß Du, eingekeilt in Deine zahlreichen Beschäftigungen, keinen Ausweg mehr siehst und deshalb Deine Stirn verhärtest; daß Du Dich nach und nach des Gespürs für einen durchaus richtigen und heilsamen Schmerz entledigst. Es ist viel klüger, Du entziehst Dich von Zeit zu Zeit Deinen Beschäftigungen, als daß sie Dich ziehen und Dich nach und nach an einen Punkt führen, an dem Du nicht landen willst. Du fragst, an welchen Punkt? An den Punkt, wo das Herz hart wird. Frage nicht weiter, was damit gemeint sei; wenn Du jetzt nicht erschrickst, ist Dein Herz schon so weit.
Das harte Herz ist allein; es ist sich selbst nicht zuwider, weil es sich selbst nicht spürt. Was fragst Du *mich*? Frage den Pharao (Ex 7,13 u.a.). Keiner mit hartem Herzen hat jemals das Heil erlangt, es sei denn, Gott habe sich seiner erbarmt und ihm, wie der Prophet sagt,

sein Herz aus Stein weggenommen und ihm ein Herz aus Fleisch gegeben (Ez 36,26).

Was ist also ein hartes Herz? Das ist ein Herz, welches sich weder von Reue zerreißen, noch durch Zuneigung erweichen, noch durch Bitten bewegen läßt. Es läßt sich von Drohungen nicht beeindrukken, es wird durch Schläge nur noch härter. Gegenüber Wohltaten ist es undankbar, Ratschläge nimmt es nicht an, über klare Entscheidungen wird es wütend, vor Schimpflichem scheut es sich nicht, Gefahren nimmt es nicht wahr; es hat kein Gespür für menschliches Verhalten, ist Gott gegenüber gleichgültig, verliert die Vergangenheit aus dem Bewußtsein, lebt unachtsam in der Gegenwart, schaut nicht voraus in die Zukunft. Für das harte Herz gibt es nichts Erinnerungswertes, außer zugefügte Beleidigungen, nichts Wichtiges in der Gegenwart, nichts in der Zukunft, wonach es ausschauen oder worauf es sich vorbereiten könnte, es sei denn, daß es irgendeinen Racheakt im Schilde führe. Um kurz und knapp alle Übel dieser schrecklichen Krankheit auf einen Nenner zu bringen: einem harten Herzen ist die Gottesfurcht und das Gespür für die Menschen abhanden gekommen.

Schau, dahin ziehen Dich diese verfluchten Beschäftigungen, wenn Du so wie bisher weitermachst und Dich ihnen völlig auslieferst, ohne Dir etwas für Dich vorzubehalten. Du vergeudest Zeit und – wenn ich mir erlauben darf, für Dich ein zweiter Jitro zu sein (vgl. Ex 18,17–18) – Du verausgabst Dich selbst in ihnen in sinnloser Mühe, die nur den Geist versehrt, das Herz aushöhlt und die Gnade verpuffen läßt. Denn was sind die Früchte von all dem? Sind es nicht bloße Spinnweben?

Wie kannst Du für andere als voller Mensch da sein, wenn Du Dich selbst verloren hast?

I.V.6. Wenn Du Dein ganzes Leben und Erleben völlig ins Tätigsein verlegst und keinen Raum mehr für die Besinnung vorsiehst, soll ich Dich da loben? Darin lobe ich Dich nicht. Ich glaube, niemand wird Dich loben, der das Wort Salomos kennt: «Wer seine

Tätigkeit einschränkt, erlangt Weisheit» (Sir 38,25). Und bestimmt ist es der Tätigkeit selbst nicht förderlich, wenn ihr nicht die Besinnung vorausgeht.

Wenn Du ganz und gar für alle da sein willst, nach dem Beispiel dessen, der allen alles geworden ist (1 Kor 9,22), lobe ich Deine Menschlichkeit – aber nur, wenn sie voll und echt ist. Wie kannst Du aber voll und echt Mensch sein, wenn Du Dich selbst verloren hast? Auch Du bist ein Mensch. Damit Deine Menschlichkeit allumfassend und vollkommen sein kann, mußt Du also nicht nur für alle andern, sondern auch für Dich selbst ein aufmerksames Herz haben. Denn was würde es Dir sonst nützen, wenn Du – nach dem Wort des Herrn (Mt 16,26) – alle gewinnen, aber als einzigen Dich selbst verlieren würdest? Wenn also alle Menschen ein Recht auf Dich haben, dann sei auch Du selbst ein Mensch, der ein Recht auf sich selbst hat. Warum solltest einzig Du selbst nichts von Dir haben? Wie lange bist Du noch ein Geist, der auszieht und nie wieder heimkehrt (Ps 78,39)? Wie lange noch schenkst Du allen andern Deine Aufmerksamkeit, nur nicht Dir selber? Du fühlst Dich Weisen und Narren verpflichtet und verkennst einzig Dir selbst gegenüber Deine Verpflichtung? Narr und Weiser, Knecht und Freier, Reicher und Armer, Mann und Frau, Greis und junger Mann, Kleriker und Laie, Gerechter und Gottloser – alle schöpfen aus Deinem Herzen wie aus einem öffentlichen Brunnen, und Du selbst stehst durstig abseits? Wenn schon der Verdammnis verfällt, wer seinen Anteil schrumpfen läßt: was geschieht erst mit dem, der ihn sich ganz aus den Händen nehmen läßt? Laß ruhig Deine Wasser über die Plätze fließen (Spr 5,16): Menschen und Rinder und alles Vieh mögen von ihnen trinken, und meinetwegen kannst Du sogar die Kamele des Knechtes Abrahams tränken (Gen 24,14); aber mit ihnen allen trinke auch Du vom Wasser Deines Brunnens. «Ein Fremder soll nicht aus ihm trinken», heißt es (Spr 5,15). Bist Du etwa Dir selbst ein Fremder? Und bist Du nicht jedem fremd, wenn Du Dir selber fremd bist? Ja, wer mit sich selbst schlecht umgeht, wem kann der gut sein? Denk also daran: Gönne Dich Dir selbst. Ich sage nicht: tu das immer, ich sage nicht: tu das oft, aber ich sage: tu es immer wieder einmal. Sei wie für alle anderen auch für Dich selbst da, oder jedenfalls sei es nach allen anderen.

Sich Zeit nehmen ist die Voraussetzung, um zu sich selbst und zu Gott zu kommen.

I.VIII.8. Du fragst, was das sei: «pietas» (Andacht). Sich Zeit nehmen für das Nachdenken.

Du sagst vielleicht, ich stimmte damit nicht mit dem überein, der «pietas» als «Gottesverehrung» definiert hat (Ijob 28,28, nach einer alten Version). Das ist nicht wahr. Wenn Du gut nachdenkst, habe ich mit eigenen Worten das gleiche gesagt, was er meint, wenn auch unter einem bestimmten Gesichtspunkt. Denn was ist wesentlicher für den Gottesdienst als das, wozu Gott selbst im Psalm ermahnt: «Nehmt euch Zeit und seht, daß ich Gott bin» (Ps 46,11)? Und das ist doch das wichtigste beim Nachdenken.

Nachdenken und Kontemplation.

II.II.5. Zunächst denke darüber nach, was ich mit dem Nachdenken meine. Ich möchte das Nachdenken nicht in jeder Hinsicht mit der Kontemplation gleichsetzen, denn die Kontemplation erfaßt die Gewißheit der Dinge, während das Nachdenken ihnen eher nachgeht, um diese Fähigkeit zu erwerben. In diesem Sinn kann man Kontemplation definieren als den wahren und von Gewißheit getragenen Blick des Geistes auf das Wesen jedes Dinges, oder als zweifelsfreies Erfassen des Wahren. Das Nachdenken aber ist ein angestrengtes Denken auf der Spur dazu hin, oder die Konzentration des Geistes auf der Spurensuche nach dem Wahren. Im allgemeinen Sprachgebrauch werden allerdings beide Begriffe synonym gebraucht.

Sei Du für Dich der erste und der letzte Gegenstand des Nachdenkens.

II.III.6. Fange damit an, daß Du über Dich selbst nachdenkst, damit Du Dich nicht selbstvergessen nach anderem ausstreckst. Was nützt es Dir, wenn Du die ganze Welt gewinnst und einzig Dich verlierst? Denn wärest Du auch weise, so würde Dir doch etwas zur Weisheit fehlen, solange Du Dich nicht selbst in der Hand hast. Wieviel Dir fehlen würde? Meiner Ansicht nach alles. Du könntest alle Geheimnisse kennen, Du könntest die Weiten der Erde kennen, die Höhen des Himmels, die Tiefen des Meeres: wenn Du Dich selbst nicht kennen würdest, glichest Du jemandem, der ein Gebäude ohne Fundament aufrichtet; der eine Ruine, kein Bauwerk aufstellt. Alles, was Du außerhalb Deiner selbst aufbaust, wird wie ein Staubhaufen sein, der jedem Wind preisgegeben ist.

Keiner ist also weise, der nicht über sich selbst Bescheid weiß. Ein Weiser muß zunächst in Weisheit sich selbst kennen und als erster aus seinem eigenen Brunnen Wasser trinken.

Fang also damit an, über Dich selbst nachzudenken, und nicht nur dies: laß Dein Nachdenken auch bei Dir selbst zum Abschluß kommen. Wohin Deine Gedanken auch schweifen mögen, rufe sie zu Dir selbst zurück, und Du erntest Früchte des Heils. Sei Du für Dich der erste und der letzte Gegenstand des Nachdenkens.

Nimm Dir als Beispiel den höchsten Vater aller, der sein WORT aussendet und zugleich bei sich behält. Dein Wort, das ist Dein Nachdenken. Wenn es sich auf den Weg macht, soll es sich nicht ganz von Dir lösen. Es soll so vorgehen, daß es nicht ganz abschweift; es soll so in die Ferne ziehen, daß es Dich nicht im Stich läßt. Wenn es um Dein Heil geht, hast Du keinen besseren Bruder als Dich selbst. Verschließe Dich vor allen Gedanken, die gegen Dein Heil sind. Was sage ich: «gegen»? Ich hätte besser sagen sollen: die *abseits* von Deinem Heil liegen. Was immer sich Deinen Gedanken anbietet: weise es zurück, wenn es nicht auf irgendeine Weise mit Deinem Heil zu tun hat.

Halte Dir ungeschminkt Deine Nacktheit und Armut vor Augen.
II.IX.18. Denk darüber nach, in welchem Zustand Du geboren bist. Nimm die Verhüllung weg, die Du von Deinen Stammeltern geerbt hast und die von Anfang an ein Zeichen des Fluches war.

Zerreiß den Lendenschurz aus Feigenblättern, der nur Deine Schande verhüllt, aber Deine Wunde nicht heilt. Trag die Schminke dieser flüchtigen Ehre ab, den schlecht gemalten Glanz von Herrlichkeit, und denke nackt über Dich Nackten nach; denn nackt bist Du aus dem Schoß Deiner Mutter herausgekommen.

Du trägst die Mitra? Du glitzerst von Edelsteinen, prangst in Seide, bist mit Federn geschmückt, mit kostbaren Metallen gespickt? Wenn Du beim Nachdenken all das wie Morgengewölk zerstreust und von Deinen Augen wegbläst; wenn Du siehst, wie rasch das vorübergeht und wie schnell es vorbei ist, was tritt dann zutage? Der nackte, arme, erbärmliche und erbarmungswürdige Mensch. Der Mensch, der darunter leidet, ein Mensch zu sein; der sich schämt, nackt zu sein; der bedauert, geboren worden zu sein; der gegen seine Existenz aufbegehrt; der Mensch, der für die Mühsal, nicht für die Ehre geboren ist; der nur kurze Zeit lebt und deshalb mit Angst; der mit viel Erbärmlichkeiten behaftet ist, und deshalb mit viel Grund zur Klage. Vieles an ihm ist tatsächlich erbärmlich, denn sowohl sein Leib als auch seine Seele sind angeschlagen. Wo wäre nicht ein Defekt bei einem, der in Sünde geboren ist, gebrechlich dem Leib und unfruchtbar dem Geist nach?

Das ist eine heilsame Verbindung, wenn Du daran denkst, daß Du der höchste Bischof bist und zugleich die jämmerlichste Asche nicht nur warst, sondern immer noch bist.

Halte Dir zugleich die Größe Deiner Bestimmung vor Augen.

Dein Denken gleiche sich Deiner Natur an. Es gleiche sich, was noch angemessener ist, dem Urheber Deiner Natur an. So verbindet es Höchstes und Niedrigstes. Hat nicht die Natur in der Person des Menschen wertlosen Lehm mit lebendigem Odem verbunden? Hat nicht der Urheber der Natur in seiner Person das WORT und den Lehm miteinander verschmolzen?

So halte Dir für Deine Selbsteinschätzung gleichzeitig vor Augen, woher wir in Wirklichkeit stammen, und wie geheimnisvoll wir erlöst sind. Dann sitzt Du auf der Höhe und bist doch nicht hochfahrenden Geistes; dann beugst Du Dich in Deinem Denken nieder und weißt Dich eins mit den Gebeugten.

Erkenne als Armer die Liebe Gottes, die dich beschenken will

Aus der 36. Predigt über das Hohelied (Cant.)

Das Fundament des geistlichen Strebens: sich selbst ganz nüchtern in den Blick nehmen.
5. Die Seele muß vor allem zunächst einmal über sich selbst Bescheid wissen. Das ist sowohl um des Erfolgs als auch um des sinnvollen Vorgehens willen notwendig. Um des sinnvollen Vorgehens willen: denn was uns zuallererst einmal vorgegeben ist, sind wir selbst. Um des Erfolgs willen: denn ein solches Wissen bläht nicht auf, sondern stellt den Menschen bescheiden auf den Boden, und das ist die beste Grundlage für das Bauwerk, das man hochziehen will. Nur auf dem soliden Fundament der nüchternen Einschätzung seiner selbst kann ein geistliches Gebäude überhaupt stehen bleiben. Es gibt kaum etwas Wirksameres und Entsprechenderes, um der Seele diese rechte Demut beizubringen, als daß sie sich einfach im Licht der Wahrheit sieht. Die Voraussetzung dafür ist, daß sie sich nichts vormacht und keinen Betrug im Sinne hat, sondern sich ganz nüchtern selbst in den Blick nimmt und sich nicht von sich ablenken läßt.

Der nüchterne Blick auf sich selbst offenbart die eigene Armut und Krankheit.
Wenn sie sich so im klaren Licht der Wahrheit sieht, muß sie da nicht unvermeidlich erkennen, daß sie sich im Land der Unebenbildlichkeit aufhält? Muß sie da nicht angesichts ihrer Armut, die sie nicht länger überspielen kann, mit dem Propheten zum Herrn

rufen: «In deiner Wahrheit hast du mich gedemütigt!» (Ps 119,75)?

Denn wie sollte sie nicht in dieser wahren Selbsterkenntnis demütig werden, wenn ihr aufgeht, wie sie von Sünden belastet, von der Schwere ihres sterblichen Leibes niedergedrückt, in irdische Sorgen verstrickt, vom Schmutz fleischlicher Süchte befleckt, blind, gebeugt, schwach, in viele Irrtümer verfangen, tausend Gefahren ausgesetzt, tausend Ängsten ausgeliefert, von tausend Schwierigkeiten beengt, von tausenderlei Argwohn umgeben, von tausend Nöten gepeinigt, zu Fehltritten geneigt und zu Tugenden unfähig ist? Aus welchem Grund könnte sie da noch die Augen stolz erheben, aus welchem Grund noch den Kopf hoch tragen? Wird sie sich da nicht eher durch ihr Elend bekehren, wenn so der Stachel in sie eindringt (vgl. Ps 32,4)? Sie wird sich bekehren, sage ich, zu den Tränen, sie wird sich bekehren zum Weinen und Stöhnen, sie wird sich bekehren zum Herrn, und sie wird voll Demut rufen: «Heile mich, denn ich habe vor dir gesündigt!» (Ps 41,5). Und wenn sie sich hinkehrt zum Herrn, wird sie Trost empfangen, weil er der Vater der Erbarmungen und der Gott allen Trostes ist (2 Kor 1,3).

Aus der Armut heraus den Blick auf die Güte Gottes wenden.
6. So ist es auch bei mir: solange ich auf mich selbst schaue, weilt mein Auge in Bitterkeit (Ijob 17,2). Wenn ich aber aufblicke und meine Augen zu dem erhebe, der mir in göttlichem Erbarmen hilft, dann mildert alsbald der frohe Anblick meines Gottes meinen bitteren Blick, und ich sage zu ihm: «Meine Seele ist angesichts meiner selbst bedrückt, und deshalb denke ich hier im Jordanland an dich» (Ps 42,7). Das ist keine geringe Schau Gottes: erfahren zu dürfen, wie gütig und ansprechbar, wie wirklich gnädig und barmherzig und wie unerschütterlich er trotz meiner Schlechtigkeit ist. Das liegt daran, daß er von Natur aus die Güte ist, und daß es seine Wesensart ist, immer zu verzeihen und zu verschonen.

In solcher Erfahrung und in dieser Reihenfolge tut sich Gott zu unserem Heil kund: zunächst erkennt der Mensch, daß er ein sehr bedürftiges Wesen ist; dann ruft er zum Herrn; der Herr erhört ihn und sagt zu ihm: «Ich will dich herausziehen, und du wirst mich ehren» (Ps 50,15). Auf diese Weise wird aus deiner Selbsterkenntnis ein erster Schritt zur Erkenntnis Gottes. Gott erneuert dann in dir sein Ebenbild, in dem du ihn selbst schauen kannst, wenn du mit enthülltem Angesicht voll Zuversicht die Herrlichkeit des Herrn erblickst und durch den Geist des Herrn von Klarheit zu Klarheit in das gleiche Bild umgewandelt wirst (2 Kor 3,18).

Aus dir selbst bist du nichts, aber Gottes Liebe macht dich groß

Aus der 5. Predigt zum Kirchweihfest (S. Dedic.)

Der Aufbruch aus der Selbstvergessenheit und dem Selbsthaß.
2. Ich bin kein Mensch tiefen Empfindens, und ich kann vor euch nicht etwas von mir geben, was ich nicht selbst verkostet habe. Dennoch will ich erzählen, was ich zuweilen in mir vorgehen fühle. Sollte jemand das für sich selbst für brauchbar halten, dann kann er es ja nachahmen.
Es war vor etlicher Zeit, da kam ich zu der Überzeugung, ich müsse Erbarmen mit meiner Seele haben, um dadurch Gott besser zu gefallen. Seitdem denke ich oft an sie. Hätte ich doch nur immer Zeit, noch mehr an sie zu denken!
Es gab eine Zeit, wo mir eine solche Erwägung gar nicht zusagte, weil ich meine Seele weniger, oder eigentlich nicht weniger, sondern gar nicht liebte. Denn wie könnte jemand einen lieben, dessen Tod er liebt? Wenn – was wahr und unbezweifelbar ist – die Schlechtigkeit den Tod der Seele bedeutet, dann stimmt auch unbedingt der Satz, daß «wer die Schlechtigkeit liebt, seine Seele haßt» (Ps 11,6). Ich haßte meine Seele also, und ich würde sie bis zur Stunde hassen, wenn mir nicht der, der sie als erster geliebt hat, den

Anfang dazu geschenkt hätte, sie wenigstens ein bißchen zu lieben.
3. Es war also sein Geschenk, daß ich zuweilen an sie denken mußte. Und als ich das tat, kam es mir vor, so gestehe ich, als fände ich
in ihr zwei entgegengesetzte Dinge.

Bei der ersten Besinnung auf sich selbst erkennt der Mensch, daß er
nichts *ist.*
Wenn ich sie ganz nüchtern betrachte, wie sie in sich und aus sich
ist, dann kann ich nichts Wahreres von ihr empfinden, als daß sie
zu *nichts* geworden ist. Ist es überhaupt notwendig, ihre erbärmlichen Eigenschaften der Reihe nach aufzuzählen? Im Licht der
Wahrheit betrachtet, erscheinen schon alle unsere gerechten Eigenschaften wie ein schmutziges Tuch (Jes 64,6). Wie werden dann
erst unsere ungerechten Seiten aussehen? Wenn das Licht, das in
uns ist, schon Finsternis ist, wie dunkel werden dann erst unsere
Finsternisse sein (Lk 11,35)?
Wenn jeder von uns gründlich sein ganzes Inneres erforscht, sich
dabei nichts vormacht und ohne Ansehen der Person urteilt, fällt es
ihm nicht schwer, den Beweis zu erbringen, daß der Apostel völlig
recht hat, und er kann ganz wie er ausrufen: «Wer meint, er sei etwas, wo er doch nichts ist, der betrügt sich selbst» (Gal 6,3). «Was
ist der Mensch, daß du ihn für groß hältst», lautet ein ehrliches und
ergebenes Bekenntnis, «oder warum bringst du dein Herz gegen
ihn auf?» (Ijob 7,17). Was? Zweifellos ist der Mensch wie ein eitles
Trugbild. Zu nichts geworden, ist der Mensch nichts.

Der Mensch, aus sich nichts, ist dennoch «etwas», weil Gott ihn liebt.
Aber ist der Mensch denn wirklich durchaus nichts, wo ihn doch
Gott so groß macht? Wie sollte er nichts sein, wo doch Gott sein
Herz gegen ihn ins Spiel bringt?
4. Laßt uns aufatmen, Brüder: sollten wir auch in unseren eigenen
Herzen spüren, daß wir *nichts* sind, so kann dennoch im Herzen
Gottes etwas Gutes über uns verborgen sein.
O Vater der Erbarmungen, o Vater der Erbärmlichen, weshalb

bringst du dein Herz gegen sie ins Spiel? Ich weiß, ich weiß, weshalb: «Wo dein Schatz ist, da ist auch dein Herz» (Mt 6,21). Wie könnten wir also nichts sein, wo wir doch dein Schatz sind? Alle Völker sind vor dir wie ein Nichts, und wie nichts und nichtig gelten sie dir (Jes 40,17).» So sind sie *vor* dir; aber sie sind nicht so *in* dir. So sind sie, wenn du sie von deiner Wahrheit aus beurteilst, aber sie sind nicht so in den Augen deiner Liebe und Zuneigung. Du rufst das, was nicht ist, hervor, als wäre es etwas (Röm 4,17). Sie sind also nicht, denn du rufst hervor, was nicht ist; und sie sind, weil du sie hervorrufst. Von sich aus sind sie nichts, aber bei dir sind sie dennoch etwas, und zwar, wie der Apostel sagt, «nicht aufgrund eigener Werke, sondern weil du sie rufst» (Röm 9,12). So, ja so tröstest du in deiner zärtlichen Liebe, den du in deiner Wahrheit gedemütigt hast. Wer sich mit Recht in seinem eigenen Herzen eng und beschränkt vorgekommen ist, den machst du wunderbar weit in deinem Herzen. Denn alle deine Wege sind Erbarmen und Wahrheit (Ps 25,10) für diejenigen, die dein Vermächtnis und deine Satzungen suchen, das Vermächtnis deiner gütigen Zuneigung und die Satzungen deiner Wahrheit.

Zwei gegenläufige Erwägungen: das Hinabsteigen in die Erniedrigung durch die Sünde und das Emporgehobenwerden durch die verzeihende Liebe Gottes.

Lies, o Mensch, in deinem Herzen, lies in deinem Innern, was die Wahrheit darin über dich selbst hineingeschrieben hat. Sogar in diesem allgemeinen Licht wirst du finden, daß du unwürdig bist. Lies im Herzen Gottes das Vermächtnis, das im Blut des Mittlers besiegelt ist (Hebr 9,15–17). Dir wird dann aufgehen, welche Kluft besteht zwischen dem, was du in der Hoffnung besitzt, und dem, was du in Wirklichkeit jetzt in Händen hältst. «Was ist der Mensch», heißt es, «daß du ihn so groß machst?» (Ijob 7,17). Ja, groß, aber in Gott; denn von Gott wird er groß gemacht. Wie sollte der Mensch nicht in den Augen Gottes groß sein, wo er ihm doch so große Sorge zuwendet? «Denn er sorgt sich um uns», sagt der Apostel Petrus (1 Petr 5,7). Und der Prophet: «Ich aber bin ein Bettler und Armer. Der Herr sorgt für mich» (Ps 40,18).

Das ist doch eine wunderbare Verknüpfung zweier gegenläufiger Erwägungen: der Mensch steigt gleichzeitig hinab und hinauf, wenn er sich als Armen und Bettler sieht und Gott als den, der sich um ihn sorgt.

Die unglaubliche Spannung im Wesen des Menschen.
7. Es wird dich nicht wundern, unter den Eigenschaften des Menschen derart gegensätzliche Dinge zu finden, wenn du aufmerksam darauf achtest, welche Unterschiede der Naturen bereits in seinem Wesen zusammentreffen. Denn was steht höher als der Odem des Lebens? Und was ist niedriger als der Kot der Erde (vgl. Gen 2,7)? Ich glaube, selbst den Weisen dieser Welt ist nicht verborgen geblieben, welch gegensätzliche Elemente im Menschen vereinigt sind, und so haben sie den Menschen definiert als «vernunftbegabtes, sterbliches Tier». Das ist eine merkwürdige Verbindung von Vernunft und Tod, eine seltsame Gemeinschaft von Intelligenz und Verfall. Und was Wunder, daß wir keine geringere Widersprüchlichkeit, sondern sogar eine noch stärkere und größere Gegensätzlichkeit im Gebaren, in den Strebungen, in den Bemühungen der Menschen finden. Schau dir einmal die ganze Schlechtigkeit des Menschen für sich genommen an, und dann betrachte umgekehrt, was alles an Gutem in ihm steckt: du mußt es als reines Wunder ansehen, daß derart gegensätzliche Dinge in *einem* Wesen zusammen sein können. So kommt es, daß ein Mensch verdient, bald «Sohn des Jona», bald «Satan» genannt zu werden. Wundert euch nicht darüber. Erinnert euch, zu wem das im Evangelium gesagt wird, und beides entspricht der Wahrheit, denn beides sagt die Wahrheit selbst, nämlich zuerst: «Selig bist du, Simon, Sohn des Jona» (Mt 16,17), und nicht viel später: «Weiche von mir, Satan!» (Mk 8,33). Einer ist also beides. Allerdings kommt nicht beides von einem. Das eine kommt vom Vater, das andere vom Menschen, und der Mensch war beides. Woher war er der «Sohn des

Jona»? Daher, daß ihm nicht Fleisch und Blut, sondern der Vater offenbart hatte, was er sagte (Mt 16,17). Und woher war er ein «Satan»? Daher, daß er nach Menschenart dachte, nicht nach Gottes Art (Mk 8,33).

Wenn der Mensch seine Niedrigkeit eingesteht und sich zugleich von Gott beschenken läßt, erwacht seine wahre Würde.
Wenn wir also nach beiden Seiten hin sorgfältig erwägen, was wir sind: nach der einen Seite, daß wir nichts sind, nach der anderen Seite, welche Größe wir haben, wenn ein so erhabener Gott sich um uns sorgt und sein Herz um unseretwillen einsetzt, dann, denke ich, wird unsere Selbstherrlichkeit zwar gedämpft, aber in Wirklichkeit verstärkt, nämlich auf solideren Grund gestellt: dann rühmen wir uns nicht mehr in uns selbst, sondern im Herrn. Nur auf dieses eine achten wir dann noch und sagen: wenn er beschlossen hat, uns zu retten, dann werden wir auch in die Freiheit gelangen.
8. Laßt uns jetzt an diesem hochgelegenen Aussichtspunkt, auf den wir gelangt sind, ein bißchen verweilen. Laßt uns ausschauen nach dem Haus Gottes, ausschauen nach dem Tempel, ausschauen nach der Stadt, ausschauen nach der Braut. Ich habe es nicht vergessen, sondern ich sage es mit Bangen und Ehrfurcht: Das sind *wir*. Das, sage ich, sind wir, und zwar im Herzen Gottes. Das sind wir. Wir sind es, weil er es uns gewährt hat, nicht weil wir selbst dessen würdig sind. Der Mensch soll nicht in Beschlag nehmen, was Gott gehört, damit er nicht anfängt, sich selbst zu verherrlichen. Denn es steht Gott zu, den Menschen groß zu machen, und wenn man das nicht ihm überläßt, erniedrigt er den, der sich selbst erhöht. Und wenn wir in kindlichem Ungestüm meinen, uns ohne Beistand der Gnade retten zu müssen, werden wir zu Recht nicht gerettet. Das Verleugnen unserer Erbärmlichkeit verstellt dem Erbarmen den Weg, und wo einer sich selbst die Ehre gibt, kann ihn Gott nicht beehren; ein demütiges Eingeständnis seines Leidens dagegen weckt das Mitleid. Nur das Eingeständnis hat zur Folge, daß uns der Hausvater von seinem Reichtum in unserem Hunger ernährt, und

unter seinem Dach finden wir Brot in Fülle (vgl. Lk 15,17). Folglich ist der sein Haus, dem niemals die Speise des Lebens fehlt. Und bedenke, daß er sagt, sein Haus müsse ein Haus des Gebets sein (Mt 21,13). Das stimmt offensichtlich ganz mit dem Zeugnis des Propheten zusammen, der sagt, im Gebet speise er uns mit dem Tränenbrot und reiche uns den Trank der Tränen (Ps 80,6). Im übrigen gebührt nach dem gleichen Propheten – und wir haben das oben auch schon erwähnt – diesem Haus Heiligkeit (Ps 93,5). Die Tränen der Reue werden ja von Lauterkeit und Enthaltsamkeit begleitet. So wird, was bereits ein Haus war, schließlich zum Tempel Gottes. «Seid heilig», sagt er, «weil ich heilig bin, der Herr, euer Gott» (Lev 19,2). Und der Apostel: «Wißt ihr nicht, daß eure Körper der Tempel des Heiligen Geistes sind und daß der Heilige Geist in euch wohnt? Wenn einer den Tempel Gottes schändet, wird Gott ihn verderben» (1 Kor 6,15–19; 1 Kor 3,16–17).

Die nüchternen Anfänge im geistlichen Ringen und das Gebet um Gottes Beistand

Aus der 5. Predigt zur Fastenzeit (S. Quadr.)

Die Erfahrung seiner eigenen Armut und Schwäche erfüllt Bernhard mit Sorge um die Armut und Schwäche seiner Brüder.
1. Die Liebe, die mich Sorge um euch tragen läßt, liebe Brüder, nötigt mich, zu euch zu sprechen. Sie drängt mich derart, daß ich noch öfter zu euch sprechen würde, wenn ich nicht durch so viele Beschäftigungen daran gehindert würde. Wundert euch nicht darüber, daß ich mir Sorgen um euch mache: denn ich weiß von mir selbst, wie viel Stoff und Anlaß zur Sorge in mir stecken. Denn sooft ich meine eigene Erbärmlichkeit und meine vielfältigen Gefährdungen vor Augen habe, muß es meine Seele einfach wegen meiner selbst mit der Angst zu tun bekommen. Weil ich euch aber

wie mich selbst liebe, erfüllt mich dann eine mindestens genauso große Sorge um jeden einzelnen von euch. Gott, der die Herzen erforscht, weiß, wie oft in meinem Herzen die Sorge um euch sogar größer ist als die Sorge um mich. Ist es ein Wunder, daß ich viele Sorgen um euch habe und daß mich große Angst für euch alle erfüllt, wenn ich sehe, welchem Elend und wie vielen Gefahren ihr ausgesetzt seid?

Jeder Mensch trägt die Quelle seiner Anfechtungen in sich selbst.
Offensichtlich tragen wir alle unseren Fallstrick mit uns selbst herum, und überallhin schleppen wir unseren eigenen Feind mit. Ich meine damit dieses aus der Sünde geborene Fleisch, das in der Sünde genährt worden ist. Es ist von Anfang an zutiefst verstört; weit mehr noch ist es von schlechter Gewohnheit verdorben. Deshalb begehrt es so heftig gegen den Geist, murrt unablässig, erträgt mit Ungeduld die Disziplin, flößt Unziemliches ein, fügt sich nicht dem Verstand, läßt sich von keiner Furcht bremsen.
2. An dieses Fleisch macht sich heran, dieses Fleisch bestärkt, dieses Fleisch setzt zum Kampf gegen uns ein die äußerst heimtückische Schlange, die nur einen einzigen Wunsch kennt, nur ein einziges Bemühen: das Blut der Seelen zu vergießen. Sie ist es, die ständig böse Ränke schmiedet, die die Süchte des Fleisches anstachelt, die das natürliche Feuer der Begierde mit vergifteten Eingebungen anbläst, ungebührliche Regungen entfacht, Gelegenheiten zur Sünde herrichtet und pausenlos mit tausend schädlichen Künsten die Herzen der Menschen in Versuchung führt. Sie ist es, die unsere Hände mit unserem eigenen Gürtel fesselt und, wie das Sprichwort sagt, uns mit unserem eigenen Stock schlägt, so daß das Fleisch, das uns zur Hilfe gegeben ist, uns zum Verderben und zum Fallstrick wird.

Dank seines freien Willens ist der Mensch grundsätzlich Herr der Lage.
3. Aber was hilft es, auf die Gefahren hinzuweisen, ohne irgendeinen Trost, irgendwelche Heilmittel anzubieten? Die Gefahr ist groß und der Kampf gegen den Feind im Haus schwer, vor allem, weil

wir Fremdlinge sind, er aber der Alteingesessene ist: er wohnt in dem ihm gehörigen Gebiet, wir sind Flüchtlinge und Pilger. Es ist ein hoher Anspruch, gegen derart häufige, ja pausenlose tückische Anfälle des hinterhältigen Teufels in ständigem Kampf zu leben, eines Feindes, den wir nicht sehen können und den sowohl seine scharfsinnige Natur als auch seine lange Übung im Bösestun äußerst raffiniert hat werden lassen. Und doch liegt es an uns, nicht besiegt werden zu wollen. Keiner von uns wird in diesem Kampf gegen seinen Willen besiegt. Dein Begehren, o Mensch, ist dir unterstellt, und du bist sein Herr. Der Feind kann die Regung der Versuchung wecken; aber es liegt an dir, an deiner Zustimmung, ob du sie geben oder verweigern willst. Es liegt in deinem Vermögen, an deiner Zustimmung, ob du dir deinen Feind zum Knecht machst, so daß dir alles zum Guten gereicht. Denn siehe, der Feind schürt dein Verlangen nach Essen und gibt dir Gedanken an Nichtigkeiten oder Gedanken der Ungeduld ein, oder er weckt die Regung deiner Begierde. Aber so oft du das nicht gutheißt und ihm widerstehst, so oft erringst du den Siegeskranz.

Gott und das Gebet zu ihm schenken Hilfe und Ruhe im geistlichen Kampf.
4. Brüder, ich kann es wirklich nicht leugnen: all das ist lästig und gefährlich. Aber es gibt mitten in diesem Kampf, wenn wir mannhaft Widerstand leisten, eine gotterfüllte Ruhe dank eines guten Gewissens. Ich glaube sogar, wenn wir die Anwesenheit dieser Gedanken, die wir schnell in uns wahrnehmen, nicht dulden, sondern wenn der Geist sofort energisch gegen sie einschreitet, wird unser Feind beschämt abziehen und nicht gern sofort wieder zurückkehren. Aber wer sind wir oder welche Kraft besitzen wir denn, daß wir so vielen Anfechtungen widerstehen könnten?
Bestimmt ging es Gott darum; das war es, wozu er uns hinführen wollte: daß wir unsere Schwäche sähen und erkennten, daß nirgends anderswo Hilfe sei und daß wir deshalb voller Demut zu seinem Erbarmen Zuflucht nähmen. Deshalb bitte ich euch, Brüder:

seid stets bereit, eure sicherste Zuflucht im Gebet zu suchen, von dem ich, wie ich mich entsinne, noch vor kurzem am Ende meiner Predigt gesprochen habe.

Eine Schwierigkeit: wir spüren so selten die Frucht unseres Gebets.
5. Aber mir scheint, so oft ich vom Gebet spreche, melden sich in eurem Herzen recht menschliche Gedanken zu Wort. Ich habe diese Gedanken auch häufig von anderen gehört, und zuweilen habe ich sie auch schon in meinem eigenen Herzen erlebt: Wie kommt es, daß, obwohl wir niemals vom Gebet ablassen, kaum einmal einer von uns zu erfahren scheint, worin nun eigentlich die Frucht des Gebets besteht? Wir scheinen so, wie wir zum Gebet gehen, auch wieder davon zurückzukommen: niemand gibt uns ein Wort als Antwort, niemand schenkt uns etwas. Wir scheinen uns vergeblich Mühe gegeben zu haben.
Aber wie sagt im Evangelium der Herr? «Richtet nicht nach dem äußeren Augenschein, sondern haltet ein gerechtes Gericht!» (Joh 7,24). Was ist ein gerechtes Gericht? Doch wohl ein Gericht im Glauben? Denn «der Gerechte lebt aus dem Glauben» (Gal 3,11). Halte dich folglich an das Urteil des Glaubens und nicht an dein eigenes Erfahren, denn der Glaube täuscht nicht, das Erfahren dagegen ist trügerisch. Ist nicht die Wahrheit, die der Glaube uns sagt, die, daß uns der Sohn Gottes selbst versprochen hat: «Um was ihr auch im Gebet bittet, glaubt, daß ihr es erhalten werdet, und es wird euch zuteil» (Mk 11,24)?
Niemand von euch, Brüder, soll sein Gebet gering schätzen. Ich sage euch das deshalb, weil der, zu dem wir beten, es auch nicht gering schätzt. Noch ehe es unseren Mund verlassen hat, läßt er es schon in seinem Buch verzeichnen. Und wir dürfen felsenfest auf eine der beiden Möglichkeiten hoffen: entweder, daß er uns gibt, worum wir bitten, oder, daß er uns gibt, was er noch brauchbarer für uns hält. Denn «wir wissen ja gar nicht, worum wir in rechter Weise beten sollen» (Röm 8,26); aber Gott erbarmt sich unserer Unwissenheit. Er nimmt voll Güte unser Gebet entgegen, gibt uns

aber keineswegs, was entweder keineswegs brauchbar für uns ist oder was uns gar nicht so schnell gegeben zu werden braucht. Dennoch ist unser Gebet dann nicht unfruchtbar.

Worin der «Genuß an Gott» in diesem Leben besteht: in der Erfahrung eines guten Gewissens.

6. So geschieht es, wenn wir tun, wozu wir im Psalm aufgefordert werden, das heißt, wenn wir am Herrn unseren Genuß haben. Denn der heilige David sagt: «Genieße den Herrn, und er wird dir geben, worum dein Herz bittet» (Ps 37,4). Aber, Prophet, wie kannst du uns so einfach auffordern, den Herrn zu genießen, und so tun, als stünde uns dieser Genuß unmittelbar zur Verfügung? Den Genuß des Essens, des Schlafes, der Ruhe, aller irdischen Annehmlichkeiten kennen wir. Aber welchen Genuß bereitet Gott? Wie können wir ihn genießen?

Meine Brüder, so mögen Weltmenschen daherreden. Ihr könnt nicht so reden. Denn wer von euch hat nicht schon oft den Genuß eines guten Gewissens erfahren? Wer hat noch nicht den guten Geschmack der Keuschheit, der Demut, der Liebe verkostet? Das ist nicht die gleiche Art Genuß, wie man sie beim Essen oder Trinken oder etwas ähnlichem hat; und doch ist es ein Genuß, und ein größerer als der Genuß an all diesen Dingen. Denn das ist ein göttlicher, kein fleischlicher Genuß; und wenn wir solche Werte genießen, genießen wir tatsächlich den Herrn.

Nicht auf das Gefühl, sondern auf das praktische Verhalten kommt es an.

7. Aber vielleicht entgegnen mir viele, daß sie diese genußvolle Erfahrung, die süßer als Honig und Wabe ist, recht selten machen, weil sie vorerst noch gegen Anfechtungen zu kämpfen haben. Sie handeln viel mannhafter, wenn sie sich um diese Tugenden nicht um des Genusses willen bemühen, die sie vermitteln, sondern einfach um dieser Tugenden selbst willen und weil es Gott so gefällt, und wenn sie es einfach mit ihrem ganzen Einsatz und noch nicht mit voller gefühlsmäßiger Begeisterung tun. Zweifellos erfüllt jeder

auf diese Weise die Aufforderung des Propheten: «Genieße den Herrn!». Denn er spricht nicht vom Gefühl, sondern vom praktischen Verhalten. Die gefühlsmäßige Erfahrung liegt im Bereich der Seligkeit, das praktische Tun im Bereich der Tugend. «Genieße den Herrn», sagt er: danach strebe, darum bemühe dich, daß du den Herrn genießt, «und er wird dir geben, worum dein Herz bittet.» Aber beachte, daß er von Bitten des Herzens spricht, die dein vernünftiges Urteil gutgeheißen hat. So hast du keinen Grund zur Klage, sondern nur umso größeren Anlaß zur Danksagung, wenn dein Gott sich derart um dich sorgt, daß er deinen Wunsch nicht immer erfüllt. Denn so oft du im Unverstand um etwas bittest, was dir nicht dienlich ist, schenkt er dir stattdessen etwas Dienlicheres. Auch ein Vater dem Fleisch nach handelt so: wenn sein Kind um Brot bittet, reicht er es ihm gern; wenn es um ein Messer bittet, das er nicht für notwendig hält, gibt er es nicht, sondern bricht ihm lieber selbst das gereichte Brot, oder er läßt es durch einen Diener brechen, damit dem Kind kein Schaden und keine Mühe entsteht.

Die drei grundlegenden Bitten an Gott: um das Wohl des Leibes; um das Wohl der Seele; um das ewige Leben.
8. Ich glaube, die Bitten unseres Herzens richten sich auf drei Dinge; und ich sehe nicht, was ein Auserwählter über sie hinaus für sich erbitten müßte. Zwei beziehen sich auf zeitliche Güter, nämlich auf das Wohl des Leibes und auf das Wohl der Seele; und das dritte ist die Seligkeit des ewigen Lebens. Wundere dich nicht, daß ich sage, man solle von Gott das Wohl des Leibes erbitten, denn alle leiblichen Dinge sind sein, genauso wie alle geistlichen Güter. Von ihm müssen wir also alles erbitten und erhoffen, was uns befähigt, in seinem Dienst zu bleiben. Für die Belange der Seele sollten wir jedoch häufiger und glühender beten, das heißt, wir sollten um die Gnade Gottes und die Tugenden der Seele bitten. Ebenso sollten wir mit ganzer Hingabe und mit ungeteilter Sehnsucht um das ewige Leben bitten, denn dort ist das Glück des Leibes und der Seele ganz erfüllt und vollkommen.

Den drei Bitten entsprechen drei Grundhaltungen: Bescheidenheit, Selbstlosigkeit, Demut.

9. Damit diese drei Güter wirklich zu Bitten unseres Herzens werden, sind drei Dinge zu beachten. Denn das erste wird immer wieder vom Überfluß verfälscht, das zweite von der Unlauterkeit, das dritte von der Überheblichkeit. Niemals darf man zeitliche Güter um des Genusses willen suchen und Tugenden, um sich damit zur Schau zu stellen; und selbst das ewige Leben mögen manche zuweilen nicht in Demut suchen, sondern indem sie auf ihre Verdienste pochen. Ich will damit nicht sagen, daß die Gnade nicht das Vertrauen schenke, unser Gebet werde erhört; aber es ist ungehörig, daß man daraus selbstsicher schließt, man habe ein Recht darauf, das Erbetene zu erhalten. Nur dies vermitteln diese ersten Gaben: daß wir von jener Barmherzigkeit, die sie uns geschenkt hat, noch größere Gaben erhoffen.

So soll sich also das Gebet um zeitliche Güter auf die wirklich notwendigen Dinge beschränken; das Gebet um die Tugenden der Seele soll frei von aller Unreinheit und einzig auf das Wohlgefallen Gottes ausgerichtet sein; und das Gebet um das ewige Leben soll in aller Demut verrichtet werden und sich, wie es sich geziemt, allein auf das Erbarmen Gottes stützen.

Ein Überblick: Der Weg der Rückkehr zu Gott ist der Weg der Liebe; er steht jedem Sünder offen

Aus der 83. Predigt über das Hohelied (Cant.)

Jeder Mensch ist ein unzerstörbares Ebenbild Gottes.

1. Jede Seele, mag sie auch mit Sünden belastet, von Verführungen umgarnt, im Exil gefangen, vom Leib im Gefängnis gehalten sein; mag sie am Schmutz kleben und im Kot stecken; mag sie an Hän-

den und Füßen gebunden, von Sorgen erdrückt, von Aufgaben zerrissen, von Ängsten verkrampft, von Schmerzen gepeinigt, von Irrtümern umhergetrieben, von Befürchtungen gequält, von Mutmaßungen ruhelos gehetzt werden; mag sie schließlich als Fremdling ins Land der Feinde verschlagen sein und, nach dem Wort des Propheten (Bar 3,11), mit den Toten verunreinigt sein und schon in der Liste derer stehen, die in der Unterwelt sind; mag sie, sage ich, sogar verdammt und bar aller Hoffnung sein, so lehren wir dennoch: selbst dann kann sie in sich spüren, daß ihr die Möglichkeit offen steht, nicht nur aufzuatmen in der Hoffnung auf Vergebung, in der Hoffnung auf Erbarmen, sondern sogar kühn nach der Vermählung mit dem WORT zu verlangen; selbst dann kann sie ohne Bangen ein Bündnis mit Gott eingehen und braucht sich nicht zu scheuen, das süße Joch der Liebe mit dem König der Engel zu tragen. Denn gibt es irgend etwas, das sie nicht unbedenklich wagen könnte dem gegenüber, von dem sie weiß, daß sein Bild in ihr Wesen geprägt ist, und daß ihr der Adel verliehen ist, sein Ebenbild zu sein? Was, sage ich, hat sie denn vom erhabenen Gott zu befürchten, wo sie doch von ihm abstammt und deshalb das Vertrauen haben darf, zu ihm zu gehören?

Der Mensch hat sich von Gott entfremdet und soll zu ihm, und damit zu seinem eigenen tiefsten Wesen, zurückkehren.
Ihre einzige Sorge muß sein, dem Adel ihrer Natur durch ein Leben aus gebührend edler Gesinnung zu entsprechen und der göttlichen Auszeichnung, die ihr von ihrem Ursprung her eigen ist, nach Kräften durch die Farbe ihres ganzen Tuns und Wollens zur Entfaltung in Schönheit und Leuchtkraft zu verhelfen.
2. Weshalb sollte ihr Bemühen eingeschlafen sein? Sich Mühe geben zu können, ist ein großes Geschenk der Natur. Wenn dieses Geschenk nicht recht zur Erfüllung der Aufgabe genützt wird, für die es verliehen worden ist, wird unsere ganze übrige Natur verworren und überzieht sich mit dem Rost des Alterns und Verwitterns. Das ist eine Beleidigung ihres Schöpfers. Aus diesem Grund wollte Gott

selbst als unser Schöpfer, daß in unserer Seele unverlierbar das Mal der Verwandtschaft mit seiner Größe erhalten bliebe: damit sollte unsere Seele für immer eine Erinnerung an das WORT in sich tragen, von der sie allzeit ermahnt würde, oder durch die sie immer beim WORT verharre oder zu ihm zurückkehre, wenn sie von ihm fortgegangen sein sollte.

Die Seele geht von Gott nicht fort, indem sie sich von einem Ort an den andern versetzt oder Schritte mit ihren Füßen tut, sondern sie geht in der Weise fort, wie es einem geistigen Wesen eigen ist, sich zu bewegen: indem sie sich mit ihrem Liebesverlangen, oder besser ihrem Liebesversagen von sich selbst weg auf etwas Schlechteres hin wendet. Sie wird dann durch ihre schlechte Lebensart sich selbst entfremdet und läßt sich verkommen. Dieses Sich-selbst-unähnlich-Werden bedeutet allerdings nicht, daß ihre Natur dadurch aufgehoben wird, sondern es ist ein Versagen an dieser Natur. Durch diesen Defekt wird nur um so deutlicher, wie gut die Natur an sich ist, und wie verunstaltet, wenn sie davon befallen wird.

Der Weg der Rückkehr und Angleichung an Gott: die Liebe.
Doch nun zur Rückkehr der Seele, zu ihrer Hinwendung zum WORT, durch das sie erneuert werden und dem sie gleichförmig werden soll. Worin? In der Liebe. Denn es heißt: «Seid Nachahmer Gottes, wie auch vielgeliebte Söhne; geht euren Weg in der Liebe, wie auch Christus euch geliebt hat» (Eph 5,1).
3. Eine solche Gleichförmigkeit vermählt die Seele mit dem WORT. Von Natur aus ist sie ja bereits dem WORT ebenbildlich, und sie soll ihm auch ebenbildlich werden dem Willen nach, indem sie in derselben Weise liebt, wie sie geliebt wird. Wenn sie also vollkommen liebt, kann man sagen: sie ist vermählt.

Was ist köstlicher als diese Gleichförmigkeit? Was ist erstrebenswerter als die Liebe? Sie schenkt dir die Möglichkeit, Seele, über das Unbefriedigende, das die Menschen lehren, hinaus durch sich selbst voll Vertrauen zum WORT selbst vorzustoßen; das WORT ständig zu umarmen und das WORT aus nächster Nähe zu durchforschen und über alles zu befragen. Und je mehr dein Verstand zu fassen vermag, desto kühner wird deine Sehnsucht.

In der geistlichen Vermählung mit Gott weicht die Furcht vor der alles beherrschenden Liebe.
Das ist wirklich ein geistliches und heiliges Ehebündnis. Mit «Bündnis» sage ich zu wenig: es ist ein Einssein in der Umarmung. Ja, es ist eine Umarmung, denn zwei wollen das gleiche und wollen das gleiche nicht und werden dadurch *ein* Geist (vgl. 1 Kor 6,17).
Es ist im übrigen nicht zu befürchten, die Ungleichheit der Partner beeinträchtige in irgendeiner Hinsicht den Einklang des Wollens, denn die Liebe kennt keine Scheu. Das Wort «Liebe» stammt vom Wort «lieben», nicht vom Wort «ehren». Wer Furcht, Scheu, Angst oder Staunen gegenüber jemandem hat, mag diesen ehren; bei einem Liebenden hört all das auf. Die Liebe hat an sich selbst genug. Wo die Liebe einzieht, reißt sie alle anderen Empfindungen und Strebungen an sich und nimmt sie gefangen. Deshalb *liebt* die Seele, die liebt, und sie kennt nichts anderes mehr als lieben. Und er, dem zu Recht Ehre gebührt, zu Recht Scheu und Bewunderung, liebt es noch mehr, geliebt zu werden.
Gott und die Seele sind Bräutigam und Braut. Was suchst du in dieser bräutlichen Beziehung eine andere Pflicht und Verbindung außer der, geliebt zu werden und zu lieben? Diese Verbindung ist sogar stärker als das, was die Natur besonders eng verknüpft hat, das Band zwischen Eltern und Kindern. «Deshalb», so heißt es, «wird der Mann seinen Vater und seine Mutter verlassen und seine Braut umarmen» (Mt 19,5). Du siehst, diese Zuneigung, die Bräutigam und Braut beseelt, ist nicht nur stärker als die übrigen Neigungen, sondern sie ist sogar stärker als sie selbst.
4. Laß nun noch dazukommen, daß dieser Bräutigam nicht nur ein Liebender, sondern die Liebe *in Person* ist. Ist er nicht auch die *Ehre* in Person? Mag das behaupten, wer will; ich habe das nirgends gelesen. Gelesen habe ich jedoch: «Gott ist die Liebe» (1 Joh 4,16); daß Gott die Ehre sei, habe ich nicht gelesen. Das soll nicht heißen,

Gott wolle keine Ehre; er hat ja gesagt: «Wenn ich der Vater bin, wo ist da meine Ehre?» (Mal 1,6). Tatsächlich spricht der Vater so. Aber wenn er sich als Bräutigam vorstellt, ändert er, glaube ich, seine Stimme und sagt: «Wenn ich der Bräutigam bin, wo ist da meine Liebe?» Denn vorher hat er auch das gesagt: «Wenn ich der Herr bin, wo ist da meine Furcht?» (Mal 1,6).

So verlangt also Gott, als Herr gefürchtet, als Vater geehrt und als Bräutigam geliebt zu werden. Was ist das Vorzüglichste davon, was überragt alles? Natürlich die Liebe. Ohne die Liebe kreist die Furcht um die Strafe, bleibt die Ehre ohne Gnade. Die Furcht ist knechtisch, solange sie nicht von der Liebe an der Hand geführt wird.

Und eine Ehrerbietung, die nicht aus der Liebe kommt, ist keine Ehrerbietung, sondern Kriecherei. Zwar gebühren «allein Gott Ehre und Herrlichkeit» (1 Tim 1,17); aber keines von beiden nimmt Gott an, wenn es nicht mit dem Honig der Liebe gewürzt ist. Die Liebe genügt sich selbst, hat an sich selbst und um ihrer selbst willen Gefallen. Sie ist für sich selbst Verdienst, ist Lohn. Die Liebe sucht keinen Grund, keine Frucht außerhalb ihrer selbst: wer die Liebe verwirklicht, der erntet im Verwirklichen ihre Frucht. Ich liebe, weil ich liebe; ich liebe, um zu lieben.

Die Liebe ist die einzige Haltung, mit der das Geschöpf dem Schöpfer wirklich entsprechen kann.

Etwas Großes ist die Liebe, wenn sie zu ihrem Ausgangspunkt zurückeilt, wenn sie wieder bei ihrem Ursprung ist, wenn sie in lebendiger Beziehung zu ihrer Quelle steht und allzeit aus ihr die ständig fließenden Wasser schöpft. Unter allen Regungen, Empfindungen und Strebungen der Seele ist die Liebe die einzige Kraft, mit der das Geschöpf – wenn auch nicht von gleich zu gleich – seinem Schöpfer entsprechen oder jedenfalls seine Zuneigung mit einer ähnlichen Haltung erwidern kann. Wenn mir dagegen zum Beispiel Gott zürnt, kann da meine Reaktion ein ähnlicher Zorn sein? Keineswegs. Meine Reaktion wird Furcht sein, wird Zittern sein, wird Bitte um Vergebung sein. Und ebenso: wenn er mich tadelt, kann ich ihm nicht mit Tadel erwidern, denn er wird mir gegenüber recht behalten. Und wenn er mich richtet, kann ich ihn nicht auch richten, sondern nur anbeten. Wenn er mich rettet, erwartet er nicht von mir, daß ich ihn auch rette. Er ist auch nicht darauf angewiesen, daß ihm jemand seinerseits Freiheit schenkt, wo er doch alle befreit. Wenn er der Herr ist, muß ich ihm dienen; wenn er befiehlt, muß ich gehorchen und nicht auch umgekehrt von ihm einen Dienst oder Gehorsam verlangen.

Jetzt siehst du, wie anders das mit der Liebe ist. Denn wenn Gott *liebt*, dann will er nichts anderes, als *geliebt* werden. Er liebt nur mit einer einzigen Absicht: er möchte geliebt werden; denn er weiß, daß solche, die sich lieben, durch diese Liebe selbst glücklich sind.

Die Liebe der Braut sucht nicht nach Lohn: ihr Lohn ist die Liebe selbst.
5. Die Liebe ist etwas Großes. Aber es gibt in ihr Stufen. Die Braut steht auf der obersten Stufe.

Denn auch die Söhne lieben, aber sie denken an die Erbschaft. Sie leben in der Furcht, diese Erbschaft durch irgendeinen Umstand zu verlieren, und deshalb ist in ihnen mehr Furcht vor ihm, von dem sie die Erbschaft erwarten, und ihre Liebe ist geringer.

Zweifelhaft ist mir eine Liebe, deren Antrieb nur die Hoffnung ist, an etwas anderes heranzukommen. Eine Liebe, die beim Schwinden dieser Hoffnung auf etwas anderes entweder erlischt oder geringer wird, ist eine kranke Sache. Eine solche Liebe, die auf etwas anderes aus ist, ist unlauter. Die lautere Liebe lebt nicht vom Lohn. Die lautere Liebe schöpft ihre Kräfte nicht aus der Hoffnung auf einen Gewinn außerhalb ihrer selbst, und sie leidet keinen Schaden, wenn solche Aussichten schwinden. Das ist die Liebe der Braut, denn so ist die Braut, wer immer sie ist. Die Habe und Hoffnung der Braut ist einzig und allein die Liebe. An ihr hat die Braut Überfluß, und das genügt dem Bräutigam. Es sucht nichts anderes, und sie hat nichts anderes. Deshalb ist er der Bräutigam, und sie ist die Braut. Diese Liebe ist dem Bräutigam und der Braut vorbehalten, und niemand anderer reicht an sie heran, nicht einmal der Sohn.

Seinen Söhnen ruft Gott zu: «Wo ist meine Ehre?» (Mal 1,6), und nicht: «Wo ist meine Liebe?», denn diesen Vorzug behält er der Braut vor. Dem Menschen wird auch befohlen, seinen Vater und seine Mutter zu *ehren,* und dabei ist nicht vom *Lieben* die Rede: nicht weil die Kinder ihre Eltern nicht lieben sollten, aber weil viele Kinder dazu neigen, ihre Eltern eher zu ehren als zu lieben. Die Ehre des Königs mag das Urteil lieben (Ps 99,4); aber die Liebe des Bräutigams, ja die Liebe in Person, der Bräutigam, sucht einzig und allein den Austausch und das Bleiben in der Liebe. So kann die Braut ihm seine Liebe erwidern. Und könnte die Braut, die Braut der Liebe, etwa nicht lieben? Könnte die Liebe anders als sich lieben lassen?

In der Liebe wird die Seele mit dem Wort *vermählt.*

6. So gibt sie mit Recht alle anderen Strebungen auf und widmet sich einzig und völlig der Liebe, denn sie soll der Liebe entsprechen, indem sie ihr Liebe zurückschenkt.

Wenn sich die Braut ganz verflüssigt zu einem Strömen der Liebe, wieviel ist das im Vergleich zum ewigen Strom, der aus der Quelle der Liebe fließt? Die Liebende und die Liebe, die Seele und das Wort, die Braut und der Bräutigam, der Schöpfer und das Geschöpf fließen nicht in gleicher Fülle, sondern sie lassen sich vergleichen mit einem Durstigen und einer Quelle. Was bedeutet das? Wird zunichte, wird völlig inhaltslos, was in der Braut vorgeht: ihr Gelöbnis zur Vermählung, ihre Sehnsucht und ihr Seufzen, ihre glühende Liebe, ihre kühne Zuversicht, weil sie nicht als Ebenbürtige mit dem Riesen laufen kann, nicht an Süße es mit dem Honig gleichtun kann, nicht an Milde dem Lamm, an makellosem Leuchten der Lilie, an Strahlkraft der Sonne, an Liebe dem, der die Liebe ist? Nein. Denn mag auch das Geschöpf weniger lieben, weil es kleiner ist, so fehlt ihm doch an der Fülle der Liebe nichts, wenn es mit seinem ganzen Wesen liebt. Und deshalb habe ich gesagt: *so*

99

lieben, heißt vermählt worden sein. Denn wenn die Seele so vollkommen liebt, kann es gar nicht anders sein, als daß sie ebenso vollkommen geliebt wird; und wenn zwei ganz übereinstimmen, ist das eine völlige und vollkommene Vermählung.

Es besteht kein Zweifel, daß die Seele vom WORT zuerst und mit größerer Liebe geliebt wird. So kommt ihr das WORT mit der Liebe zuvor und besiegt sie. Selig, die es verdient, von solcher köstlicher Segnung überrundet zu werden! Selig, der es geschenkt ist, eine Umarmung von solcher Süße erfahren zu dürfen! Das ist nichts anderes als die heilige und keusche Liebe, die süße und köstliche Liebe, die heitere, weil so lautere Liebe, die gegenseitige Liebe, die innige und starke, die zwei Wesen nicht in *einem Fleisch,* sondern in *einem Geist* verbindet; die zwei nicht mehr als zwei läßt, sondern *eins* macht, so wie Paulus sagt: «Wer Gott umarmt, ist *ein* Geist mit ihm» (1 Kor 6,17).

Was der Mensch auf den einzelnen Stufen seiner Bekehrung erfährt, wenn er sich auf den Weg macht

Aus der Abhandlung «Über die Bekehrung» (Conv.)

Unsere Bekehrung ist ein Werk der Stimme Gottes.
I.2. Das Wort Gottes ist lebendig und wirksam (Hebr 4,12); seine Stimme ist überwältigend und stark (Ps 29,4). Denn wenn Gott spricht, wird das, was er spricht, Wirklichkeit (Ps 148,5). Er sprach: «Es werde Licht! Und es wurde Licht» (Gen 1,3). Er sprach. «Bekehrt euch!» (Ps 90,3), und die Menschen bekehrten sich. So ist offensichtlich die Bekehrung der Seelen ein Werk der Stimme Gottes, nicht der Stimme eines Menschen. Simon, der Sohn des Johannes, wurde vom Herrn als Menschenfischer berufen und eingesetzt. Dennoch wird auch er vergebens die ganze Nacht arbeiten und

nichts fangen, bis er mit dem Wort des Herrn sein Netz auswirft; dann allerdings wird er eine überreiche Menge an Land ziehen können (vgl. Joh 21,15 ff.; Mt 4,19; Lk 5,5–6).

Hoffentlich können auch wir heute auf dieses Wort hin das Netz des Wortes auswerfen und dürfen erfahren, was geschrieben steht: «Siehe, er wird seine Stimme zur Stimme der Kraft machen» (Ps 68,34)!

Es gilt, auf diese innere Stimme sein Herz zu richten.

Wir ermahnen euch, auf diese innere Stimme das Ohr eures Herzens zu richten. Bemüht euch, mehr darauf zu achten, was Gott im Innern zu euch sagt, als was euch von außen ein Mensch zuspricht. Denn diese innere Stimme ist die überwältigende und starke Stimme (Ps 29,4), die die Wüsten erschüttert, die verschlossensten Bereiche sprengt, den starren Panzer der Seelen durchbricht.

II.3. Im Grunde bedarf es keiner Anstrengung, um für diese Stimme empfänglich zu werden. Eher kostet es Mühe, seine Ohren derart zu verstopfen, daß man sie nicht mehr hört. Diese Stimme bietet sich selbst an, dringt von sich aus ein und hört nie auf, an der Tür jedes einzelnen zu klopfen (Offb 3,20). «Vierzig Jahre lang», sagt sie, «war ich bei diesem Geschlecht, und ich sprach: Immer irren sie im Herzen» (Ps 95,10). Immer noch ist er uns nahe, immer noch spricht er, und vielleicht gibt es keinen, der ihn hört. Immer noch sagt er: «Sie irren im Herzen.» Immer noch ruft die Weisheit auf den Plätzen (Spr 1,20–21): «Kehrt zurück, ihr Verräter, zum Herzen!» (Jes 46,8).

Damit beginnt der Herr sein Sprechen (Hos 1,2), und dieses Wort an alle, die sich zum Herzen hinkehren (Ps 85,9), geht offensichtlich allem anderen voraus. Es ruft sie nicht nur zurück, sondern führt sie auch zurück und stellt sie sich selbst vor Augen (Ps 50,21). Dieses Wort ist nicht nur eine Stimme voller Macht (Ps 68,34), sondern auch ein strahlendes Licht, das den Menschen ihre Sünden aufzeigt (Jes 58,1) und ans Licht bringt, was im Dunkeln verborgen war (1 Kor 4,5).

Diese innere Stimme und dieses innere Licht sind ein und dasselbe, so wie der Sohn Gottes als WORT des Vaters und als Abglanz seiner Herrlichkeit (Hebr 1,3) ein und derselbe ist. Auch im Wesen der Seele, die auf ihre Art geistlich und einfach ist, sind die Sinne nicht voneinander getrennt, sondern sie sieht und hört stets als *ganze*, soweit man ihr überhaupt Ganzheit zuschreiben kann.

Bei der Einkehr in sich selbst wird sich der Mensch zunächst seiner Erbärmlichkeit und seiner Illusionen bewußt.
Worum anders geht es jemals, wenn ihr ein Lichtstrahl oder ein Wort zuteil wird, als darum, daß sie sich selbst erkennt?
Dabei wird das Buch des Gewissens aufgeschlagen, der erbärmliche Lebensverlauf wird aufgerollt, die traurige Geschichte wird wiederholt. Das Erinnerungsvermögen wird sozusagen aufgeklappt und den Augen der Seele vorgelegt. Beides, Vernunft und Erinnerungsvermögen, sind im Grunde nicht Eigenschaften der Seele, sondern sie sind die Seele selbst. So ist die Seele Närrin und Kritikerin in einer Person; sie wird sich selbst von Angesicht zu Angesicht gegenübergestellt (Ps 50,21). Die Gedanken, die in sie eindringen, spielen die Rolle von energischen Gerichtsdienern, die sie vor ihr eigenes Tribunal schleppen, damit sie über sich selbst das Urteil spreche. Wer könnte ein solches Gericht ertragen, ohne sich bedrückt zu fühlen? «Meine Seele ist mir selbst gegenüber verwirrt», sagt der Prophet des Herrn (Ps 42,7). Und du wunderst dich, wenn du es nicht fertigbringst, dir selbst unter die Augen zu treten, ohne daß sich Schuldgefühle, Verwirrung und Beschämung einstellen?
III.4. Aber erwarte nicht, daß du von mir hörst, *was* dein Verstand in deiner Erinnerung aufdeckt, *was* er tadelt, *was* er anklagt, *was* er beschließt. Höre selbst in dich hinein, wende die Augen deines Herzens dorthin, und du wirst aus eigener Erfahrung lernen, was sich da abspielt. «Denn niemand weiß, was im Menschen ist, als der Geist des Menschen selbst, der in ihm ist» (1 Kor 2,11). Ist im Menschen Hochmut verborgen oder Neid oder Habgier oder Ehr-

geiz oder irgendeine andere Pest dieser Art, so wird sie kaum bei dieser Untersuchung unentdeckt bleiben. Wenn sich Unzucht, Raubgier, Grausamkeit oder irgendeine Betrügerei oder sonst irgendeine Schuld eingeschlichen hat, so wird der Schuldige diesem inneren Richter nicht verborgen bleiben, noch wird er vor ihm seine Schuld leugnen können. Alles angenehme Jucken schlechten Genusses ist recht schnell vorbei, und in Kürze ist es aus mit der ganzen Befriedigung der Lust; was bleibt, sind die bitteren Furchen, die sie in die Erinnerung eingraben, sind die schimpflichen Spuren, die sie hinterlassen. Das Bewußtsein ist wie ein großes Buch, in das mit dem Schreibstift der Wahrheit alles eingetragen ist.

Der sich selbst entfremdete Mensch zerfleischt sich, ohne es recht zu merken.

IV.5. Wenn du einen Menschen siehst, der seine Hände kratzt und sie bis aufs Blut zerkratzt, so hast du an ihm ein treffendes Bild für die Seele, die sich der Sünde verschreibt. Jener Genuß weicht dem Schmerz, und auf den Juckreiz folgt die Pein. Solange dieser Mensch sich gekratzt hat, wußte er das durchaus, aber er wollte es nicht wahrhaben. So zerfleischen und verwunden wir mit eigenen Händen unsere unglücklichen Seelen, und das ist um so schlimmer, als die Seele ein viel erhaberenes geistliches Geschöpf ist und entsprechend schwieriger geheilt werden kann. Wir tun das nicht aus vorsätzlichem Mutwillen, sondern weil wir im Innern stumpfen Sinnes und gefühllos sind. Ein umhergetriebener Geist spürt nicht, welchen Schaden er im Innern erleidet, denn er ist ja nie bei sich zu Hause, sondern wohnt vielleicht in seinem Bauch oder noch darunter. Mancher Menschen Geist wohnt in den Schüsseln, den Geist anderer findet man in den Geldbeuteln. «Denn», so heißt es, «wo dein Schatz ist, da ist dein Herz» (Mt 6,21). Was Wunder also, daß die Seele gar nicht spürt, wie sie selbst verwundet wird, wenn sie sich selbst vergessen hat, ganz von sich selbst abwesend und in ein fernes Land gezogen ist (Lk 15,13)? Sollte sie zu sich selbst zurückkehren (Lk 15,17), so wird ihr aufgehen, wie grausam sie um einer erbärmlichen Jagd willen sich selbst die Eingeweide herausgerissen hat. Das konnte sie so lange nicht spüren, wie sie mit unersättlicher Gier auf Fliegen Jagd gemacht und wie eine Spinne aus ihren eigenen Eingeweiden ihre Netze dafür gesponnen hat.

Der erste Versuch, sich zu sammeln, stößt auf größte Schwierigkeiten; alles begehrt auf.

VI.8. Schließe die Fenster, verriegle die Pforten, verstopfe sorgfältig alle Zugänge. Und wenn schließlich nichts Neues mehr von außen in dich hineinkommt, kannst du anfangen, den alten Schmutz auszufegen.

Zunächst denkt der Mensch, dieser Auftrag sei leicht auszuführen, weil er keine Ahnung vom geistlichen Sich-Mühen hat. «Denn wer sollte mich hindern», sagt er, «über meine Glieder zu gebieten?» Er ordnet also dem Gaumen Fasten an, untersagt das unmäßige Trinken, befiehlt, die Ohren zu verstopfen, damit sie nichts mehr vom Blut hören, die Augen abzuwenden, damit sie nichts Eitles sehen, zwingt die Hände, sich nicht aus Habgier, sondern lieber zum Almosenverteilen auszustrecken.

9. Während er so für alle seine Glieder seine Gesetze erläßt und seine Anordnungen herausgibt, unterbrechen sie plötzlich die Stimme des Befehlenden und begehren mit einem einzigen Aufschrei auf: «Woher stammt diese neue Lebensart? Du befiehlst leichthin, was dir beliebt. Aber mach dich darauf gefaßt: jemand wird sich diesen neuartigen Anordnungen widersetzen und diesen neuartigen Gesetzen widersprechen!» – «Wer soll das sein?» fragt er zurück. Und die Gegenstimme: «Jene, die gelähmt zu Hause liegt und große Qual leidet (nämlich die schwache Willenskraft). Jene, in deren Dienst du uns früher gestellt hast. Weißt du es noch? Wir sollten doch allen ihren Gelüsten gehorchen.» Als er diese Stimme hört, erbleicht der Arme und verstummt voller Verwirrung, denn sein Geist in seinem Innern bekommt es mit der Angst zu tun.

Keine angenehme Erfahrung stellt sich ein, sondern die Verwirrung nimmt ständig zu.

11. Da wird ihm klar, wie schwierig dieses Unternehmen ist und wie vorschnell die Annahme war, das gehe so leicht. Er sieht, wie sein Erinnerungsvermögen voller Unrat ist, und er sieht, wie immer noch mehr und immer noch anderer Schmutz eindringt; er sieht, wie seine Fenster für den Tod weit offen stehen und sich überhaupt nicht schließen lassen, und wie der Wille, der immer noch das Ruder in der Hand hat, viel zu krank ist, um wirklich die Lage zu beherrschen, denn aus seinen eigenen Geschwüren ist der Eiter, der alles vergiftet hat, hervorgebrochen.

Die Vernunft hat zu schwache Mittel und ist wie blind, weil sie bis jetzt diesen Zustand nicht gesehen hatte, und äußerst schwach, weil sie den erkannten Schaden nicht gut machen kann. Das Erinnerungsvermögen sieht äußerst häßlich und abschreckend aus. Der Wille ist krank und ist über und über mit Geschwüren besät. Und damit nun gar nichts von dem, was den Menschen ausmacht, übrig bleibt, wird auch noch der Leib rebellisch; seine einzelnen Glieder werden zu einzelnen Fenstern, durch die der Tod in die Seele einsteigt. Und diese Verwirrung nimmt noch ständig zu.

Die Stufen des geistlichen Weges anhand der Seligpreisungen der Bergpredigt.

1. Der Sinn der Einkehr in sich selbst war es nicht, eine angenehme Erfahrung zu machen, sondern seiner Armut inne zu werden und zu Gott hin aufzubrechen.

VII.12. Jede Seele, mit der es so steht, soll auf die göttliche Stimme hören, soll mit Staunen und Bewunderung hören, wie sie sagt: «*Selig die Armen im Geist, denn ihrer ist das Himmelreich*» *(Mt 5,3).*

Wer ist ärmer im Geist als der, welcher in seinem ganzen Geist keinen Ruheplatz findet, keinen Ort, wohin er sein Haupt legen könnte?

Darin besteht der Rat der väterlichen Liebe Gottes: wer an sich selbst keinen Gefallen finden kann, der solle versuchen, Gott zu ge-

fallen; und wer sein eigenes Haus verabscheut, dieses Haus voller
Unrat und Glücklosigkeit, der solle sich einladen lassen in das Haus
voller Herrlichkeit, in das nicht von Händen errichtete, ewige
Haus im Himmel (2 Kor 5,1).

Kein Wunder, wenn er angesichts der Größe dieser Zuneigung er-
schrickt und sich schwer tut, das Gehörte zu glauben; wenn er, von
gewaltigem Staunen ergriffen, verwundert fragt: «Aber macht
denn die Armut den Menschen glücklich?» Nicht die Armut, sondern das Erbarmen macht glücklich; aber der Wohnort des Erbarmens ist die Armut. Ja, sogar die Armut selbst macht glücklich,
wenn die Erniedrigung sich in echte Demut verwandelt und die
Not zur Tugend wird. Es heißt: «Einen besonderen Regen hast du,
Herr, deinem Erbe vorbehalten; es ist schwach geworden, du aber
hast es zur Vollendung geführt» (Ps 68,10). Nützlich ist folglich
ein Kranksein, das nach der Hand eines Arztes suchen läßt, und
heilsam vergeht einer in sich selbst, wenn ihn Gott vollendet.

*2. Die Vorbedingung, bei Gott Erbarmen zu finden, ist der Wille zur
Selbstbeherrschung.*

Man ist nur dann wirklich auf dem Weg zum Reich Gottes, wenn
auch bereits die Erstlingsfrüchte dieses Reiches sichtbar werden.
Niemand kann auf das Himmelreich hoffen, dem es noch nicht gegeben ist, seine eigenen Glieder zu beherrschen. Darum sagt die
Stimme weiter: *«Selig die Sanftmütigen, denn sie werden das Land erben» (Mt 5,4).* Es ist, als wollte sie noch deutlicher sagen: «Bezähme
die ungezügelten Regungen des Willens und gib dir Mühe, das
grausame Tier zu bändigen. Du bist gebunden: versuche die Fessel
zu lockern, die du nicht ganz sprengen kannst.

XI.22. Das ist unser aller tagtägliche Erfahrung: daß der, welcher
sich vornimmt, sich zu bekehren, um so schärfer von der Begierlichkeit des Fleisches angefochten wird; und daß das Volk, das An-
stalten macht, aus Ägypten auszuziehen und der Knute des Pharao
zu entkommen, nur um so härter zur Fron unter Lehm und Zie-
geln gezwungen wird.

3. Vom Mut zur echten Trauer, die das Sehvermögen schärft.

23. Die Anfechtung ist überstark und grenzt an die Verzweiflung. Der Mensch muß alle Kräfte zusammennehmen und sich zum Erbarmen mit seiner Seele durchringen, die er in einem derart elenden und erbärmlichen Zustand sieht. Dann kann er hören, wie die Stimme sagt: *«Selig die Trauernden, denn sie werden getröstet werden»* *(Mt 5,5)*. Er soll sich ganz und gar der Trauer hingeben, denn das ist nun eine Zeit, wo die Trauer das Richtige ist. Dieses Trauern hat die Kraft, die ewigen Tränen abzutrocknen. Der Mensch soll also trauern, aber in einer solchen Weise, daß er für die Empfindung gütiger Zuneigung und für die Entgegennahme von Trost offen bleibt. Er soll sich deutlich vor Augen halten, daß er in sich selbst keinerlei Ruhe finden kann, sondern daß da alles völlig elend und verödet ist. Er soll sich deutlich vor Augen halten, daß es nichts wirklich Gutes in seinem Fleisch gibt, und daß auch in der Welt mit ihrer Hinterlist im Grunde nur Nichtigkeit und Anfechtung für den Geist zu finden ist. Er soll sich deutlich vor Augen halten, sage ich, daß es weder in seinem Innern, noch in der Tiefe, noch in seinem Umkreis einen Trost für ihn gibt, bis ihm schließlich irgendwann aufgeht, daß er diesen Trost *oben* suchen und von *oben* her erhoffen muß. Bis er so weit kommt, soll er trauern und seinen Schmerz beweinen. Sein Auge soll dem Strömen der Wasser freien Lauf lassen, und seine Lider sollen nicht zur Ruhe kommen. Denn ein Auge, auf dem früher Dunkelheit lag, wird durch Tränen gereinigt; durch Tränen schärft sich sein Blick, damit es fähig wird, in den klaren Schein des heitersten Lichtes zu schauen.

4. In der Trauer wird die Sehnsucht geweckt; die Sehnsucht führt schon in der Gegenwart zu einer wunderbaren Trosterfahrung.

XII.24. So wird die Sehnsucht des Willens aufgeweckt. Bald will er diesen Ort nicht nur sehen, sondern er will auch nach und nach hineingehen und darin Wohnung nehmen.

25. Aber bilde dir nicht ein, dieses Paradies innerer Erfüllung sei ein leibhaftiger Ort. In diesen Garten gelangt man nicht mit den Fü-

ßen, sondern mit dem sehnsüchtigen Streben. Darin steht nicht eine Vielzahl irdischer Bäume, sondern die herrlich schöne Pflanzung der geistlichen Tugenden. Das ist der verschlossene Garten, wo sich ein versiegelter Quell (Hld 4,12) in vier Arme teilt und so aus *einer* Ader der Weisheit die vierfältige Tugend hervorströmt. Dort blühen auch die leuchtendsten Lilien; Blumen entfalten sich, und man vernimmt sogar den Ruf der Turteltaube (Hld 2,12). Dort spendet die Narde der Braut ihren betörenden Duft (Hld 1,11). Auch die anderen Gewürze verströmen sich: der Südwind weht, der Nordwind ist verscheucht (Hld 4,16). Dort steht in der Mitte der Baum des Lebens (Gen 2,9), jener Apfelbaum des Hohenliedes (Hld 2,3), kostbarer als alle anderen Bäume des Waldes. Sein Schatten erfrischt die Braut, und seine Frucht schmeckt ihrem Gaumen süß. Dort finden sich die Augen des Herzens vom Glanz der Enthaltsamkeit angestrahlt, und es eröffnet sich ihnen der Blick auf die lautere Wahrheit. Dazu läßt die süße Stimme des inneren Trösters in ihr Ohr Freude und Jubel klingen. In die Nase strömt der köstliche Duft «des vollen Feldes, das der Herr gesegnet hat» (Gen 27,27). Dort werden begierig die unvergleichlichen Wonnen der Liebe verkostet. Die Stacheln und dornigen Hecken, von denen der Geist früher zerstochen wurde, sind abgeschnitten, und er ruht glücklich, mit der Salbe des Erbarmens eingerieben, in einem guten Gewissen.

Diese Erfahrung gehört nicht zu den Siegespreisen, die uns im ewigen Leben erwarten, sondern sie gilt als Sold für den Kriegsdienst in *dieser* Zeit. Sie gehört nicht zu dem, was für die *Zukunft*, sondern zu dem, was der Kirche für die *Gegenwart* verheißen ist. Denn das ist das «Hundertfache» (Mt 19,29), das in dieser Welt denen zuteil wird, die die Welt verschmähen.

5. Diese Erfahrung läßt sich nicht wie ein Wissen vermitteln, sondern nur der innere Sinn erfaßt sie.
Erwarte nicht, daß wir dir dies nun mit unseren eigenen Worten näher empfehlen. Nur der Geist kann das enthüllen. Du suchst

umsonst nach Rat darüber in den Büchern; suche lieber nach der Erfahrung. Das ist Weisheit, deren Preis der Mensch nicht kennt (Ijob 28,12–13). Aus der Verborgenheit wird sie gezogen. Diese Süße läßt sich nicht im Lande derer finden, die süß leben. Es ist die Süße des Herrn: wenn du sie nicht verkostest, siehst du sie nicht. Es heißt: «Kostet und seht, wie süß der Herr ist» (Ps 34,9). Das ist das verborgene Manna, der neue Name, den nur der kennt, der ihn empfängt (Offb 2,17). Das lehrt nicht sorgfältiges Forschen, sondern der Geist, mit dem du gesalbt wirst; nicht das Wissen erfaßt das, sondern das innere Empfinden. Das ist heilig. Das sind die Perlen (Mt 7,6), und was der Herr untersagt hat, wird er nicht selbst tun, wo er doch immer zuerst selbst so gehandelt hat, wie er dann lehrte (vgl. Apg 1,1). Allerdings hält er diejenigen nicht mehr für Hunde oder Schweine, die ihren früheren Vergehen und schändlichen Gewohnheiten abgeschworen haben. Solche tröstet er durch den Apostel mit den Worten: «Das seid ihr zwar gewesen, aber jetzt seid ihr reingewaschen, jetzt seid ihr geheiligt» (1 Kor 6,11). Nur muß man sich vorsehen, nicht wie ein Hund zu seinem Auswurf zurückzukehren oder sich wie ein gewaschenes Schwein wieder im Kot zu wälzen (2 Petr 2,22).

6. Vom großen Hunger auf Erden und vom vergeblichen Versuch, ihn zu stillen.

XIV.26. Am Eingangstor dieses Paradieses (Gen 3,8) ist also die Stimme des göttlichen Flüsterns (Hld 2,12) zu hören, jener heiligste und geheimnisvollste Ratschluß, der den Weisen und Klugen verborgen ist und den Unmündigen offenbart wird (Mt 11,25). Diese Stimme kommt nicht nur der Vernunft zu Ohren, sondern die Vernunft sagt sie gern dem Willen weiter. *«Selig, die hungern und dürsten nach der Gerechtigkeit, denn sie werden gesättigt werden» (Mt 5,6).* Das ist ein ungeheuer hoher Ratschluß, ein unbegreifliches Geheimnis, «ein zuverlässiger Ausspruch, voll und ganz vertrauenswürdig» (1 Tim 1,15; 4,9), der uns vom Himmel her vom königlichen Thronsitz zuteil geworden ist (Weish 18,15).

Ja, ein großer Hunger ist über die Erde gekommen (Lk 15,14). Wir alle sind in äußerste Not geraten. Schließlich sind wir wie die vernunftlosen Tiere geworden und haben unseren unstillbaren Hunger mit den Trebern der Schweine zu sättigen versucht. Wer das Geld liebt, wird nicht satt; wer den Aufwand liebt, wird nicht satt; wer den Ruhm liebt, wird nicht satt; und wer schließlich die Welt liebt, wird niemals satt. Ich kenne Menschen, die tatsächlich dieser Welt satt geworden sind. Bei jedem Gedanken an sie befällt sie der Überdruß. Ich kenne Menschen, die das Geld satt haben und den Ruhm satt haben. Ich kenne Menschen, die die Vergnügen und Belustigungen dieser Welt satt haben. Sie haben sie nicht nur ein wenig, sondern bis zum Überdruß satt. Und für jeden von uns ist es leicht, mit Hilfe der Gnade Gottes auch all das satt zu haben. Denn nicht der Überfluß an allem bringt dieses Satthaben zustande, sondern das Verschmähen von all dem. Deshalb, ihr törichten Nachkommen Adams, nährt ihr nicht eure hungernden Seelen, sondern ihr schürt diesen Hunger eurer Seelen, wenn ihr die Treber der Schweine verschlingt. Mit dieser Speise wird nur euer hungriger Magen größer, und mit dieser unangemessenen Nahrung wird nur euer Hunger gesteigert.

7. Wer nach Gerechtigkeit hungert, wird gesättigt und bekommt doch immer noch mehr Hunger.
27. Wer von euch, Brüder, möchte gesättigt werden und hofft, daß seine Sehnsucht in Erfüllung geht? Dann soll er anfangen, nach der Gerechtigkeit zu hungern, und er wird gar nicht anders als gesättigt werden können. Er soll sich nach jenen Broten sehnen, die es im Haus seines Vaters im Überfluß gibt (Lk 15,17), und er wird feststellen, daß die Treber der Schweine recht schnell ihren Geschmack für ihn verlieren. Er soll sich bemühen, wenigstens ein klein wenig vom Geschmack der Gerechtigkeit zu verkosten. Er wird dann umso mehr davon begehren, und dadurch wird er wieder mehr davon verdienen, wie es in der Schrift heißt: «Wer mich ißt, bekommt noch mehr Hunger, und wer mich trinkt, bekommt noch

110

mehr Durst» (Sir 24,29). Diese Art Begehren ist nämlich dem Geist wesensverwandter. Es steht ihm von Natur aus näher, nimmt deshalb das Herz des Menschen ungestümer in Beschlag und vertreibt daraus kraftvoll alle anderen Wünsche. Und so überwindet ein Stärkerer einen bewaffneten Starken, wie man einen Nagel mit einem anderen Nagel herausschlägt. «Selig also, die hungern und dürsten nach der Gerechtigkeit, denn sie werden gesättigt werden» (Mt 5,6). Sie werden zwar noch nicht mit jener Gerechtigkeit gesättigt, mit der kein Mensch gesättigt werden und am Leben bleiben kann, aber sie werden gesättigt mit allem andern, nach dem der Mensch früher begehrt hat, ohne gesättigt werden zu können.

8. Die Heilung und Integration von Wille, Vernunft und Erinnerungsvermögen.
Von da an wird der Wille aufhören, sich den Leib zur Befriedigung der früheren Begierden dienstbar zu machen; er wird ihn der Vernunft zur Verfügung stellen und ihn kraftvoller dazu drängen, der Gerechtigkeit und Heiligung zu dienen. Dabei wird sein Eifer nicht geringer sein als zuvor, wo er ihn der Ungerechtigkeit ausgeliefert hatte, um Unrecht zu tun.
XV.28. Nachdem nun die Willenskraft bereits verändert und der Leib in Dienstbarkeit gebracht ist, ist sozusagen die Quelle bereits ausgetrocknet und die Öffnung verstopft. Jetzt bleibt noch ein drittes, und das ist das Schwerste: jetzt muß noch das Erinnerungsvermögen gereinigt und der Schmutz daraus ausgeschöpft werden. Denn wie könnte mein Leben aus meinem Gedächtnis schwinden? Das schlechte und dünne Pergament hat die starke Tinte ganz aufgesogen, und wie soll sie nun daraus wieder getilgt werden? Denn sie hat es nicht nur auf der Oberfläche gefärbt, sondern hat es ganz durchsetzt. Ich würde vergeblich versuchen, sie abzuschaben: eher würde das ganze Blatt zerreißen, als daß die häßlichen Buchstaben daraus verschwänden. Vielleicht könnte die Erinnerung getilgt werden, indem ich einfach alles vergesse und mich wie ein Geistesschwacher nicht mehr an all das entsinne, was ich getan habe. Oder

wie könnte mein Erinnerungsvermögen ganz und heil bleiben, wenn es von seinen Flecken gereinigt würde? Welches Schabmesser brächte das zustande?

9. Nur Gottes Vergebung kann der Erinnerung an die Vergangenheit alles Bedrohliche nehmen.

Einzig und allein das lebendige und wirksame Wort, das durchdringender ist als jedes zweischneidige Schwert (Hebr 4,12): «Deine Sünden sind dir vergeben» (Mk 2,5). Gottes Vergebung tilgt die Sünde so, daß er sie nicht aus der Erinnerung herausschneidet. Aber vorher war die Sünde in der Erinnerung da und machte sie ständig krank, und nun ist sie nur noch da und verursacht keinerlei Beschmutzung mehr. Wir erinnern uns dann vieler Sünden, die wir oder andere begangen haben. Nur unsere eigenen Sünden beflecken uns; die fremden schaden uns nicht. Schämen wir uns ihrer nicht aus dem Grund besonders, weil wir fürchten, sie würden uns zur Last gelegt? Nimm die Verdammung weg, nimm weg die Furcht, nimm weg die Beschämung: denn die volle Vergebung hebt all das auf. Dann werden uns unsere Sünden nicht nur nicht schaden, sondern sogar zum Guten beitragen, weil wir uns dem, der sie uns vergeben hat, um so mehr zu Dank verpflichtet wissen.

XVI.29. Dem, der bereits um die Vergebung seiner Sünden bittet, wird ganz entsprechend die Antwort zuteil: *«Selig die Barmherzigen, denn sie werden Barmherzigkeit erlangen»* (Mt 5,7).

10. Den Frieden, den man im eigenen Haus hat, gilt es auf seine Mitmenschen auszudehnen.

Hab also Erbarmen mit deiner Seele, der du willst, daß Gott sich deiner erbarme. Wasche jede Nacht dein Bett mit Tränen; vergiß nicht, dein Lager mit Tränen zu benetzen. Wenn du mit dir selbst Mitleid hast, wenn du dich abmühst und im Geist der Buße stöhnst – das ist die erste Stufe der Barmherzigkeit –, dann wirst du auch Barmherzigkeit erlangen. Vielleicht bist du ein großer und vielfacher Sünder, und du suchst große Barmherzigkeit und vielfältiges

Erbarmen: dann mühe dich, auch *dein* Mitleid zu steigern. Du bist mit dir selbst ausgesöhnt, denn du warst dir selbst zur Last geworden, weil du dich zum Feind Gottes gemacht hattest. Hast du nun also in deinem eigenen Haus den Frieden wiederhergestellt, so mußt du ihn unbedingt zunächst auf deinen Nächsten ausdehnen, damit dich ganz am Ende Gott selbst mit dem Kuß seines Mundes küßt (Hld 1,1) und du, wie es in der Schrift heißt, ausgesöhnt bist und mit Gott Frieden hast (Röm 5,1). Vergib denen, die gegen dich gesündigt haben; dann wird auch dir vergeben, was du gesündigt hast, und du kannst mit sicherem Gewissen zu deinem Vater mit den Worten beten: «Vergib uns unsere Schuld, wie auch wir vergeben unseren Schuldigern» (Mt 6,12). Hast du jemanden betrogen, so gib es ihm wenigstens einfach zurück (vgl. Lk 19,7); was übrigbleibt, gib den Armen. Erweise Barmherzigkeit, und du wirst Barmherzigkeit erfahren. «Und wenn deine Sünden wie Scharlach wären, sie würden weiß wie Schnee; und wenn sie rot wie Purpur wären, sie würden weiß wie Wolle» (Jes 1,18). Damit du nicht wegen all deiner Machenschaften, die du dir geleistet hast und über die du dich jetzt schämst, verzweifelst, gib Almosen. Kannst du sie nicht von deiner irdischen Habe geben, so gib sie von deinem guten Willen. Dann ist alles geläutert (Lk 11,41): nicht nur deine Vernunft ist erleuchtet und deine Willenskraft in die rechte Bahn gebracht, sondern auch deine Erinnerungskraft ist gereinigt.

11. Unsere Sünde, nicht unser Leib ist die Trennwand vor der Schau Gottes.
Von da an wirst du zum Herrn gerufen, und du hörst, wie seine Stimme sagt: *«Selig, die ein reines Herz haben, denn sie werden Gott schauen»* (Mt 5,8).
XVII.30. Das ist eine große Verheißung, meine Brüder, nach der wir uns mit all unserer Sehnsucht ausstrecken sollten. Denn dieses Schauen ist die Bestätigung der Worte des Apostels Johannes: «Jetzt sind wir Söhne Gottes; aber noch ist nicht offenbar geworden, was wir sein werden. Wir wissen aber: wenn er offenbar wird, werden

wir ihm ähnlich sein, denn wir werden ihn schauen wie er ist»
(1 Joh 3,2). Dieses Schauen ist das ewige Leben, wie die Wahrheit
selbst im Evangelium sagt: «Das ist das ewige Leben, daß sie dich,
den einzig wahren Gott, erkennen, und den du gesandt hast, Jesus
Christus» (Joh 12,50).

Welch häßliche Beschmutzung ist das, die uns diese selige Schau
trübt, und welch abscheuliche Nachlässigkeit, mit der wir es immer
noch vor uns herschieben, dieses Auge zu läutern! Wie nämlich unser leibliches Auge entweder durch Flüssigkeit von innen oder
durch Staub von außen in seinem Sehvermögen beeinträchtigt
wird, so wird auch unser geistliches Auge zuweilen von den Süchten des eigenen Fleisches oder von unnützen Sorgen und vom Ehrgeiz um Weltliches getrübt. Unsere eigene Erfahrung lehrt uns das
genauso deutlich, wie es die Heilige Schrift sagt: «Der vergängliche
Leib belastet die Seele, und die irdische Wohnstatt drückt den vieldenkenden Sinn nieder» (Weish 9,15). Doch bei beidem ist es einzig die Sünde, was das Auge schwächt und trübt; nichts anderes als
sie stellt eine Trennwand zwischen dem Auge und dem Licht auf,
zwischen Gott und dem Menschen. Denn an der Tatsache, daß wir
fern vom Herrn in der Fremde leben (2 Kor 5,6), solange wir noch
in diesem Leib sind, ist nicht der Leib schuld, sondern der Umstand, daß dieses Fleisch, in dem nichts Gutes ist und in dem das
Gesetz der Sünde herrscht, noch ein Todesleib, oder besser: ein Leib
der Sünde ist.

*12. Der geistliche Genesungsprozeß ist langwierig und bedarf vieler Läu-
terungen.*

Wir wissen von unserem leiblichen Auge, daß es auch dann noch
getrübt sein kann, wenn der Balken nicht mehr darin steckt, sondern bereits herausgezogen und entfernt ist. Das gleiche erfährt öfter auch der Mensch, der im Geiste lebt, mit seinem inneren Auge.
Denn wenn du ein Eisen aus einer Wunde ziehst, ist diese Wunde
damit nicht sofort geheilt, sondern man muß dann erst noch Um-
schläge auflegen und sich weiter um die Genesung bemühen. So

braucht also niemand zu glauben, er sei sofort ganz rein, sobald er allen Unrat hinausgeschafft hat, sondern er muß wissen, daß er dazu noch vieler Läuterungen bedarf. Er muß nicht bloß mit Wasser gewaschen, sondern er muß auch noch durch Feuer gereinigt und geprüft werden, um sagen zu können: «Wir gingen durch Feuer und Wasser, und du hast uns an den wohltuend kühlen Ort geführt» (Ps 66,12).

«Selig» also, «die ein reines Herz haben, denn sie werden Gott schauen» (Mt 5,8). Jetzt zwar durch Spiegel und im Rätsel, in Zukunft aber von Angesicht zu Angesicht (1 Kor 13,12): dann nämlich, wenn unser Gesicht vollkommen rein sein wird und sich ganz herrlich vorstellen kann, makel- und faltenlos (Eph 5,27).

13. Drei Grade der Reife: der Friedliche – der Geduldige – der Friedensstifter.

XVIII.31. An dieser Stelle wird auch ganz zutreffend sofort angefügt: *Selig die Friedensstifter, denn sie werden Söhne Gottes genannt werden»* (Mt 5,9).

Ein *friedlicher* Mensch ist einer, der Gutes mit Gutem vergilt und, soweit es in seinem Vermögen steht, niemandem Schaden zufügen will. Daneben gibt es den *Geduldigen,* der nicht Böses mit Bösem vergilt und die Kraft hat, den, der sein Leben beeinträchtigt, zu ertragen. Und dann gibt es noch den *Friedensstifter,* der Böses mit Gutem vergilt und sogar bereit ist, dem, der sein Leben beeinträchtigt, zu helfen.

Der Friedliche ist wie ein Kind und läßt sich leicht aus der Fassung bringen; ein solcher kann in dieser schlechten und an erregenden Ärgernissen reichen Welt nicht leicht sein Heil erlangen. Der Geduldige ist, wie es in der Schrift heißt, «mit seiner Geduld Herr über seine Seele» (Lk 21,19). Und der Friedensstifter schließlich ist nicht nur Herr über seine Seele, sondern er gewinnt auch noch die Seelen vieler anderer.

Der Friedliche hat Frieden, solange man ihn in Ruhe läßt; der Geduldige wahrt den Frieden; der Friedensstifter schafft Frieden.

14. Die Vollendung: der mit Gott Versöhnte und andere Versöhnende wird ein Sohn Gottes.

Dem Friedensstifter wird zu Recht der glückliche Titel eines Sohnes verliehen, denn er erfüllt die Aufgabe des Sohnes: er nimmt seine eigene Versöhnung mit Gott nicht ohne weiteren Dank hin, sondern er versöhnt auch andere mit seinem Vater.

Wer schließlich seine Aufgabe gut erfüllt hat, der erreicht eine gute Stufe (1 Tim 3,13), und der Glaube sagt, daß es im Haus des Vaters keine bessere Stufe gebe als die des Sohnes. «Denn wenn ihr Söhne seid, dann auch Erben: Erben Gottes und Miterben Christi» (Röm 8,17). Christus hat es ja selbst gesagt: wo er sei, da solle auch sein Diener sein (Joh 12,26).

Der geistliche Weg als Heilungsprozeß

Aus der 18. Predigt über das Hohelied (Cant.)

Der geistliche Weg als Heilungs- und Heilsprozeß.
5. Der Arzt kommt zum Verwundeten: der Geist zur Seele. Immer noch ist sie vom Schwert des Teufels verwundet, auch wenn die große Krankheit des alten Vergehens im Heilbad der Taufe behoben ist. So kommt der Geist zur Seele. Sie sagt zu ihm: «Meine Wunden schwären und eitern angesichts meiner Torheit» (Ps 38,6).

Was muß der Geist also zunächst tun?

Zuallererst müssen das Geschwür oder die Wucherung, die infolge der Wunde entstanden sind und ihr Heilen hemmen, ausgeschnitten werden. Das heißt: mit dem Messer einer scharfen Reue muß die Geschwulst aller schlechten Gewohnheiten entfernt werden.

Das verursacht einen heftigen Schmerz. Man muß ihn mit der Salbe der Hingabe lindern. Sie besteht darin, daß man empfänglich für die Hoffnung wird und sich über Gottes Erbarmen und Nachsicht von Herzen freut. Erzeugt wird diese Freude von der Erfahrung, sich der Sünde enthalten und sie besiegen zu können. Die Seele spricht dann voll Dank: «Du hast meine Fesseln gesprengt; ich bringe dir mein Lobopfer dar» (Ps 116,16–17).

Dann wird der Verband der Buße angelegt: das Pflaster des Fastens, der Nachtwachen, der Gebete und vielleicht noch anderer Bußwerke.

Bei dieser Kur braucht die Seele etwas zu essen, um nicht schlapp zu machen: die Speise der guten Werke. Daß es einer solchen Speise bedarf, kannst du dem Wort entnehmen: «Meine Speise ist es, den Willen meines Vaters zu tun» (Joh 4,34). Deshalb sollen die Bemühungen um Buße von stärkenden Werken der Liebe begleitet sein. «Große Zuversicht verleiht das Almosen vor Gott dem Allerhöchsten» (Tob 4,12), heißt es.

Wenn man ißt, wird der Durst geweckt. Folglich muß man etwas trinken. So muß die Seele zur Nahrung des guten Werkes den Trank des Gebets hinzufügen. Er sorgt dafür, daß im Magen des Gewissens alle guten Taten verdaut und Gott anempfohlen werden. Indem sie betet, trinkt die Seele den Wein, der das Herz des Menschen erfreut (Ps 104,15), den Wein des Geistes, der berauscht und alle fleischlichen Süchte vergessen läßt. Er durchfeuchtet den trockenen Inhalt des Gewissens, verdaut die Speise der guten Werke und lenkt sie in alle Glieder der Seele: er stärkt den Glauben, kräftigt die Hoffnung, belebt und ordnet die Liebe und fördert das gesamte richtige Verhalten.

6. Was bleibt dem Kranken, nachdem er Speise und Trank zu sich genommen hat, jetzt noch zu tun? Er braucht sich nur noch Ruhe zu gönnen und sich nach allem Schweißvergießen bei seinen Taten der Ruhe der Kontemplation zu widmen. Er soll nun in der Kontemplation schlummern und von Gott träumen. Er soll Gott schauen, wenn auch noch im Spiegel und Rätsel, und vorerst noch nicht von Angesicht zu Angesicht (vgl. 1 Kor 13,12).

Allerdings ist das noch eher ein Ahnen als ein Schauen Gottes. Es geht rasch vorüber wie das jähe Aufblitzen eines vorüberfliegenden Funkens, rührt nur leicht an und läßt die Liebe aufglühen, so daß sie sagt: «Meine Seele sehnt sich nach dir bei Nacht, und mein Geist verlangt nach dir in meinem Innern» (Jes 26,9).

Eine solche Liebe ist voll Tatendrang. Eine solche Liebe paßt zum Freund des Bräutigams. Einer solchen Liebe bedarf der treue und kluge Knecht, den der Herr über sein Hauswesen gesetzt hat (Mt 24,45). Solche Liebe erfüllt, glüht, quillt über. Sie darf getrost nach außen drängen und sich ausschütten und sagen: «Wer ist schwach, und ich bin es nicht mit ihm? Wer nimmt Ärgernis, und ich nehme nicht brennend daran Anteil?» (2 Kor 11,29). Diese Liebe soll predigen, soll Frucht bringen, soll neue Zeichen setzen und neue Wunder wirken. Wo alles von der Liebe beherrscht wird, ist kein Raum mehr für die Eitelkeit. Denn die Liebe füllt das Gesetz und das Herz ganz aus (Röm 13,10), wenn sie ganz voll ist. Schließlich ist Gott die Liebe, und außer Gott als der Liebe gibt es nichts unter den geschaffenen Dingen, was das Geschöpf ausfüllen könnte, dieses Geschöpf, das nach Gottes Ebenbild erschaffen ist. Nur Gott ist größer als das Geschöpf.

Was sich im Menschen bei der Abkehr von Gott und bei der Rückkehr zu ihm abspielt, aufgezeigt am Gleichnis vom Verlorenen Sohn

8. Predigt über verschiedene Themen (Div.)

Unser Bild vom unwandelbaren Gott wandelt sich entsprechend unserem jeweiligen Zustand.

1. Wenn wir Gott verschiedene Namen geben und ihn einmal als unseren Vater, dann als unseren Meister oder als unseren Herrn anrufen, wollen wir damit nicht sagen, sein ganz einfaches und völlig unwandelbares Wesen nehme verschiedene Gestalten an. Wir bringen damit vielmehr zum Ausdruck, daß sich unsere Empfindungen ihm gegenüber vielfältig wandeln, ja nach den verschiedenen Stufen des Fortschritts oder der Schwäche, auf denen unsere Seele sich gerade befindet. Es gibt Seelen, die unter Gott wie unter einem Hausvater leben; andere leben unter ihm wie unter einem Herrn, andere wie unter einem Meister, andere wie unter einem Vater, und manche empfinden ihn als ihren Bräutigam. So hat es den Anschein, als entwickle sich Gott selbst mit dem Gottesbild der Menschen und verändere sich mit ihren Veränderungen. Aber Gott unterwirft nur die Geschöpfe dem Wandel, wie der Prophet sagt, bleibt selbst jedoch immer der gleiche, und seine Jahre enden nie (Ps 102, 27–28). Beachte auch, was der gleiche Prophet in einem anderen Psalm zu ihm sagt: «Mit dem Heiligen bist du heilig und mit dem unschuldigen Mann unschuldig und mit dem Auserwählten auserwählt», und er fährt fort, was uns noch mehr wundern muß, «mit dem Verkehrten bist du verkehrt». Um dann zu erläutern, auf welche Weise der Unveränderliche sich verändern läßt, oder besser: sich ändert, fügt er hinzu: «Denn du rettest das erniedrigte Volk und erniedrigst die Augen der Hochmütigen» (Ps 18, 26–27).

Die Trennung von Gott im Eigen-Willen, dargestellt am Gleichnis vom Verlorenen Sohn.
2. Aber weil «nicht zuerst das Geistliche, sondern zuerst das Tierhaft-Sinnenhafte kommt» (1 Kor 15,46), scheinen mir unserer Bekehrung vier Stufen vorauszugehen. Auf einer dieser Stufen stehen wir unter unserer eigenen Leitung, auf den drei anderen unter derjenigen des Fürsten dieser Welt (Joh 12,31).
Die Seele steht unter ihrer eigenen Leitung, wenn sie ihrem eigenen Willen folgt und sich dabei einer gefährlichen Freiheit erfreut. Das ist der Zustand jenes Verlorenen Sohnes, der sich den ihm zustehenden Anteil am väterlichen Erbe auszahlen ließ (Lk 15,12), nämlich seinen Verstand, sein Erinnerungsvermögen, seine körperlichen Kräfte und alle übrigen natürlichen Güter dieser Art, um sie nicht nach Gottes, sondern nach seinem eigenen Willen zu gebrauchen und wie ohne Gott in dieser Welt zu leben (Eph 2,12). Eine

Zeitlang ist da der Mensch sich selbst untertan, nämlich solange er seinem eigenen Willen Genüge tut und dabei noch nicht von Fehlern und Sünden besessen wird; denn wer sündigt, ist von da an nicht mehr sein eigener Knecht, sondern der Knecht der Sünde (Joh 8,34).

Aber nachdem der Mensch sich zunächst nur vom Vater getrennt und noch nicht von ihm entfernt hatte, reist er bald auch in ein fernes Land. Er packt seinen Anteil am väterlichen Erbe zusammen. Er wird sein eigener Herr. Er setzt sich zunächst von seinem Schöpfer ab, bleibt aber noch in seiner Nähe, solange er noch nichts gegen ihn tut. Das hält so lange an, wie er eigensinnige Dinge unternimmt, die zwar erlaubt, aber für ihn nicht förderlich sind. Wenn er sich dann auch von sich selbst entfernt, indem er auf die Wege der Sünde gerät, ist er bereits auf der Reise in das ferne Land. Denn nichts ist weiter vom höchsten und einzigartigen Sein entfernt als das, was in keiner Weise ist; und nichts ist weiter weg von Gott, durch den und in dem alles ist (Röm 11,36), als die Sünde, die das Nichts von allem ist.

Der Eigen-Wille genießt nur kurz seine Freiheit und gerät dann in eine erniedrigende Abhängigkeit.

3. Deshalb ist es eine gerechte Strafe des göttlichen Gerichts, daß sich ein anderer den fortgelaufenen Sohn des Vaters zum Knecht macht. So lesen wir, der in ein fremdes Land Gezogene (Lk 15,15) habe sich an einen Bürger dieses Landes gehängt. Ich denke, unter diesem Bürger ist kein anderer als einer der bösen Geister zu verstehen. Diese bösen Geister sind mit einer unwiderruflichen Hartnäckigkeit der Sünde verfallen und sind zur leibhaftigen Haltung der Bosheit und Schlechtigkeit geworden (Ps 73,3); sie sind nicht mehr bloße Gäste und Durchreisende, sondern sozusagen Bürger und angestammte Bewohner des Landes der Sünde.

Was heißt das nun, daß der arme junge Mann auf seiner Wanderung sich an einen Bürger gehängt habe? Doch wohl, daß er sich ihm unterstellt hat. Das Folgende zeigt ja auch, welche Formen dieses Anhängen angenommen hat. Da hast du es: «Er hängte sich an einen der Bürger dieses Landes, und der schickte ihn auf ein Landgut zum Schweinehüten» (Lk 15,13). Und beachte, daß es heißt, der Hunger habe ihn in die Not gebracht, sich an diesen üblen Bürger zu hängen. So lesen wir ja auch, daß Israel zur Zeit der Hungersnot nach Ägypten hinabgestiegen ist (Gen 46,6). Ein gefährlicher und heimtückischer Hunger ist das, der die Freien an das Elend der Knechtschaft ausliefert, sie zur Arbeit bei Lehm und Ziegel (Ex 1,14) verurteilt, zu Gefährten der Schweine macht, ja, schlimmer noch, sie zu Knechten der Schweine werden läßt. Wie konnte nur jemand, der so reich angekommen war, in solche Armut geraten? Er hatte doch alles zusammengepackt, was sein Anteil am väterlichen Erbe gewesen war? Zweifellos deshalb, weil er, wie schon erwähnt, seine Güter in einem verschwenderischen Leben mit Dirnen verschleudert hatte (Lk 15,13.30). Deshalb, heißt es, «begann er Mangel zu leiden» (Lk 15,14).

Der von Gott Fortgezogene verfällt den Begierden des Fleisches.
4. Unter diesen Dirnen versteh die Begierden des Fleisches, mit denen er in einem verschwenderischen Leben die guten Gaben seiner Natur verschleudert, indem er sie zur Ausschweifung mißbraucht. Die Folge kann nur, wie schon gesagt und wie die Schrift bezeugt, eine gefährliche Mangelkrankheit sein: denn das Auge läßt sich vom Sehen nicht sättigen und das Ohr vom Hören nicht füllen (Koh 1,8).
Er wird also hinausgeschickt, um die Schweine zu weiden (Lk 15,15), nämlich die Sinne des Leibes, die sich im Pfuhl des Schmutzes und des Unrats am wohlsten fühlen (2 Petr 2,22). Und sieh zu, ob das nicht vielleicht jene Schweine sind, in die die bösartigen Geister fahren, die aus dem Menschen ausgetrieben worden sind (Lk 8,33). Denn wenn die Sünde vom Ort unserer Vernunft, also aus unserem Geist, ausgetrieben wird, verbeißt sie sich in die Sinne unseres Leibes, wie der Apostel bezeugt: dem Geist nach stimme er mit dem Gesetz Gottes überein, aber sein Fleisch sei dem Gesetz der

Sünde unterworfen, das in unseren Gliedern steckt (Röm 7,22–23). Deshalb heißt es an einer anderen Stelle: «Ich weiß, daß in mir, das heißt in meinem Fleisch, nichts Gutes ist» (Röm 7,18).

Was ist also zu tun, wenn die unreinen Geister, auf diese Weise vom Menschen ausgetrieben, in den Schweinen hausen? Man muß nach den Heilmitteln der Tränen suchen und ins Wasser stürzen (Lk 8,33), deren Flut, wenn ausreichend groß, die Wurzel der Sünde in ihnen erstickt. Allerdings scheint es, als ob die völlige Tilgung der Sünde dem Ende des Lebens vorbehalten ist.

5. Ich habe das nur nebenbei ausgeführt, um damit deutlicher zu zeigen, auf welche Weise sich der böse Geist den Menschen unterwirft, den er unter der Leitung seines Eigen-Willens antrifft; es ist, als dringe ein starker Bewaffneter in ein Haus ein, in dem er einen armen und schwachen Bewohner antrifft, und besetze es (Lk 11,21; 14,21).

Drei Grade der Verfallenheit an die Sünde.

Meiner Ansicht nach sind die Menschen auf dreifache Weise dem Fürsten der Finsternis unterworfen (Eph 2,2; 6,12).

Auf die erste Weise sind sie es, wenn sie weder etwas dafür noch etwas dagegen unternehmen. Das ist bei denen der Fall, die noch nicht über den Gebrauch ihrer Freiheit verfügen. Wegen der Erbsünde sind sie dennoch schon Gefäße des Zornes (Röm 9,22), bis im Sakrament der Taufe ein Stärkerer kommt, den Starken fesselt und ihm seine Gefäße entreißt (Mt 12,29), nämlich der wahre Mose, der im Wasser kommt (Ex 2,10), und nicht nur im Wasser, sondern im Wasser und im Blut (1 Joh 5,6).

Auf die zweite Weise sind sie ihm unterworfen, wenn sie willentlich zustimmen, indem sie freiwillig sündigen.

Auf die dritte Weise, wenn sie es gar nicht mehr wollen, sondern bereits den Wunsch haben, zur Vernunft zu kommen, aber durch die Gewöhnung an die Sünde elend gefesselt sind, weil nach dem gerechten Urteil Gottes die im Schmutz Liegenden sich immer mehr beschmutzen (Röm 2,5; Offb 12,11).

Offensichtlich leidet jener Verlorene Sohn unter diesem dritten Zustand, und er lebt wirklich in tiefer Verlorenheit, denn er hat nicht nur sein Hab und Gut verschleudert, sondern der Unglückliche hat auch sich selbst einer elenden Knechtschaft unterworfen und hat sich unter die Sünde verkauft. Nun geht er in sich und sagt: «Wie viele Taglöhner im Haus meines Vaters haben Überfluß an Brot! Ich aber komme hier vor Hunger um» (Lk 15,17).

Die Sünde läßt die Ansprüche bescheiden werden.
Ich glaube, wenn jemand das an sich selbst erfahren hat, erkennt er sogleich, welch elenden Zustand des Geistes diese Worte anzeigen. Denn welcher Mensch, der sich in die Gewohnheit, zu sündigen, verstrickt hat, würde sich nicht glücklich schätzen, wenn ihm das Los zuteil würde, wie einer von denen sein zu können, die er in der Welt mittelmäßig dahinleben sieht, ohne große Vergehen, aber auch ohne daß sie suchen, was droben ist; also wenigstens wie einer von denen, die suchen, was auf der Erde ist (Kol 3,1–3)? «Wie viele Taglöhner im Haus meines Vaters haben Überfluß an Brot!» (Lk 15,17) sagt er, das heißt, haben ihren Trost an ihrer Unschuld und erfreuen sich eines guten Gewissens, «ich aber komme hier vor Hunger um», das heißt, werde von den unersättlichen Begierden meiner Sünden und den Süchten meiner Fehler gepeinigt. Man darf annehmen, daß er nicht eigentlich unter dem Hunger nach Brot und dem Durst nach Wasser, sondern unter dem Hunger und Durst nach dem Wort Gottes leidet, mit dem der Prophet Judäa droht (Am 7,11). Ich sage das nicht, weil das tatsächlich so sein muß, sondern weil der Arme, der unter die Sünde gebeugt ist, das so empfindet. Denn in Wirklichkeit haben diejenigen, deren Sinn ganz auf die Welt und auf Lohn ausgerichtet ist, gar kein so gutes Gewissen. Jedoch hält der zerknirschte Sünder jeden anderen, bei dem er, aus welchem Grund auch immer, keine Sünde sieht, für einen äußerst heiligen Menschen. Und so sagt er: «Mach mich wie einen deiner Taglöhner» (Lk 15,19).

6. Das ist also die erste Stufe, auf der die Menschen anfangen, unter Gottes Herrschaft zu leben, indem sie sich wie Taglöhner unter einem Hausvater benehmen. Es sind jene, die wir in der Welt leben sehen, und die keinerlei oder nur ganz geringe Sehnsucht nach den ewigen Gütern haben. Sie dienen Gott wie um Lohn und erbitten von ihm die irdischen Dinge, die sie gern haben möchten.

Schon auf die zweite Stufe unter der Herrschaft des Herrn setzt den Schritt, wer wie ein Knecht Angst vor dem Kerker hat und befürchtet, irgendwelchen Strafen zu verfallen. Auf dieser Stufe findet die Umkehr statt, der Auszug aus der Welt und der Einzug in das Leben. Deshalb ist zu lesen: «Der Anfang der Weisheit ist die Furcht des Herrn» (Spr 9,10). Und ein anderer Prophet sagt: «Von deiner Furcht haben wir empfangen, und wir haben den heilbringenden Geist geboren» (Jes 26,17–18 nach einer alten Version).

Die dritte Stufe ist schon ganz nah an dieser und sozusagen mit ihr vermischt. Das ist die Stufe derer, die noch Kinder in Christus sind und Milch brauchen (1 Kor 3,1–2); sie leben wie unter einem Lehrmeister und Erzieher (1 Petr 2,2; Gal 3,25).

Das trifft vor allem auf die Novizen (die Anfänger im Mönchsleben) zu, die zwar schon große Freude an heiligen Betrachtungen, an Tränen, am Psalmensingen und an den anderen Übungen dieser Art finden, aber doch noch wie Kinder in der Sorge leben, den Lehrmeister zu verärgern und dafür geschlagen zu werden oder die kleinen Geschenke nicht zu erhalten, mit denen sie ihr gütiger Erzieher gewöhnlich ermuntert. Sie bemühen sich, ständig den Herrn vor Augen zu haben (Ps 16,8) und sind verwirrt, wenn er einmal eine Stunde abwesend zu sein scheint. Sie fürchten nicht mehr wie Knechte die Strafen, sondern wie Kinder die Rutenschläge. Sie lernen die Zucht des Lehrmeisters, damit er sich nicht erzürnt und sie vom Weg abkommen (Ps 2,12). Denn wenn ihnen die Gnade, sich hingeben zu können, entzogen würde, käme ihnen alles lästig vor. Sie würden unter dem Gefühl des Überdrusses leiden und sozusagen innen, in ihrer Seele, Schläge beziehen, nämlich von ihren bitteren Gedanken. Das sind die Schläge, mit denen Gott seine Kinder züchtigt. Die eigene Erfahrung zeigt leichter, was damit gemeint ist, als eine Predigt. Deshalb sagt der Herr selbst durch den Propheten: «Wenn meine Söhne mein Gesetz verlassen» usw., «werde ich mit der Rute ihr Vergehen züchtigen und mit Schlägen ihre Sünden» (Ps 89,31.33).

Die Stufe des Kindesalters und der Furcht.
7. In diesen Anfängen, die wie das Kindesalter sind, wechseln sich also die Furcht des Herrn und die Züchtigung durch den Lehrmeister ab, und wer sich sorgfältig darum bemüht, findet sich bald in diesem, bald in jenem Zustand vor. Deshalb gibt sich Christus, als er zur noch jungen Kirche spricht, diese beiden Titel: «Ihr nennt mich Lehrmeister und Herr. Ihr nennt mich mit Recht so, denn ich bin es» (Joh 13,13). Unsere Novizen mögen hier ihren Platz erkennen und sich fleißig darum bemühen, treu auf ihm zu verharren. Vor allem ist für sie die Furcht wichtig: durch die Furcht können sie ihre vergangenen Sünden tilgen und sich vor zukünftigen hüten. Denn «die Furcht des Herrn», sagt die Schrift, «vertreibt die Sünde» (Sir 1,27): sowohl jene Sünde, die schon eingelassen ist, als auch jene, die noch einzudringen versucht. Beide vertreibt sie, die eine durch Reue, die andere durch festen Widerstand.
Aber weil «der Weg, der zum Leben führt, eng» und steil ist (Mt 7,14), braucht ihr, kleine Kinder in Christus, unbedingt einen Lehrer und Nährvater, der euch unterweist, führt und hegt und euch wie Kinder liebkost und tröstet, damit ihr mit eurem zarten Alter nicht umkommt. Deshalb mahne nicht ich euch, sondern der Lenker und Hirt der Kirche ruft euch zu: «Wie neugeborene Kinder verlangt vernünftig und ohne Falsch nach Milch», und zwar so, daß ihr nicht dabei stehenbleibt, «sondern ins Heil hineinwachst» (1 Petr 2,2). Eine andere Schriftstelle sagt das ausdrücklicher mit den Worten: «Freut euch mit großer Freude, alle, die ihr über sie traurig wart» – zweifellos über Jerusalem, denn von ihm war die Rede –, «und trinkt von der Milch und sättigt euch an den Brüsten

seiner Tröstung. Und wenn ihr von der Milch entwöhnt seid, nehmt die Speise zu euch, mit der seine Herrlichkeit beginnt» (Jes 66,10–11 nach einer alten Version).

Die Stufe des Sohnes.
8. Damit sind wir bei der Stufe des Sohnes, den sein Alter schon stark gemacht hat. Er lebt unter der Aufsicht seines Vaters und trinkt keine Milch mehr, sondern ernährt sich von fester Speise (Hebr 5,12). Er vergißt, was hinter ihm ist (Phil 3,1), das, worauf sein Knechtsauge voll Bitterkeit geruht hatte. Er kümmert sich auch nicht allzusehr um das Gegenwärtige und ist nicht auf die kleinen Tröstungen aus, wie sie die Kinder suchen, sondern er streckt sich nach dem aus, was vor ihm liegt, nach dem Siegespreis der himmlischen Berufung und dem Anfang der kommenden Seligkeit (Phil 3,13–14). Er wartet auf die selige Erfüllung seiner Hoffnung, auf die Ankunft der Herrlichkeit des großen Gottes (Tit 2,13). Alles Kindhafte hat er abgelegt (1 Kor 13,11). Er gibt sich nicht mehr damit ab, Tröstungen zu suchen, wie sie Kindern angemessen sind: süße Tröstungen, die nicht von Dauer sind.
Wer zu einem ausgewachsenen Mann geworden ist (Eph 4,13), muß im Haus seines Vaters weilen (Lk 2,49), sich nach seinem Erbe sehnen und ständig in der Meditation darum kreisen. Kann man den noch als Taglöhner betrachten, der auf das Erbe des Vaters bedacht ist und es mit ganzer Hingabe ersehnt und erwartet? Bezeugt doch der Prophet, daß das Erbe der Lohn für den Sohn, nicht für den Taglöhner ist: «Seinen Geliebten gibt er's im Schlaf, und siehe, das Erbe des Herrn ist der Lohn des Sohnes, der Frucht des Leibes» (Ps 127,2–3, Vulgata-Version buchstäblich).

Die Stufe der Braut.
9. Dennoch gibt es noch eine weitere Stufe, die höher und ersehnenswerter als diese ist: wenn das Herz durch und durch geläutert ist und die Seele nichts anderes mehr begehrt, nichts anderes mehr von Gott wünscht als Gott selbst. Sie hat durch häufige Erfahrung

gelernt, daß «der Herr gut zu denen ist, die auf ihn hoffen, zur Seele, die ihn sucht» (Klgl 3,25). So ruft sie aus dem tiefsten Empfinden ihres eigenen Herzens mit den Worten des Psalms: «Was habe ich denn im Himmel, und was möchte ich außer dir auf der Erde? Mein Fleisch und mein Herz vergehen, Gott meines Herzens. Und mein Anteil ist Gott in Ewigkeit» (Ps 73,25–26).

Eine solche Seele sucht nichts eigenes mehr; weder ihr Glück, noch ihre Herrlichkeit, noch irgend etwas sonst. Sie ist ganz frei von der Liebe zu sich selbst und geht ganz in Gott hinein. Ihr einziges und allumfassendes Sehnen richtet sich darauf, daß der König sie in sein Gemach einführt (Hld 1,3), damit sie ihn umarmen und genießen kann.

Dann beschaut sie ständig mit enthülltem Angesicht, soweit das möglich ist, die Herrlichkeit des himmlischen Bräutigams und wird in das gleiche Bild umgeformt von Klarheit zu Klarheit, wie vom Geist des Herrn (2 Kor 3,18). Deshalb verdient sie zu hören: «Ganz schön bist du, meine Freundin» (Hld 4,7). Und sie wagt zu sagen: «Mein Geliebter gehört mir, und ich gehöre ihm» (Hld 2,16). Und mit diesem seligsten und herrlichsten Austausch zärtlicher Worte erfreut sie sich der Herrlichkeit mit ihrem Bräutigam.

Der Stufenweg der Erkenntnis: Erkenntnis und Liebe seiner selbst – seiner Mitmenschen – Gottes

Aus der Abhandlung «Über die Stufen der Demut und des Stolzes» (Grad.)

Drei aufeinanderfolgende Stufen der Erkenntnis: die Erkenntnis der Wahrheit in uns selbst – in unseren Mitmenschen – in ihrem Wesen an sich.

III.6. Wir ergründen die Wahrheit in drei Stufen: in uns, in unseren Mitmenschen, in ihrem Wesen.

In uns ergründen wir sie, indem wir uns selbst beurteilen; in unseren Mitmenschen, indem wir ihre Leiden mitfühlen; in ihrem Wesen, indem wir sie mit reinem Herzen schauen. Beachte hierbei, daß diese Aufzählung auch die Reihenfolge angibt. Laß dir zunächst von der Wahrheit selbst beibringen, daß du ihr Wesen zuerst in deinen Mitmenschen herausfinden mußt, ehe du es in sich selbst ergründen darfst. Und dann wirst du einsehen, warum du, noch ehe du sie in deinen Mitmenschen erforschen kannst, bei dir selbst suchen mußt.

Das Mitleid erfaßt die Wahrheit im andern Menschen.
Als die Wahrheit (d.i. Christus) in ihrer Predigt die verschiedenen Seligkeiten aufgezählt hat, hat sie die Mitleidenden vor die Herzensreinen gestellt. Mitleidende erfassen rasch die Wahrheit in ihren Mitmenschen, denn sie weiten ihre Zuneigung auf diese aus. Durch die Liebe werden sie mit ihnen derart gleichförmig, daß sie ihre Stärken und ihre Schwächen wie ihre eigenen Stärken und Schwächen empfinden. Sie sind mit den Schwachen schwach und brennen mit denen, die Ärgernis erleiden (2 Kor 11,29). Es ist ihre feste Gewohnheit, «sich zu freuen mit den Frohen und zu weinen mit den Weinenden» (Röm 12,15). Wenn sie so durch die brüderliche Liebe das Sehvermögen ihres Herzens geschärft haben, genießen sie die Freude, die Wahrheit in ihrem Wesen zu schauen, der zuliebe sie das Leid anderer mittragen.
Wie könnten dagegen solche Menschen die Wahrheit in ihrem Mitmenschen erfassen, die nicht in dieser Weise mit ihren Brüdern mitempfinden, sondern im Gegenteil die Weinenden verspotten oder den Frohen die Freude vergällen, weil sie deren Empfinden nicht mitvollziehen können? Gut paßt auf sie die allgemeine Redewendung: «Ein Gesunder weiß nicht, was ein Kranker empfindet, und ein Satter weiß nicht, was ein Hungriger leidet.» Ein Kranker wird mit einem Kranken und ein Hungriger wird mit einem Hungrigen umso tiefer mitleiden können, je näher sie sich infolge ihrer Lage sind. Denn wie man die reine Wahrheit nur mit reinem

Herzen schauen kann, so kann man auch das Leiden des Bruders am besten mit einem Herzen mitleiden, das selbst leidet.

Nur ein leidendes Herz kann ganz im Mit-leid bei einem anderen Menschen sein; deshalb wollte Gott selbst in Jesus Christus leiden.
Doch um wegen des Leides eines anderen selbst ein leidendes Herz zu bekommen, mußt du zunächst dein eigenes Herz erkennen. Dann kannst du in deinem eigenen Herzen das Herz deines Mitmenschen erkennen, und du weißt dann aus deiner eigenen Erfahrung, wie du ihm zu Hilfe kommen kannst. Das Vorbild dafür gibt unser Erlöser, der leiden wollte, um mitleiden zu können; er wollte selbst in einen erbärmlichen Zustand geraten, um sich wirklich erbarmen zu können. Wie von ihm geschrieben steht, daß er «durch das, was er erlitt, den Gehorsam gelernt hat» (Hebr 5,8), so wollte er auch das Mitleiden lernen. Nicht etwa, daß er vorher kein Erbarmen gekannt hätte, denn «sein Erbarmen währt von Ewigkeit zu Ewigkeit» (Ps 103,17); aber was er kraft seines Wesens von Ewigkeit her kannte, das wollte er in zeitlicher Erfahrung lernen.

8. Jesus «mußte in allem seinen Brüdern ähnlich werden» (Hebr 2,17), das heißt, es war unbedingt notwendig, daß er wie wir leidensfähig wurde und alle unsere erbärmlichen Zustände – die Sünde ausgenommen – durchmachte (Jak 5,17; Hebr 4,15). Wenn du fragst: «Wozu war das notwendig?», dann bekommst du zur Antwort: «Damit er barmherzig würde» (Hebr 2,16). «Denn in dem, worin er selbst gelitten hat und angefochten worden ist, hat er auch Vollmacht, denen, die angefochten werden, zu helfen» (Hebr 2,18). Ich sehe nicht, was man unter diesen Worten Besseres verstehen könnte als: er wollte deshalb leiden und angefochten werden, wollte, «ausgenommen die Sünde» (Hebr 4,15), an allen menschlichen Erbärmlichkeiten Anteil haben – und das bedeutet ja: «in allem seinen Brüdern gleich werden» (Hebr 2,17) –, damit er aus eigener Erfahrung lernte, mit denen, die ebenso leiden und angefochten werden, Erbarmen und Mitleid zu haben.

9. Ich sage nicht, daß er durch diese Erfahrung klüger werden, sondern daß er uns näherkommen wollte. Er hielt es nicht für unter seiner Würde, die schwachen Kinder Adams als Brüder anzunehmen und sie so zu nennen. Sie sollten ihm bedenkenlos ihre Schwächen anvertrauen können. Er konnte sie als Gott heilen und wollte sie zugleich als ihr Bruder heilen. Und weil er das gleiche gelitten hatte, kannte er sie auch genau. Darum nennt ihn Jesaja «den Mann der Schmerzen, der die Schwachheit kennt» (Jes 53,3). Und der Apostel sagt: «Denn wir haben keinen Hohenpriester, der nicht mit unseren Schwachheiten mitleiden könnte» (Hebr 4,15). Warum er mitleiden kann, sagt er, indem er anfügt: «sondern einen, der in allem ähnlich wie wir angefochten worden ist, doch ohne Sünde war» (Hebr 4,15).

Der leidende Christus hält uns Gottes Erbarmen sichtbar vor Augen.
12. O Ratschluß unaussprechlicher Liebe! Wie wäre uns jemals der Gedanke gekommen, daß es ein derart wunderbares Erbarmen gebe, wenn es nicht im Leiden greifbare Gestalt angenommen hätte? Wann wären wir auf jenes unerdenkliche Mitleid für uns aufmerksam geworden, wenn es nicht im Leiden offenbar geworden wäre und doch mit der Leidensunfähigkeit vereint bliebe? Wenn jedoch nicht bereits vorher dieses Erbarmen, das kein Elend kennt, bestanden hätte, dann wäre Christus auch nicht zur Barmherzigkeit vorgestoßen, deren Mutter das Elend ist. Wäre er nicht zu ihr vorgestoßen, dann hätte er uns nicht an sich gezogen; und hätte er uns nicht angezogen, dann hätte er uns auch nicht herausgezogen. Woraus hat er uns gezogen? Nicht etwa aus dem Sumpf des Elends und dem schlammigen Kot (Ps 40,3)?

Die Grundvoraussetzung für das Erbarmen mit anderen: sich seiner eigenen erbärmlichen Lage bewußt werden.
IV.13. Wenn also *der* erbärmlich geworden ist, der nicht in einer erbärmlichen Lage war, um aus eigener Erfahrung kennenzulernen, was er vorher schon kannte, um wieviel mehr mußt dann du, ich

130

sage nicht: dich zu etwas machen, was du nicht bist, sondern: nüchtern ins Auge fassen, was du bist. Denn du bist tatsächlich in einem erbärmlichen Zustand, und du kannst nur so lernen, mit anderen Erbarmen zu haben. Denn würdest du nur den üblen Zustand deines Mitmenschen sehen und dabei deinen eigenen ganz entsprechenden Zustand nicht im Auge haben, dann könnte es leicht sein, daß du dich nicht zum Erbarmen, sondern zum Ärger bewegen ließest, und folglich nicht zum Unterweisen im Geist der Milde, sondern zum Dreinschlagen im Geist der Wut. Der Apostel sagt: «Ihr, die ihr Geistliche seid, unterweist solche Menschen im Geist der Milde» (Gal 6,1). Der Apostel rät, nein, trägt auf, du sollest dem kranken Bruder im Geist der Milde zu Hilfe kommen, also mit dem selben Geist, den auch du zu deiner Hilfe erwartest, wenn du krank bist. Und damit du weißt, wie du zur Milde gestimmt werden kannst, wenn du jemanden vor dir hast, der sich vergangen hat, sagt er: «Hab auf dich selbst acht, damit du nicht selbst angefochten wirst!» (Gal 6,1).

Selbsterkenntnis führt zur Milde mit anderen.
14. Es lohnt sich, genauer zu betrachten, wie gut sich der Schüler der Wahrheit an die Reihenfolge halten soll, die der Lehrmeister angibt. In den Seligpreisungen, die wir oben erwähnt haben, werden die Barmherzigen vor den Herzensreinen genannt, und ebenso kommen die Milden vor den Barmherzigen. Und auch der Apostel hat hinzugefügt: «im Geist der Milde» (Gal 6,1), als er die geistlich Gesinnten ermahnte, die fleischlich Gesinnten zu unterweisen. Die Unterweisung der Brüder ist Sache der Barmherzigen, der Geist der Milde ist Sache der Milden. Es ist, als wollte er damit sagen: «Keiner kann als Barmherziger angesehen werden, der nicht in sich selbst mild ist.»
Sieh also, wie der Apostel eindeutig sagt, was ich oben versprochen habe darzulegen: nämlich daß wir die Wahrheit zuerst in uns selbst suchen müssen, ehe wir sie in unseren Mitmenschen finden können: «Hab auf dich selbst acht» (Gal 6,1), sagt er, und er meint: Hab

acht darauf, wie leicht du dich anfechten läßt und wie rasch du zur Sünde neigst. Wenn du auf dich selbst acht hast, wirst du milde, und dann kannst du anfangen, anderen «im Geist der Milde» zu Hilfe zu kommen. Hörst du jedoch nicht auf die Mahnung des Schülers, dann bleibt dir nur das Erschrecken vor dem Vorwurf des Meisters: «Du Heuchler, zieh zuerst den Balken aus deinem Auge, und dann sieh zu, daß du den Splitter aus dem Auge deines Bruders entfernst!» (Mt 7,5). Ein großer und roher Balken im Auge ist die Überheblichkeit im Geist. Ihre Aufgedunsenheit ist nichtig, ungesund, eine schwammige Geschwulst, die das Auge des Herzens verfinstert und die Wahrheit verdunkelt. Wenn sie deinen Geist in Beschlag nimmt, bis du nicht mehr in der Lage, dich selbst zu sehen und zu empfinden, wie du bist oder wie du sein kannst, sondern du hältst dich dann für den, der du gern sein möchtest oder zu sein meinst oder zu werden hoffst.

Die zweite Stufe: im Licht der Wahrheit erscheint alles Bauen auf Menschen trügerisch.
15. Wenn der Mensch die Wahrheit in sich gefunden hat, oder man kann auch sagen: sich in der Wahrheit gefunden hat, wird er sagen können: «Ich habe geglaubt, deshalb habe ich geredet; ich bin aber sehr gedemütigt worden» (Ps 116,10). Dann soll er auf die Höhe des Herzens steigen, damit die Wahrheit hochgehoben werde, und, auf die zweite Stufe gelangt, soll er ganz außer sich sagen: «Jeder Mensch ist ein Lügner» (Ps 116,11).
V.16. Inwiefern «außer sich»? Zweifellos in dem Sinn, daß er sich ganz außerhalb seiner selbst stellt und der Wahrheit anhängt und sich von da aus selbst beurteilt. In diesem Außersichsein also soll er sagen, nicht unwillig und voll Ärger, sondern voll Mitleid und Sympathie: «Jeder Mensch ist ein Lügner». Jeder Mensch ist schwach, jeder Mensch ist armselig und hilflos, und er kann weder sich noch einen anderen retten. Das ist im gleichen Sinn gemeint, wie wenn es heißt: «das Roß ist trügerisch zur Hilfe» (Ps 33,17). Auch damit soll nicht gesagt sein, daß das Roß irgendjemanden be-

132

trüge, sondern es bedeutet, daß der sich selbst betrügt, der auf die Stärke des Rosses sein Vertrauen setzt. Und so «ist auch jeder Mensch ein Lügner», das heißt er ist gebrechlich und wankelmütig, und weder sein eigenes noch das Heil anderer läßt sich von ihm erhoffen; im Gegenteil, wer seine Hoffnung auf einen Menschen setzt, rennt ins Unheil.

Angeführt von der Wahrheit, macht der demütige Prophet also Fortschritte. Er sieht das, was er bei sich selbst betrübt festgestellt hatte, auch bei anderen. Indem sein Wissen zunimmt, soll auch sein Schmerz zunehmen, und er soll ganz grundsätzlich sagen, wie es tatsächlich ist: «Jeder Mensch ist ein Lügner».

Zur Verdeutlichung: Der Pharisäer betrachtete sich als Ausnahme und war überheblich; David wußte, daß er wie alle Menschen war und war demütig.

17. Sieh, wie völlig anders jener hochmütige Pharisäer von sich dachte. Was äußerte er über sich, als er ganz außer sich war? «Gott, ich danke dir, daß ich nicht wie die übrigen Menschen bin» (Lk 18,11). Er triumphiert im Gedanken, daß er ein einmaliger Fall sei, und er beleidigt überheblich die anderen. David war da anders. Er sagte: «Jeder Mensch ist ein Lügner». Er nimmt keinen davon aus, um keinen in Illusionen zu wiegen, denn er weiß: «alle haben gesündigt, und alle bedürfen der Herrlichkeit Gottes» (Röm 3,23). Der Pharisäer macht sich einzig über sich selbst Illusionen, weil er sich als einzigen ausnimmt und die anderen verurteilt. Der Prophet dagegen schließt sich nicht vom allgemeinen erbärmlichen Zustand aus, um nicht vom Erbarmen ausgeschlossen zu werden; der Pharisäer wischt das Erbarmen beiseite, weil er so tut, als sei er nicht im Elend. Der Prophet sagt sowohl von allen wie von sich selbst: «Jeder Mensch ist ein Lügner»; der Pharisäer bestätigt das für alle anderen, außer für sich selbst: «Ich bin nicht wie die übrigen Menschen.» Und er dankt Gott, nicht weil er gut, sondern weil er ein einmaliger Mensch ist; nicht so sehr für das Gute, das in ihm ist, sondern eher für das Schlechte, das er bei anderen sieht. Er hat aus

seinem Auge den Balken noch nicht entfernt und zählt bereits die Splitter in den Augen seiner Brüder, denn er fügt hinzu: «... die Ungerechten, die Räuber» (Lk 18,11).

Ich denke, daß ich nicht umsonst etwas von meinem Thema abgeschweift bin, wenn du nun deutlich gesehen hast, worin der Unterschied zwischen diesen beiden Weisen des Außersichseins besteht.

Wer seine eigene Erbärmlichkeit sieht und annimmt, wird barmherzig mit anderen.

18. Jetzt müssen wir zum Thema zurückkehren.

Für die Menschen, denen die Wahrheit bereits geholfen hat, sich selbst zu erkennen und dadurch in ihren eigenen Augen gering zu werden, ist die unweigerliche Folge, daß sie alles, was sie geliebt haben, und auch sich selbst bitter finden. Denn wenn sie sich selbst vor Augen stellen, sind sie gezwungen, sich so zu sehen, wie sie sogar von sich selbst gesehen zu werden sich schämen. So mißfällt ihnen sogar ihr eigener Zustand; sie sehnen sich nach dem, was sie nicht sind und wissen zugleich, daß sie das nie aus eigener Kraft erreichen können. Deshalb trauern sie zutiefst über sich selbst und finden als strenge Richter nur darin einen Trost für ihre Liebe zur Wahrheit, daß sie nach der Gerechtigkeit hungern und dürsten und in ihrem Abscheu über sich selbst von sich strengste Genugtuung und Besserung für die Zukunft verlangen. Aber sie sehen ein, daß ihre eigenen Kräfte dazu niemals ausreichen werden – denn auch wenn sie alles getan haben, was ihnen aufgetragen worden ist, bezeichnen sie sich als unnütze Knechte (Lk 17,10) –, und fliehen deshalb von der Gerechtigkeit zur Barmherzigkeit. Sie gelangen zur Barmherzigkeit, indem sie dem Rat der Wahrheit folgen: «Selig die Barmherzigen, denn sie werden Barmherzigkeit erlangen» (Mt 5,7). Das ist die zweite Stufe der Wahrheit, auf der sie diese Wahrheit in ihren Mitmenschen suchen. Der Blick auf die eigenen Nöte öffnet den Blick für die Nöte der anderen; und durch das, was man selbst erleidet, wird man fähig, mit anderen Leidenden mitzuleiden.

Das Auge des Herzens wird geläutert durch Weinen, durch Hunger nach Gerechtigkeit und durch Werke der Barmherzigkeit.
VI.19. Alle, die ihre Kraft und ihre Liebe für die Sünde verwendet haben und spüren, daß sie sich von der Wahrheit entfremdet haben und nun unter der Last der Schwachheit und Ratlosigkeit leiden, sollen ihre Kraft in Seufzen und ihre Liebe in Trauer umwandeln; sie sollen die Schwachheit ihres Fleisches mit dem Einsatz für die Gerechtigkeit und ihre Ratlosigkeit mit Freigebigkeit bekämpfen. Denn wenn sie jetzt keinen Sinn für die Wahrheit im Gewand des Bedürftigen, Nackten und Schwachen haben, werden ihnen zu spät die Augen vor dieser Wahrheit aufgehen, wenn sie mit großer Macht und Stärke als furchterregende und anklagende Macht kommt. Sie werden dann vergebens bebend zur Antwort geben: «Wann haben wir dich bedürftig gesehen und haben dir nicht gedient?» (Mt 25,44). Dann wird eindeutig «der Herr erkannt, wenn er Gericht hält» (Ps 9,17), während er jetzt verkannt wird, wenn er Barmherzigkeit sucht. Und dann «werden sie auf den schauen, den sie durchbohrt haben» (Joh 19,37), und die Habgierigen werden ihn sehen als den, an dem sie achtlos vorbeigegangen sind.
So wird also das Auge des Herzens von aller Beschmutzung, Schwachheit und Unwissenheit, die es sich in falschem Eifer zugezogen hat, durch Weinen, durch den Hunger nach Gerechtigkeit und durch beharrliche Werke der Barmherzigkeit gereinigt, und die Wahrheit verspricht ihm, daß es sie in ihrer Reinheit schauen darf: «Selig, die reinen Herzens sind, denn sie werden Gott schauen» (Mt 5,8).

Drei Stufen des Erfaßtwerdens von der Wahrheit: Demut – Mitleid – Ekstase; ihnen entsprechen drei Verhaltensweisen: vernünftige Selbstkritik – liebevolle Zuneigung zum Mitmenschen – sich hinreißen lassen von Gott.
Es gibt also drei Stufen oder Zustände der Wahrheit: Auf die erste Stufe gelangen wir, indem wir uns um Demut bemühen, auf die zweite, indem wir Mitleid mit anderen empfinden, auf die dritte

Stufe, indem wir in der Schau Gottes uns selbst genommen werden. Auf der ersten Stufe gibt sich die Wahrheit streng, auf der zweiten liebevoll, auf der dritten rein. Auf die erste Stufe führt die Vernunft, mit der wir uns selbst kritisch prüfen; auf die zweite führt die Zuneigung der Liebe, mit der wir uns anderer erbarmen; auf die dritte reißt uns die Lauterkeit, mit der wir zur Schau des Unsichtbaren erhoben werden.

Die Zuordnung dieser drei Stufen zu den drei göttlichen Personen: der Sohn lehrt die Demut, der Geist schenkt die Liebe, der Vater nimmt in die Herrlichkeit auf.

VII.20. Mir scheint hier ein wunderbares Wirken aufzuleuchten, das auf die drei Personen der unteilbaren Dreifaltigkeit aufgeteilt ist – soweit überhaupt ein Mensch, der in der Finsternis sitzt, diese unaussprechliche Aufgabenteilung der zusammenwirkenden Personen erfassen kann.

Jedenfalls kommt mir vor, als wirke auf der ersten Stufe der Sohn, auf der zweiten der Heilige Geist, auf der dritten der Vater. Willst du hören, was der Sohn wirkt? Er sagt: «Wenn ich, euer Herr und Meister, euch die Füße wasche, um wieviel mehr müßt dann ihr einander die Füße waschen?» (Joh 13,14). Der Lehrmeister der Wahrheit hat seinen Jüngern die Art und Weise der Demut überliefert, in der ihnen auf der ersten Stufe die Wahrheit einleuchten soll.

Höre auch, wie der Heilige Geist wirkt: «Die Liebe ist in unseren Herzen ausgegossen durch den Heiligen Geist, der uns gegeben ist» (Röm 5,5). Die Liebe ist eine Gabe des Heiligen Geistes. Sie bewirkt, daß die, welche unter Anleitung des Sohnes durch die Demut bereits bis auf die erste Stufe der Wahrheit gelangt sind, unter Anleitung des Heiligen Geistes mit ihren Mitmenschen Mitleid bekommen und so auf die zweite Stufe gelangen.

Höre auch über den Vater: «Selig bist du, Simon, Bar Jona, nicht Fleisch und Blut haben dir das offenbart, sondern mein Vater, der im Himmel ist» (Mt 16,17) und: «Ich preise dich, Vater, denn du hast dies vor den Klugen verborgen und es den Unmündigen offenbart» (Mt 11,25).

Siehst du, wie der Sohn zunächst die Menschen durch sein Wort und Beispiel in die Demut führt, wie darauf der Geist über sie die Liebe ausgießt, und wie sie dann der Vater in seiner Herrlichkeit aufnimmt? Der Sohn macht sie zu Jüngern, der Beistand tröstet sie als Freunde, der Vater erhöht sie als Söhne. Und weil ganz richtig nicht nur der Sohn, sondern auch der Vater und der Heilige Geist als «Wahrheit» bezeichnet werden, ergibt sich daraus, daß ein und dieselbe Wahrheit unter Wahrung der Eigenart der Personen diese drei Wirkungen auf den drei Stufen hervorruft: zuerst unterweist sie als Lehrmeister; dann tröstet sie wie ein Freund oder Bruder; und schließlich zieht sie an ihr Herz wie ein Vater seine Söhne.

Der Sohn richtet die Vernunft auf und führt sie zur Demut.

21. Der Sohn Gottes, das WORT und die Weisheit des Vaters, findet zunächst jenes Vermögen unserer Seele, das wir die Vernunft nennen, vom Fleisch niedergedrückt vor, von der Sünde gefesselt, durch Unwissenheit blind und an äußere Dinge ausgeliefert. Er reicht ihr voll Güte die Hand, richtet sie kraftvoll auf, unterweist sie voll Klugheit und führt sie in ihr Inneres. Es gelingt ihm wunderbar, sie als seine eigene Stellvertreterin einzusetzen und sie als Richterin über sich selbst zu bestellen. Sie wird dann aus Ehrfurcht vor dem WORT, mit dem sie vermählt ist, ihre eigene Anklägerin, Zeugin und Richterin und wird zur Sachwalterin der Wahrheit gegen sich selbst. Aus dieser ersten Vermählung des WORTES mit der Vernunft wird die Demut geboren.

Der Heilige Geist entzündet die Willenskraft zur Liebe.

Einen anderen Teil der Seele nennt man die Willenskraft. Sie ist vom Gift des Fleisches angesteckt, ist aber bereits von der Vernunft untersucht worden. Nun kommt der Heilige Geist mit seiner Gnade zu ihr, läutert sie behutsam und steckt sie mit der Glut seiner Liebe an, so daß sie barmherzig wird. Sie ist wie eine Haut, die man einsalbt und die dadurch elastisch wird. Mit der himmlischen Salbe des Heiligen Geistes behandelt, dehnt sie sich in Zuneigung bis zu ihren Feinden hin aus. Und so kommt aus dieser zweiten Vermählung, derjenigen des Heiligen Geistes mit der Willenskraft des Menschen, die Liebe zur Welt.

Der Vater nimmt die Seele in seine Arme und erschließt ihr seine Geheimnisse.

Beide Teile, die Vernunft und die Willenskraft; die eine vom Wort der Wahrheit unterwiesen, die andere vom Geist der Wahrheit angeweht; jene mit dem Hyssop der Demut besprengt, diese vom Feuer der Liebe entflammt; beide also stellen endlich eine vollkommene Seele dar, die infolge ihrer Demut ohne Makel, infolge ihrer Liebe ohne Runzel ist und in der weder die Willenskraft gegen die Vernunft aufbegehrt noch die Vernunft die Wahrheit verkennt; diese Seele drückt der Vater als herrliche Braut ganz fest an sich. Dann kann die Vernunft nicht mehr an sich selbst denken, die Willenskraft nicht mehr an den Nächsten, sondern jene glückliche Seele kann nur noch voll Wonne das eine sagen: «Der König hat mich in sein Gemach eingeführt» (Hld 1,3;3,4).
Jetzt ist die Braut bestimmt würdig. Sie ist in die Schule der Demut gegangen, in der sie zunächst unter dem Sohn als Lehrmeister gelernt hat, bei sich selbst einzukehren, denn ihr war ja vorgehalten worden: «Wenn du dich nicht selbst kennst, dann geh hinaus und weide deine Böcke!» (Hld 1,7). Jetzt ist sie also bestimmt würdig, aus jener Schule der Demut vom Heiligen Geist in die Weinkeller der Liebe (Hld 1,3) geführt zu werden, unter denen zweifellos die Herzen der Mitmenschen zu verstehen sind. Und von dort soll sie, «geschmückt mit Blumen und erquickt mit Äpfeln» (Hld 2,5), nämlich mit einer guten Lebensart und mit heiligen Tugenden, endlich in das Gemach des Königs zugelassen werden, nach dessen Liebe sie krank ist. Dort ruht sie ein kleines Weilchen köstlich in seinen Umarmungen, nach denen sie sich so gesehnt hat, wenn für eine halbe Stunde ein Schweigen im Himmel (Offb 8,1) eintritt.

Sie selbst schläft zwar, aber ihr Herz wacht (Hld 5,2) und durchforscht in dieser Zeit die Geheimnisse der Wahrheit. Und wenn sie wieder zu sich zurückgekehrt ist, zehrt sie von der Erinnerung an sie. Dort schaut sie Unschaubares, hört Unaussprechliches, das kein Mensch aussprechen darf. Das übersteigt alles jenes Wissen, das eine Nacht der andern zuraunt. Doch ein Tag gibt das Wort an den andern Tag weiter (Ps 19,3), und unter Weisen darf von der Weisheit gesprochen und an geistliche Menschen darf Geistliches weitergesagt werden (1 Kor 2,13).

Das Hingerissenwerden zum Vater ist reine Gnade.

VIII.22. Glaubst du, Paulus habe diese Stufen nicht durchgemacht, der gesagt hat, er sei bis in den dritten Himmel hingerissen worden (2 Kor 12,2)? Aber warum «hingerissen» und nicht vielmehr «geführt»? Aus diesem Grund: Wenn ein solcher Apostel sagt, er sei an einen Ort hinge*rissen* worden, den er weder durch Belehrung finden noch an den er sich führen lassen konnte, dann kann ich, der ich zweifellos kleiner bin als Paulus, mir in keiner Weise einbilden, ich könne irgendwie aus eigener Kraft oder durch eigene Anstrengung in den dritten Himmel gelangen. Ich soll also weder auf meine eigene Kraft mein Vertrauen setzen, noch soll ich angesichts der Mühe den Mut verlieren. Denn wer gelehrt oder geführt wird, der bemüht sich, dem Lehrer oder dem Führer zu folgen, und er ist der Überzeugung, daß er sich Mühe gibt und etwas von sich aus tut, um an den angezielten Ort oder zu der gewünschten Einsicht zu kommen. Er kann sagen: «Zwar nicht ich habe es geschafft, aber die Gnade Gottes mit mir» (1 Kor 15,10). Wer dagegen hinge*rissen* wird, bei dem fällt der Anteil seiner eigenen Bemühungen ganz aus; er wird ganz von fremder Kraft getragen, und er weiß gar nicht, wohin er getragen wird. So kann er sich weder rühmen, alles, noch irgend etwas selbst dazu getan zu haben. Er hat nichts aus sich dazutun können, noch hat er mit einem anderen irgendwie zusammenarbeiten können.

Sohn und Geist kommen dem Menschen entgegen, um ihn zum Vater im Himmel zu führen.

Der Apostel konnte deshalb wohl in den ersten und auch in den mittleren Himmel mit einem Führer und mit fremder Hilfestellung selbst aufsteigen; aber um in den dritten Himmel vorzustoßen, mußte er hinger*issen* werden. Wir lesen, daß der Sohn zu diesem Zweck herabgestiegen ist, um denjenigen zu helfen, die zum ersten Himmel aufsteigen wollen, und daß der Heilige Geist geschickt worden ist, um sie in den zweiten Himmel zu führen. Der Vater wirkt zwar immer zusammen mit dem Sohn und dem Heiligen Geist, aber von ihm lesen wir nirgends, daß er jemals vom Himmel herabgestiegen oder auf die Erde geschickt worden sei. Ich lese allerdings: «Die Erde ist voll der Barmherzigkeit des Herrn» (Ps 33,5) und: «erfüllt sind Himmel und Erde von deiner Herrlichkeit» (Sanctus der Messe; vgl. Jes 6,3) und viele ähnliche Aussagen. Vom Sohn lese ich: «Als die Fülle der Zeit gekommen war, sandte Gott seinen Sohn» (Gal 4,4), und der Sohn sagt von sich selbst: «Der Geist des Herrn hat mich gesandt» (Jes 61,1). Und beim gleichen Propheten: «Und jetzt hat mich der Herr und sein Geist gesandt» (Jes 48,16). Ich lese vom Heiligen Geist: «Der Tröster aber, der Heilige Geist, den der Vater in meinem Namen senden wird» (Joh 14,26) und: «Wenn ich aufgenommen sein werde, werde ich ihn euch senden» (vgl. Joh 17,6), nämlich zweifellos den Heiligen Geist. Den Vater aber finde ich seiner Person nach, obgleich er nirgendwo nicht ist, trotzdem nirgendwo anders als in den Himmeln, wie es im Evangelium heißt: «Und mein Vater, der in den Himmeln ist» (Mt 6,9).

23. Ich schließe daraus: Weil der Vater nicht herabgestiegen ist, mußte der Apostel, um ihn zu schauen, in den dritten Himmel gelangen. Er konnte zwar nicht in ihn hinaufsteigen, aber er erinnert sich, in ihn hingerissen worden zu sein. Kurz: «Niemand steigt in den Himmel hinauf außer dem, der vom Himmel herabgestiegen ist» (Joh 3,13).

Zusammenfassung: Der Sohn führt zur Demut, der Geist zur Liebe, der Vater reißt zur Wahrheit hin.

Die also der Sohn durch die Demut in den ersten Himmel ruft, vereinigt der Geist durch die Liebe im zweiten Himmel, und in der Kontemplation holt sie der Vater in den dritten Himmel empor. Im ersten lernen sie die Wahrheit kennen und werden demütig und sagen: «In deiner Wahrheit hast du mich gedemütigt» (Ps 119,75). Im zweiten freuen sie sich gemeinsam an der Wahrheit und singen mit dem Psalm: «Seht, wie ist es lieblich und gut, wenn Brüder in Eintracht beisammen wohnen» (Ps 133,1), denn von der Liebe heißt es in der Schrift: «Sie freut sich gemeinsam an der Wahrheit» (1 Kor 13,6). Im dritten Himmel werden sie zu den Geheimnissen der Wahrheit hingerissen und sprechen: «Mein Geheimnis ist mein, mein Geheimnis ist mein» (Jes 24,16).

IX. 24. Aber was durchlaufe ich armseliger Mensch mehr mit überflüssiger Geschwätzigkeit als mit lebendig ergriffenem Geist die beiden oberen Himmel, wo ich noch immer mühsam auf Händen und Füßen unterhalb des ersten Himmels dahinkrieche? Immerhin, ich habe mir schon mit der Hilfe dessen, der auch mich ruft, eine Leiter zu diesem ersten Himmel aufgestellt. Denn dorthin geht der Weg, auf dem er mir das Heil Gottes zeigen will. Schon erahne ich den Herrn, der oben steht und sich zu mir herabbeugt, schon höre ich die Stimme der Wahrheit und juble. Er hat mich berufen, und ich habe ihm zur Antwort gegeben: «Dem Werk deiner Hände wirst du deine Rechte reichen» (Ijob 14,15).

II. DIE BEGEGNUNG MIT GOTT IN DER ARMUT UND SCHWÄCHE CHRISTI

Der Glaube, der vom Hören kommt, erkennt Christus in seiner äußeren Unansehnlichkeit

Aus der 28. Predigt über das Hohelied (Cant.)

Liebe wagt es, durch ihr Sorgen und Mit-leiden äußerlich unansehnlich zu werden.

«Schwarz bin ich, doch schön, ihr Töchter Jerusalems, wie die Zelte Kedars, wie die Felle Salomos» (Hld 1,4).

1. Die Braut wird hier als schwarz bezeichnet «wie die Felle Salomos». Damit sind die Felle gemeint, mit denen der König Salomo sein Zelt bespannte. Diese Felle wurden unvermeidlich schwarz, weil sie tagtäglich der Sonnenhitze und dem Regen ausgesetzt waren. Aber das war nicht umsonst: denn so konnte der im Innern gehütete Schmuck in unversehrtem Glanz erhalten bleiben.

Versteht man den Vergleich so, dann leugnet die Braut nicht, daß sie schwarz sei, sondern sie bittet um Verständnis dafür, daß es so ist. Und sie schämt sich nicht einer Gestalt, die infolge der Liebe so geworden ist und dem Anspruch der Wahrheit voll standhalten kann. Ihre unansehnliche Schwärze ist schließlich eine Folge davon, daß es keinen Schwachen gibt, mit dem sie nicht schwach wird, und keinen, der sich ärgert, mit dem sie nicht brennt (2 Kor 11,29). Sie bestreicht sich mit der dunklen Farbe des Mitleidens, um beim anderen die Krankheit der Leidenschaft zu lindern oder zu heilen. Sie wird schwarz vor Sorge um das strahlende Weiß, um die Mehrung der Schönheit.

142

Christus hat aus Liebe freiwillig unsere Unansehnlichkeit geteilt.
2. Wenn ein einziger freiwillig das Schwarzwerden auf sich nimmt, hilft er vielen dazu, weiß zu werden. Dabei läßt er sich nicht von ihrer Schuld beschmieren, sondern von der sorgenden Liebe versehren. Es heißt, daß es besser sei, wenn *ein* Mensch für das Volk sterbe, als daß das ganze Volk zugrunde gehe (Joh 11,50). So ist es auch besser, daß einer für alle das Schwarzwerden «in der Gestalt des sündigen Fleisches» (Röm 8,3) auf sich nimmt, als daß das ganze Volk durch die Schwärze der Sünde verdammt wird. Es war besser, daß sich der Abglanz und das Ebenbild der Wesenheit Gottes (Hebr 1,3) in die Wolke der Knechtsgestalt hüllte, um dem Knecht das Leben zu vermitteln; daß der lichte Strahl des ewigen Lebens (Weish 7,26) im Fleisch schwarz wurde, um das Fleisch zu läutern; daß der Schönste von allen Menschenkindern (Ps 45,3) beim Leiden im Dunkel versank, am Kreuz in der Entehrung endete, beim Sterben in Blässe unterging, um die Menschenkinder in helles Licht zu tauchen; daß weder Gestalt noch Schönheit an ihm war (Jes 53,2), als er sich die Kirche als schöne, wohlgestaltete Braut ohne Makel und Runzel (Eph 5,27) erworben hat.

Ich erkenne in meiner Unansehnlichkeit Gott, meinen Erlöser.
Jetzt erkenne ich das Fell Salomos, ja ich umarme Salomo selbst in seinem schwarzen Fell. Denn auch an Salomo ist Schwärze, doch nur im Fell: außen ist er schwarz, seine Haut ist schwarz, aber innen ist er nicht schwarz. Es ist genau wie bei der Königstochter: «all ihre Herrlichkeit ist im Innern» (Ps 45,14). Im Innern ist der Lichtglanz der Gottheit, der Schmuck der Tugenden, die Strahlkraft der Gnade, die Reinheit der Unschuld. Aber das wird überdeckt von der wenig anziehenden Farbe der Schwachheit; sein Gesicht ist gleichsam verhüllt und verachtet (Jes 53,3), solange er in allem versucht und uns ähnlich wird, außer in der Sünde (Hebr 4,15). Ich erkenne die Gestalt seiner geschwärzten Natur; ich erkenne jene Gewänder aus Tierfellen (Gen 3,21), die Kleider unserer sündigen Stammeltern. Der Sohn Gottes machte sich selber

schwarz, «indem er Knechtsgestalt annahm, den Menschen gleich und im äußeren Ansehen wie ein Mensch wurde» (Phil 2,7). Ich erkenne auch unter dem Fell des Ziegenbockes (Gen 27,16), das die Sünde bedeutet, die Hand, die keine Sünde begangen, und den Nacken, den kein Gedanke an Böses gestreift hat; und deshalb war aus seinem Mund nichts Trügerisches zu hören (1 Petr 2,22).

Ich weiß, du bist mild von Natur, «sanftmütig und demütig von Herzen» (Mt 11,29), bezaubernd von Angesicht, betörend im Geist und dazu «gesalbt mit dem Öl der Freude, mehr als alle deine Gefährten» (Ps 45,8). Weshalb bist du jetzt so behaart, so rauh wie Esau? Wem gehört dieses runzlige, abscheuliche Gesicht? Woher kommen diese Haare? Es sind die meinen: denn die haarigen Hände sind ein Bild für die Ähnlichkeit mit dem Sünder. Ich erkenne diese Haare als die meinen wieder, und in meiner Haut schaue ich Gott, meinen Erlöser (Ijob 19,26).

Christus ist wie ich geworden, um meine Sache zu vertreten.
3. Doch nicht Rebekka hat ihn so gekleidet, sondern Maria; und er war des Segens um so würdiger, je heiliger seine Mutter war. Gut, daß er in meinem Kleid und Zustand vor den Vater trat, denn für mich hat er den Segen beansprucht, für mich das Erbe gefordert. Er hatte ja gehört: «Fordere von mir, und ich gebe dir die Völker zum Erbe, die Enden der Erde in deinen Besitz» (Ps 2,8). «Dein Erbe», heißt es, «und deinen Besitz gebe ich dir.» Weshalb *gibst* du es ihm, wenn es ihm ohnehin gehört? Und weshalb mahnst du ihn, es zu fordern? Oder wie kann es das Seinige sein, wenn er es von dir fordern muß? – Er verlangt es für *mich*. Deshalb hat er auch meine Gestalt angenommen, um meine Sache zu vertreten. Denn «die Züchtigung liegt um unseres Friedens willen auf ihm», sagt der Prophet, «und der Herr hat auf ihn unsere ganze Sünde geladen» (Jes 53,5). «Deshalb mußte er seinen Brüdern in allem gleich werden», sagte der Apostel, «um Barmherzigkeit zu lernen» (Hebr 2,17).
Darum «ist es zwar die Stimme Jakobs, aber es sind Esaus Hände» (Gen 27,22). Von *Ihm* stammt, was man von Ihm *hört;* was man an

Ihm *sieht*, stammt von *uns*. Seine Worte sind Geist und Leben (Joh 6,64), sein Aussehen ist Sterblichkeit und Tod. Wir sehen etwas anderes, als wir glauben. Das Sinnesorgan meldet Schwärze, der Glaube ertastet Weiße und Schönheit. Er ist schwarz, aber nur für die Augen der Toren; denn für die Herzen derer, die glauben, ist er voller Schönheit. Er ist schwarz, doch schön (Hld 1,4): schwarz nach der Meinung des Herodes, schön nach dem Bekenntnis des Schächers und nach dem Glauben des Hauptmanns.

Der Glaube durchschaut das verunstaltete Äußere auf die innere Schönheit hin.

4. Wie schön muß er in den Augen dessen gewesen sein, der ausrief: «Wahrhaftig, dieser Mensch war Gottes Sohn!» (Mk 15,39). Achten wir auf das, worauf er geachtet hat. Hätte er auf das geachtet, was ihm der Augenschein bot: wie hätte er ihn da als schön, wie hätte er ihn als Sohn Gottes erkannt? Hing er nicht verunstaltet und schwarz vor den Augen der Zuschauer, als er mit ausgestreckten Armen zwischen zwei Übeltätern den Bösen ein Schauspiel zum Lachen, den Gläubigen ein Schauspiel zum Weinen bot? Und ausgerechnet mit ihm trieb man Spott, der als einziger Schrecken einflößen konnte und als einziger einen Anspruch auf Ehre hatte. Wie also konnte der Hauptmann die Schönheit des Gekreuzigten wahrnehmen, wie erkennen, daß dieser zu den Übeltätern Gezählte (Jes 53,10) der Sohn Gottes sei?

Es steht uns nicht an, diese Frage zu beantworten, und wir können es auch gar nicht; aber der Evangelist war so aufmerksam, diese Frage nicht zu übergehen. Denn so liest du: «Als der Hauptmann, der ihm gegenüberstand, sah, daß er mit diesem Aufschrei seinen Geist aufgegeben hatte, sagte er : ‹Wahrhaftig, dieser Mensch war Gottes Sohn!›» (Mk 15,39). Er kam also durch diese Stimme zum Glauben. An dieser Stimme, und nicht an seinem Gesicht, erkannte er, daß dieser Gottes Sohn sei. Deshalb gehörte er vermutlich zu den Schafen, von denen es heißt: «Meine Schafe hören meine Stimme» (Joh 10,27).

145

Wie der Unglaube vom Ungehorsam kam, so kommt der Glaube vom Hören und Gehorchen.

5. Das Gehör fand, was das Gesicht nicht wahrnahm. Der Anschein täuschte das Auge, die Wahrheit drang durch das Ohr ins Herz. Das Auge meldete den Anblick eines Schwachen, eines Häßlichen, eines Elenden, eines zum schändlichsten Tod Verurteilten. Die Ohren erfaßten den Sohn Gottes, den Schönen. Jener Hauptmann erkannte unter all den Anzeichen der Schwachheit an einem einzigen Schrei des Sterbenden den Herrn der Herrlichkeit. Deshalb verachtete er nicht, was sich seinen Augen bot: denn er glaubte das, was sich seinen Augen nicht bot. Er glaubte nicht etwas, das er sah, sondern was er hörte, denn «der Glaube kommt vom Hören» (Röm 10,17).

Zwar wäre es unser würdig gewesen, daß die Wahrheit durch die Oberlichter der Augen in unsere Seele gelangt wäre. Aber das, o Seele, ist uns für später vorbehalten, wenn wir von Angesicht zu Angesicht schauen werden. Vorerst muß an der Stelle, wo die Krankheit eingedrungen ist, auch das Heilmittel eingeführt werden. Das Leben muß sich auf die Spur des Todes begeben, das Licht auf die Spur der Finsternis, das Gegengift der Wahrheit auf die Spur des Gifts der Schlange. Nur so kann das getrübte Auge geheilt werden, damit es klar wieder den schaue, den es infolge seiner Eintrübung vorerst nicht schauen kann. Das Ohr war das erste Eingangstor für den Tod; das Ohr soll sich auch als erstes dem Leben öffnen. Das Hören hat unser Sehvermögen verdorben. Nun soll es dieses Sehvermögen auch wieder heilen: denn wenn wir nicht *glauben,* werden wir auch nicht zur Erkenntnis gelangen. Das Hören erwirbt uns also ein Anrecht, das Schauen wird unser Lohn. Darum sagt der Prophet: «Meinem Gehör wirst du Jubel und Freude schenken» (Ps 51,10). Das soll heißen: das selige Schauen ist der Lohn für das gläubige Hören, und das gläubige Hören verleiht ein Anrecht auf das selige Schauen. Ja, «selig, die reinen Herzens sind, denn sie werden Gott schauen» (Mt 5,8). Das Auge, das Gott schauen soll, muß man aber durch den Glauben reinigen. Da hast du das entsprechende Wort: «Er reinigt ihre Herzen durch den Glauben» (Apg 15,9).

Das Hören und Gehorchen ist die unerläßliche Vorschule für das Schauen.

6. Solange also das Sehvermögen noch nicht ausgebildet ist, heißt es das Gehör wecken, das Gehör schulen, mit dem Gehör die Wahrheit aufnehmen. Glücklich, wem die Wahrheit das Zeugnis ausstellen kann: «Er hat mir mit gehorsamem Ohr gehorcht» (Ps 18,45). Ich bin würdig für das Schauen, wenn ich mich, ehe ich zu schauen vermochte, als gehorsam erwiesen habe. Wenn ich dem Herrn das Geschenk meines Gehorsams vorausgeschickt habe, werde ich ihn auch sicher schauen dürfen. Wie selig war, der sagen konnte: «Der Herr und Gott hat mir das Ohr geöffnet, und ich habe ihm nicht widersprochen, bin nicht zurückgewichen» (Jes 50,5)! Du hast hier obendrein ein Vorbild freiwilligen Gehorchens und ein Beispiel der Ausdauer. Denn wer nicht widerspricht, handelt freiwillig; und wer nicht zurückweicht, hält aus. Beides ist notwendig, denn «einen freudigen Geber liebt Gott» (2 Kor 9,7), und wer bis ans Ende aushält, wird gerettet werden (Mt 10,22). Möchte der Herr doch auch mir das Ohr öffnen, möchte auch in mein Herz der Spruch der Wahrheit eindringen, möchte er mein Auge reinigen und auf die heitere Schau vorbereiten, damit auch ich sprechen könnte: «Dein Ohr hat die Vorbereitungen meines Herzens gehört» (Ps 10,17). Damit auch ich von Gott hören könnte, zusammen mit allen anderen, die ihm gehorchen: «Ihr seid schon rein wegen der Worte, die ich zu euch gesprochen habe» (Joh 15,3). Nicht alle, die diese Worte *hören*, werden rein, sondern nur diejenigen, die ihnen *gehorchen*. Selig, die das hören und befolgen (Lk 11,28). Ein solches Hören fordert der, welcher befiehlt: «Höre, Israel!» (Dtn 6,3). Ein solches Hören erfüllt der, welcher sagt: «Rede, Herr, dein Diener hört!» (1 Kön 3,10). Ein solches Hören gelobt der, welcher spricht: «Ich will hören, was der Herr und Gott in mir redet» (Ps 85,9).

147

7. Und damit du dir darüber im klaren bist, daß sich auch der Heilige Geist beim geistlichen Fortschritt der Seele an diese Reihenfolge hält, nämlich daß er erst das rechte Hören vermittelt, ehe er die Freude des Schauens schenkt, sagt er: «Höre, Tochter, und sieh!» (Ps 45,11). Was strengst du dein Auge an? Halte dein Ohr bereit! Du möchtest unbedingt Christus schauen? Zuvor mußt du auf ihn hören und über ihn hören; erst dann kannst du sagen, wenn du ihn schaust: «Wie wir gehört haben, so schauen wir nun» (Ps 48,9). Sein Lichtglanz ist unermeßlich, dein Sehvermögen ist eng, es reicht nicht an ihn heran (Ps 139,6). Mit dem Gehör kannst du an ihn heranreichen, mit dem Sehvermögen nicht.

Als Gott rief: «Adam, wo bist du?» (Gen 3,9), habe ich ihn noch nicht gesehen, weil ich noch ein Sünder war; aber ich habe ihn gehört. Das Hören wird das Sehvermögen wiederherstellen, wenn es diesem voll Liebe, Wachsamkeit und Treue vorausgeht. Der Glaube wird reinigen, was die Untreue gegenüber Gott getrübt hat. Was der Ungehorsam verschlossen hat, öffnet der Gehorsam wieder. So heißt es: «Aus deinen Geboten gewinne ich Einsicht» (Ps 119,104), das heißt: das Einhalten der Gebote führt zur Wiederherstellung der Einsicht, die infolge des Übertretens der Gebote weggenommen worden war.

Das Beispiel des alten Isaak: alle Sinne trügen, nur das Gehör erfaßt die Wahrheit.

Beachte ferner beim heiligen Isaak, wie scharf im Vergleich mit den übrigen Sinnen sein Gehör sogar im hohen Greisenalter war. Dem Patriarchen sind die Augen verdunkelt, sein Gaumen läßt sich betrügen, seine Hand läßt sich täuschen – aber sein Ohr läßt sich nicht anschwindeln. Ist es verwunderlich, daß sein Ohr am ehesten die Wahrheit aufnimmt, wo doch «der Glaube vom Hören kommt» (Röm 10,17) und das Hören vom Wort Gottes, und wo doch dieses Wort die Wahrheit ist (Joh 17,17)? Er sagt: «Die Stimme ist die Stimme Jakobs.» Nichts ist wahrer. «Die Hände aber sind die Hände Esaus» (Gen 27,22). Nichts ist falscher. Du täuschst dich: die

Hand war zum Verwechseln ähnlich. Auch der Geschmackssinn hat ihm nicht die Wahrheit vermittelt, so gut die Speise geschmeckt haben mag. Denn was erkennt er Wahres, wenn er Fleisch von zahmen Ziegenböcken ißt und dabei meint, es sei Wildbret? Und noch weniger vermittelt das blinde Auge die Wahrheit. Nichts hilft das Auge zur Wahrheit, nichts zur Weisheit. «Wehe euch, die ihr in euren Augen weise seid!» (Jes 5,21), sagt die Schrift. Ist das eine brauchbare Weisheit, der hier ein «Wehe» zugerufen wird? Es ist die Weisheit der Welt, und folglich ist sie vor Gott Torheit.

8. Die gute und wahre Weisheit «zieht man aus dem Verborgenen» (Ijob 28,18), wie der selige Ijob weiß. Was suchst du sie außen im leiblichen Sinn? Der Geschmackssinn wohnt im Gaumen, die Weisheit im Herzen. Suche nicht die Weisheit mit dem fleischlichen Auge, denn nicht Fleisch und Blut enthüllen sie (Mt 16,17), sondern der Geist. Suche sie auch nicht im Geschmack des Mundes, denn man findet sie nicht im Lande derer, die bequem dahinleben. Auch nicht im Tastsinn der Hand, denn der Heilige sagt: «Und legte ich meine Hand zum Kuß an meinen Mund, so wäre das ein übergroßes Vergehen und eine Leugnung Gottes» (Ijob 31,27–28). Das ist, denke ich, dann der Fall, wenn man die Gabe Gottes, nämlich die Weisheit, nicht Gott, sondern dem Erfolg eigenen Bemühens zuschreibt. Isaak war ein weiser Mann, und doch täuschte er sich mit seinen Sinnen. Nur das Gehör, das das Wort vernimmt, hat Zugang zur Wahrheit.

Das Beispiel Maria Magdalenas: Erfahrung kann täuschen; sie mußte lernen, sich auf den Glauben *zu verlassen.*

Mit Recht wird der noch fleischlich empfindenden Magdalena nicht gewährt, das Fleisch des wieder zum Leben erstandenen WORTES zu berühren. Sie wollte dem Auge mehr als der Verheißung trauen, das heißt dem Sinnesvermögen des Fleisches mehr als dem Wort Gottes. Sie sah den Herrn tot und wollte nicht an seine Auferstehung glauben, obwohl er das doch vorausgesagt hatte.

Schließlich ruhte das Auge nicht, bis es gesättigt wurde, denn weder der Glaube noch die Erfüllung dessen, was Gott versprochen hatte, war ihr ein genügender Trost. Aber müssen nicht eher Himmel und Erde und alles, woran das Auge des Fleisches rühren kann, vorübergehen und vergehen, ehe auch nur ein Jota oder ein Häkchen von dem vergehen kann, was Gott gesagt hat (Mt 5,18; 24,35)? Trotzdem: sie hörte mit Weinen erst auf, als sie ihn mit eigenen Augen sah; sie wollte sich vom Wort Gottes nicht trösten lassen und baute mehr auf die Erfahrung als auf den Glauben. Aber die Erfahrung kann täuschen.

9. Folglich wird sie auf die Erkenntnis im Glauben verwiesen, die zuverlässiger ist. Diese Erkenntnis erfaßt, was dem Sinnesvermögen unbekannt ist und was die Erfahrung nicht findet. Er sagt zu ihr: «Rühre mich nicht an» (Joh 20,17), das heißt: Gewöhne dir ab, auf dein trügerisches Sinnesvermögen zu vertrauen; baue auf das Wort, gewöhne dich an den *Glauben*.

Der Glaube kennt keinen Trug. Der Glaube erfaßt die unsichtbaren Dinge und empfindet nicht den Mangel, in dem das Sinnesvermögen befangen ist. Und schließlich überschreitet der Glaube sogar die Grenzen der menschlichen Vernunft, das von Natur aus Übliche, die Schranken der Erfahrung. Was fragst du dein Auge nach Dingen, die sein Fassungsvermögen übersteigen? Und wozu versucht deine Hand, sich an Dinge heranzutasten, die weit über ihr sind? Es ist viel zu wenig, was beide an Auskunft beibringen können. Der Glaube dagegen kann von mir so berichten, daß meine erhabene Größe dadurch nicht auf ein kleineres Maß verengt wird. Lerne das für gewisser halten und dem sicherer folgen, was der Glaube dir nahelegt.

An Christus kann man vorerst nur rühren mit dem Glauben, mit dem Herzen.

«Rühre mich nicht an, denn noch bin ich nicht zu meinem Vater aufgestiegen» (Joh 20,17). Das klingt, als wolle oder könne er sich von ihr dann anrühren lassen, wenn er aufgestiegen ist. Sie könnte

150

ihn tatsächlich anrühren, aber mit ihrer Liebe, nicht mit ihrer Hand; mit ihrem Verlangen, nicht mit dem Auge; mit ihrem Glauben, nicht mit ihren Sinnen. Er sagt: Was möchtest du mich immer noch anrühren, wo du schon mit dem Sinnesvermögen deines Leibes die Herrlichkeit der Auferstehung wahrnimmst? Weißt du nicht, daß damals, als ich noch im sterblichen Leib weilte, die Augen der Jünger nicht einmal die Herrlichkeit meines verklärten Leibes ertragen konnten, der bald darauf in den Tod ausgeliefert werden sollte (vgl. Mt 17,6)? Noch halte ich mich an das Maß deiner Sinne und zeige mich dir in der Knechtsgestalt, an die du gewöhnt bist und in der du mich kennst. Im übrigen aber ist meine Herrlichkeit für dich zu wunderbar und zu erhaben, du kannst nicht an sie reichen (Ps 139,6). Schiebe daher dein Urteil auf, halte mit deiner Meinung zurück; überlaß die Erklärung einer so wichtigen Sache nicht den Sinnen, sondern behalte sie dem Glauben vor. Der Glaube erklärt sie würdiger, erklärt sie zuverlässiger, denn er erfaßt sie voller. Ja, er umfaßt in seinem tiefen mystischen Schoß die Breite, Länge, Höhe und Tiefe (Eph 3,18). Was kein Auge gesehen, kein Ohr gehört und was in keines Menschen Herz gedrungen ist (1 Kor 2,9), das trägt und hütet der Glaube gleichsam fest verschnürt und versiegelt in sich.

10. Maria Magdalena wird mich also dann angemessen berühren, wenn sie mich auf dem Thronsitz beim Vater umarmt, nicht mehr im Gewand der Niedrigkeit, sondern im Kleid des Himmels; zwar in diesem gleichen Fleisch, aber in einer neuen Gestalt. Was willst du mich berühren, wo ich noch nicht meine volle Gestalt erreicht habe? Warte, bis du mich in dieser Gestalt berühren kannst. Denn aus dem noch wenig Schönen wird der künftige Schöne. Jetzt ist an mir noch kaum Schönheit zu berühren und zu sehen. Ich bin unschön für dich Unschöne, die du mehr an den Sinnen hängst als mit dem Glauben siehst. Sei schön, und du kannst mich berühren. Lebe im Glauben, und du bist schön. Wenn du schön bist, ist es angemessener, daß du den Schönen berührst; und du wirst dabei glücklicher. Du berührst mich mit der Hand des Glaubens, mit dem

Finger der Sehnsucht, mit der Umarmung der Hingabe; du berührst mich mit dem Auge deines Herzens.

Doch bin ich dann noch schwarz? Durchaus nicht. Dein Geliebter ist glänzend weiß und rot (Hld 5,10). Er ist «der Schöne im Prachtgewand, der einherschreitet in der Fülle seiner Kraft» (Jes 63,1). Was willst du mich also im Gewand der Niedrigkeit berühren, in der Gestalt des Knechts, im verächtlichen Aussehen? Berühre lieber den, der in seiner himmlischen Gestalt wunderschön ist, gekrönt mit Herrlichkeit und Ehre (Ps 8,6), furchterregend in seiner göttlichen Allmacht und zugleich anmutig und gütig in seinem göttlich heiteren Wesen.

Die Braut sieht durch die unansehnliche äußere Hülle hindurch die verborgene innere Schönheit.

11. Man muß hier auf die Klugheit der Braut und auf die Tiefe dessen achten, was sie sagt. Sie hat unter dem Bild der Felle Salomos, nämlich im Fleisch, Gott entdeckt, im Tod das Leben, in der Schande den Gipfel der Herrlichkeit und Ehre, und schließlich im schwarzen Gewand des Gekreuzigten das Weiß der Unschuld und den Glanz der inneren Stärke. So haben jene Felle, die selber schwarz und unansehnlich waren, in sich den kostbaren, hell schimmernden Schmuck des reichsten Königs getragen. Die Braut hat recht, das Schwarze an den Fellen nicht zu verachten, denn sie sieht die darunter verborgene Schönheit.

Manche haben jenes Schwarze verachtet, weil sie diese Schönheit nicht erkannt haben. «Denn wenn sie sie erkannt hätten, so hätten sie den Herrn der Herrlichkeit niemals gekreuzigt» (1 Kor 2,8). Herodes erkannte sie nicht, und deshalb verachtete er ihn. Die Synagoge erkannte sie nicht, und deshalb warf sie ihm die Schwärze seines Leidens und seiner Schwachheit vor: «Andere hat er gerettet, sich selbst kann er nicht helfen. Christus, der König von Israel, steige herab vom Kreuz, und wir glauben ihm!» (Mt 27,42). Dagegen hat sie der Räuber vom Kreuz aus erkannt, obwohl sie am Kreuz hing, und er gab für seine Unschuld und Lauterkeit Zeugnis und bekannte feierlich seine Herrlichkeit und königliche Herrschermacht: «Gedenke meiner, wenn du in dein Reich kommst!» (Lk 23,41–42). Auch der Hauptmann hat diese Schönheit erkannt, und er verkündete laut, daß dieser Gottes Sohn sei (Mt 27,54). Und die Kirche erkennt sie. Sie will deshalb sogar die Schwärze teilen, um an dieser Schönheit Anteil zu erhalten. Sie schämt sich nicht, schwarz zu erscheinen und schwarz zu heißen, um dem Geliebten sagen zu können: «Die Schmähungen derer, die dich schmähten, trafen auch mich» (Ps 69,10). Allerdings möchte sie schwarz wie die Felle Salomos sein, das heißt nur außen, nicht innen. Denn im Innern ist mein Salomo nicht schwarz. Die Braut sagt ja nicht: «Schwarz bin ich wie Salomo», sondern: «wie die Felle Salomos», denn der wahre Friedensstifter ist nur an der Oberfläche schwarz.

Die Schwärze der Sünde dagegen ist im Innern, und die innere Schuld schwärzt zuerst das Innere, ehe es den Augen sichtbar wird. Denn «aus dem Herzen kommen die bösen Gedanken, Diebstahl, Totschlag, Ehebruch, Gotteslästerungen; und all das macht den Menschen unrein» (Mt 15,19). Aber keinesfalls den Salomo. Beim wahren Friedensstifter wirst du solche Unreinheiten ganz und gar nicht finden. Denn wer die Sünden der Welt hinwegnimmt (Joh 1,29), muß ohne Sünde sein. Nur so ist er geeignet, die Sünder wieder mit Gott zu versöhnen, und dann darf er sich mit Recht den Namen «Salomo» geben.

Die höchste Weisheit und Philosophie: Jesus kennen, und zwar als Gekreuzigten

43. Predigt über das Hohelied (Cant.)

Wer liebt, dem wird alles Bittere leicht.
1. «Ein Büschel Myrrhe ist mir mein Geliebter; er ruht zwischen meinen Brüsten» (Hld 1,12).

Vorher war er König, jetzt ist er Geliebter; vorher weilte er auf seinem königlichen Ruhelager, jetzt ruht er zwischen den Brüsten der Braut.

Wie groß ist doch die Tugend der Demut: sogar die erhabene Gottheit neigt sich ohne viele Umstände zu ihr herab. Schnell ist aus dem Ehrentitel ein Kosename geworden; und der in weiter Ferne war, ist recht schnell ganz nahe gekommen.

«Ein Büschel Myrrhe ist mir mein Geliebter.» Die Myrrhe ist eine bittere Sache. Sie bezeichnet das Harte und Rauhe der Drangsal. Die Braut sieht voraus, daß ihr um des Geliebten willen solche Drangsale bevorstehen, und sie beglückwünscht sich dazu, im Vertrauen, daß sie sie alle mutig überstehen wird. So heißt es auch: «Die Jünger gingen voll Freude vom Hohen Rat weg, weil ihnen die Ehre zuteil geworden war, um des Namens Jesu willen Schmach zu erleiden» (Apg 5,41). Die Braut bezeichnet deshalb ihren Geliebten nicht als *Garbe*, sondern lediglich als *Büschel:* denn aus Liebe zu ihm kommt ihr alle bevorstehende Mühe und aller drohende Schmerz ganz leicht vor. Treffend spricht sie von einem Büschel, denn «ein kleines Kind ist uns geboren» (Jes 9,6). Treffend spricht sie von einem Büschel, denn «die Leiden dieser Zeit sind nicht zu vergleichen mit der kommenden Herrlichkeit, die an uns offenbar werden wird» (Röm 8,18). Ja, «die gegenwärtige kurze und leichte Drangsal bewirkt in uns ein alles Maß sprengendes ewiges Gewicht an unvorstellbarer Herrlichkeit» (2 Kor 4,17). Was jetzt nur ein kleines Büschel Myrrhe ist, wird also einst für uns zu einer ungeheuer großen Wolke voll Herrlichkeit. Oder ist der nicht ein kleines Büschel, dessen Joch süß und dessen Last leicht ist (Mt 11,30)? Nicht an sich leicht – denn die Rauhheit des Leidens und die Bitterkeit des Todes sind keine leichte Sache –, aber leicht für den, der liebt. Und deshalb sagt sie nicht nur: «Ein Büschel Myrrhe ist mein Geliebter», sondern sie sagt: «mir», die ich ihn liebe, ist er ein Büschel. Deshalb nennt sie ihn ausdrücklich *ihren* Geliebten und zeigt so, daß die Kraft der Liebe alle schwer zu tragende Bitterkeit überwindet, denn «stark wie der Tod ist die Liebe»

(Hld 8,6). Damit du aber weißt, daß sie sich nicht selbst, sondern im Herrn rühmt, und daß sie ihre Stärke nicht aus ihrem eigenen Vermögen, sondern aus der Kraft des Herrn schöpft, sagt sie, zwischen ihren Brüsten werde der ruhen, dem sie im Bewußtsein der Geborgenheit zusingen kann: «Auch wenn ich mitten im Todesschatten gehe, fürchte ich kein Unheil, denn du bist bei mir» (Ps 23,4).

Wer Jesus liebt, hält sich stets die Bitterkeiten seines Lebens vor Augen.
2. Ich erinnere mich, in einer früheren Predigt gesagt zu haben, daß die beiden Brüste der Braut die Mitfreude und das Mitleiden bedeuten, nach der Anweisung des Paulus, der sagt: «Freut euch mit den Fröhlichen und weint mit den Weinenden!» (Röm 12,15). Weil das Leben der Braut zwischen widrigen und erfreulichen Ereignissen hin- und herschwankt, weiß sie, daß es von beiden Seiten nicht an Gefahren fehlt. Daher will sie ihren Geliebten mitten zwischen ihren Brüsten tragen, damit sie ständig unter seinem Schutz gegen beides gewappnet ist: gegen den Übermut in der Freude und gegen die Verzagtheit in der Trauer.
Und du, wenn du Sinn dafür hast, wirst die Klugheit der Braut nachahmen: du wirst dir dieses so kostbare Myrrhenbüschel keine Stunde lang von der Stelle auf deiner Brust wegnehmen lassen, wo dein Herz schlägt. Du wirst alle Bitterkeit, die er für dich durchgestanden hat, stets in deinem Bewußtsein tragen und es ständig in der Betrachtung bewegen. Dann kannst auch du sagen: «Ein Büschel Myrrhe ist mir mein Geliebter; er ruht zwischen meinen Brüsten.»

Die Betrachtung aller Ängste und Bitterkeiten im Leben Jesu.
3. Auch ich, Brüder, habe mich vom Beginn meiner Bekehrung an damit abgemüht, mir statt vieler Verdienste, die mir ja doch fehlen, dieses Büschel zusammenzubinden und mir zwischen die Brüste zu legen. Ich habe es zusammengebunden aus allen Ängsten und Bitterkeiten meines Herrn. Zunächst aus den Nöten seiner Kindheit,

dann aus den Mühen, die er beim Predigen ertrug, aus der Ermüdung beim Wandern, den betend durchwachten Nächten, den Anfechtungen während seiner Fastenzeit, den Tränen seines Mitleidens, den Fallstricken, die man ihm in der Unterredung legte, und schließlich aus den Gefahren, die von falschen Brüdern kamen, den Schmähungen, dem Angespienwerden, den Backenstreichen, den Verspottungen, den Beschimpfungen, den Schmerzen der Nägel und ähnlichen Bitterkeiten, die bekanntlich der Wald des Evangeliums zum Heil unseres Geschlechts in Überfülle hervorgebracht hat. Dabei glaubte ich unter so vielen Zweigen duftender Myrrhe vor allem nicht jene Myrrhe übersehen zu dürfen, mit der er am Kreuz getränkt worden ist; und auch nicht jene, mit der er bei seiner Grablegung gesalbt worden ist. Mit der ersten nahm er die Bitterkeit meiner Sünden in sich auf, mit der zweiten bereitete er die künftige Unverweslichkeit meines Leibes vor. Solange ich lebe, will ich das Andenken an diese Überfülle von Süßigkeit wachhalten; und in Ewigkeit will ich nicht diese Zeichen des Erbarmens vergessen, denn sie haben mir das Leben geschenkt.

4. Vormals hat der heilige David unter Tränen um diese Zeichen gebeten: «Laß deine Erbarmungen über mich kommen, und ich werde leben!» (Ps 119,77). Auch ein anderer Heiliger hat mit Seufzen an sie erinnert, als er sagte: «Der Erbarmungen des Herrn sind viele» (Ps 119,156). Wie viele Könige und Propheten wollten sie sehen und haben sie nicht gesehen (Lk 10,24)! Sie haben sich abgemüht, und ich bin ihr Nachfolger bei der schweren Arbeit geworden: ich habe die Myrrhe ernten dürfen, die sie gepflanzt haben. Für mich ist dieses heilbringende Büschel aufbewahrt worden. Ich lasse es mir von niemandem nehmen: «es ruht zwischen meinen Brüsten».

Die höchste Weisheit und Philosophie: Jesus kennen, und zwar als Gekreuzigten.

Dies zu betrachten, nannte ich Weisheit. Darin sehe ich die Vollendung der Gerechtigkeit, die Fülle des Wissens; darin den «Reichtum des Heiles» (Jes 33,6), darin den Schatz der Verdienste. Daraus schöpfe ich mir immer wieder einen heilsamen bitteren Trank, daraus hole ich mir ebenso die süße Salbe des Trostes. Dies richtet mich auf, wenn ich niedergeschlagen bin; es hält mich in Schranken, wenn es mir gut geht. Auf dem königlichen Weg (Num 22,22), auf dem ich zwischen Freude und Leid durch das gegenwärtige Leben ziehe, bietet mir dies ein allzeit sicheres Geleit und hält mir alle Gefahren zur Rechten und zur Linken vom Leib. Das hilft mir zur Versöhnung mit dem Weltenrichter, denn es zeigt ihn mir sanft und demütig (vgl. Mt 10,29), während die Mächte vor ihm zittern. Ich sehe darin, wie der nicht nur versöhnt, sondern sogar nachgeahmt werden kann, der für die Fürsten unnahbar und für die Könige der Erde schreckenerregend ist (Ps 76,13).

Darum führe ich das oft im Mund, wie ihr wißt; ich trage es stets im Herzen, wie Gott weiß; es ist meiner Feder sehr geläufig, wie jedermann weiß. Das ist meine höchste, meine wesentlichste Philosophie: Jesus kennen, und zwar als Gekreuzigten. Ich suche nicht wie die Braut, wo er zur Mittagszeit lagert (Hld 1,6), denn ich drücke ihn voll Freude an mich, weil er zwischen meinen Brüsten ruht. Ich suche nicht, wo er mittags weidet, denn ich sehe ihn als meinen Erlöser am Kreuz. Mag jenes tiefer sein – dies ist süßer; jenes ist Brot, dies ist Milch. Dies nährt das Herz der Kinder, dies füllt die Brüste der Mütter; und deshalb «soll er zwischen meinen Brüsten ruhen».

Jesus stets vor Augen haben.

5. Auch ihr, Geliebteste, bindet euch ein so liebenswertes Büschel zusammen, pflanzt ein solches Büschel tief in euer Herz ein, steckt ein solches Büschel vor den Zugang zu eurem Herzen, damit es auch zwischen euren Brüsten ruhe. Tragt es nicht auf euren Schultern und auf eurem Rücken, sondern tragt es vor euch, unter euren Augen. Ihr sollt es ja tragen und zugleich seinen Duft riechen; denn sonst drückt euch nur seine Last, und sein Duft richtet euch nicht auf. Denkt daran: Simeon hat ihn in seine Arme genommen (Lk

2,27), Maria hat ihn unter ihrem Herzen getragen, hat ihn in ihrem Schoß gewärmt, und die Braut hat ihn zwischen ihre Brüste genommen. Und um nichts zu übergehen: es wurde als Wort auch dem Propheten Sacharja (Sach 1,1) und noch einigen anderen in die Hände gelegt. Ich glaube, auch Josef, der Mann Mariens, hat ihm oft auf seinen Knien zugelächelt. Sie alle hatten ihn vor Augen, keiner von ihnen im Rücken. Wenn ihr den Herrn, den ihr tragt, vor Augen habt, werdet ihr bestimmt beim Anblick seiner Ängste eure eigenen Ängste leichter tragen. Dazu helfe er euch selbst, der Bräutigam der Kirche, der Gott ist, gepriesen in Ewigkeit. Amen.

Christi Liebe und Hingabe weckt unsere Liebe und Hingabe

Aus der 22. Predigt über verschiedene Themen (Div.)

Der Sohn Gottes hat sein Leben für uns hingegeben und unsere Erniedrigung geteilt.
5. Willst du wissen, was und wem du etwas schuldig bist? In erster Linie schuldest du Christus Jesus dein ganzes Leben, denn er hat sein Leben für das deine hingegeben; er hat bittere Qualen ausgestanden, damit du nicht ewige Qualen erdulden mußt. Was könnte dir zu hart oder zu schrecklich vorkommen, wenn du dir zu Bewußtsein bringst, daß er, der in Gottes Gestalt war (Phil 2,6), er, der am Tag seiner Ewigkeit im Glanz der Heiligen vor dem Morgenstern Gezeugte (Ps 110,3), er, der Abglanz und das Abbild des Wesens Gottes, in deinen Kerker gekommen ist, in deinen Schlamm, und sich, wie es heißt, bis an die Ellbogen in den Schlamm des Abgrunds stecken ließ (Ps 69,3)? O welch ungeschuldetes Erbarmen, welche selbstlose und derart bewährte Liebe, welche unerhörte Herablassung, welche unglaubliche Zärtlichkeit, welche unerschöpfliche Güte! Der König der Herrlichkeit läßt sich

für den verachtetsten Sklaven, ja für den winzigsten Wurm kreuzigen. «Wer hat jemals so etwas gehört, oder wer hat etwas Ähnliches gesehen?» (Jes 66,8) «Denn kaum stirbt einmal einer für einen Gerechten» (Röm 5,7) – er aber ist für seine Feinde und für die Ungerechten gestorben. Er nahm die Verbannung aus dem Himmel auf sich, um uns zum Himmel zurückzutragen, als süßer Freund, kluger Ratgeber, starker Helfer.

Die Antwort des Menschen: Hingabe mit Leib und Seele.
6. «Was soll ich dem Herrn zurückgeben für alles, was er mir geschenkt hat?» (Ps 116,12). Wenn ich das Leben aller Kinder Adams, alle Erdentage und die Mühsale aller Menschen, die waren, sind und sein werden, in mir trüge, so wäre das nichts im Vergleich mit jenem Leib, der sogar die staunenden Blicke der himmlischen Kräfte auf sich zog, als er vom Heiligen Geist empfangen und aus der Jungfrau geboren wurde; der, als er in Unschuld lebte, reiche Ströme der Lehre von sich gab, in Wundern glänzte und heilige Geheimnisse enthüllte. Du siehst also: so weit der Himmel die Erde überragt, so weit überragt dieses Leben unser Leben; und doch hat er dieses Leben für das unsrige hingegeben. Wie das Nichts sich überhaupt nicht mit einem Etwas vergleichen läßt, so steht auch unser Leben in keinem Verhältnis zu dem seinigen; denn sein Leben könnte nicht erhabener, unseres nicht elender sein. Glaube nicht, daß ich jetzt mit meinen Worten übertreibe; denn hier versagt jede Sprache; kein Geist reicht dazu aus, das Geheimnis einer derartigen Huld wirklich in den Blick zu bekommen.
Wenn ich also Christus alles schenke, was ich bin und was ich kann: verhält sich das nicht wie ein Stern zur Sonne, wie ein Tropfen zum Fluß, wie ein Stein zum Turm, wie ein Staubkorn zum Berg? Ich habe nur zwei kleine Dinge, ja zwei ganz winzige Dinge: meinen Leib und meine Seele. Im Grunde ist das nur ein einziges winziges Ding: mein Wille. Und den sollte ich nicht für den Willen dessen hergeben, der als so Großer einem so winzig Kleinen mit so großen Wohltaten zuvorgekommen ist? Der sich in seiner Größe

mit mir Kleinem auf *eine* Stufe gestellt hat? Wenn ich aber trotzdem meinen Willen für mich behalte: wie kann ich da die Stirn, die Augen, den Geist, das Herz haben, zum Herzen des Erbarmens unseres Gottes (Lk 1,78) hinzutreten? Wie kann ich es da wagen, in dieses starke Bollwerk, das Israel bewacht, eine Bresche zu schlagen und aus den fünf Wunden seines Leibes nicht Tropfen, sondern Ströme zu pressen, um mein Leben freizukaufen? O verkehrtes Geschlecht, o gottlose Söhne! «Was werdet ihr am Tag des Unglücks tun, der von ferne heraufzieht? Bei wem werdet ihr Zuflucht suchen?» (Jes 10,3).

Wie Gott uns in seiner Menschwerdung für seine Liebe gewonnen hat

29. Predigt über verschiedene Themen (Div.)

Drei Weisen falscher Anhänglichkeit an die Welt, die ersetzt werden können durch drei Weisen der Liebe zu Gott.
1. «Liebt nicht die Welt, noch was in der Welt ist. Denn alles, was in der Welt ist, ist Begehrlichkeit des Fleisches, Begehrlichkeit der Augen und Ehrgeiz im Sinne der Welt, und all das ist nicht vom Vater her» (1 Joh 2,15–16). Wie ist das zu verstehen? Gibt es etwas vom Vater her, das für uns an die Stelle dieser Dinge tritt? Ja, das gibt es, und es ist viel süßer und liebenswerter als all das. Aber es wird nicht den Knechten anvertraut, und erst recht nicht den Feinden. «Wer aber ein Freund dieser Welt sein möchte, wird zum Feind Gottes» (Jak 4,4). Gottes Absicht wird nur seinen Freunden anvertraut; zu ihnen wird gesagt: «Denn alles, was ich von meinem Vater gehört habe, habe ich euch geoffenbart» (Joh 15,15). Der heilige Gregor (d. Gr.) legt dar, daß die Liebe ihrem Wesen nach Kenntnis des andern sei.
Es gibt also drei Weisen der Liebe, die an die Stelle jener drei Haltungen treten, die nicht vom Vater her sind. Deshalb, glaube ich,

wird Petrus dreimal gefragt: «Liebst du mich?... Liebst du mich? ... Liebst du mich?» (Joh 21,15–17). Vielleicht sind das auch jene drei Bereiche, auf die sich die Gesetzesvorschrift bezieht: «Du sollst den Herrn, deinen Gott, aus deinem ganzen Herzen lieben, aus deiner ganzen Seele und mit deiner ganzen Kraft» (Dtn 6,5). Das heißt: du sollst ihn mit Wonne, nämlich mit deiner ganzen inneren Zuneigung lieben, du sollst ihn mit Klugheit lieben, du sollst ihn mit Kraft lieben.

In seiner Menschwerdung hat Gott die Liebe unseres Herzens geweckt.
Die Liebe des Herzens hat eine gewisse Ähnlichkeit mit der Liebe des Fleisches; denn von den Regungen der Zuneigung sagt man, sie seien Sache des Herzens. Die Seele hingegen bringt schon einen höheren Klang ins Spiel, weshalb man sie auch als Sitz der Weisheit bezeichnet; deshalb kann man ihr mit Recht die Klugheit in der Gottesliebe zuschreiben.
2. Zu jener Liebe aus innerer Zuneigung, die wir die Liebe des Herzens genannt haben, verhilft in hohem Maß der Gedanke an die Menschwerdung Christi, an sein gesamtes im Fleisch vollbrachtes Heilswerk, und vor allem an sein Leiden. Denn als Gott sah, daß die Menschen ganz und gar fleischlich geworden waren, erwies er ihnen eine so süße Liebe im Fleisch, daß einer schon ein steinhartes Herz besitzen muß, wenn er ihn nicht mit seiner ganzen Zuneigung liebt.

Gott wollte den Menschen weder durch Angst noch durch Begierde an sich binden, sondern er wollte ihn durch die Liebe gewinnen.
Als Gott sein edles Geschöpf, den Menschen, wiedergewinnen wollte, sagte er zu sich selbst: «Zwinge ich ihn gegen seinen Willen, so habe ich einen Esel, keinen Menschen. Denn er wird keineswegs von selbst und aus freien Stücken zu mir kommen, um sagen zu können: ‹Aus freiem Antrieb will ich dir mein Opfer bringen› (Ps 54,8). Soll ich Eseln mein Reich anvertrauen? Oder soll ich als Gott um Ochsen werben (1 Kor 9,9)? Damit er freiwillig kommt, will

ich ihm Schrecken einjagen. Vielleicht bekehrt er sich dann und lebt.» Und Gott drohte ihm mit den schlimmsten Dingen, die erdenklich waren, mit ewiger Finsternis, mit Würmern, die nie sterben, und mit einem Feuer, das nie erlischt. Aber der Mensch ließ sich davon nicht beeindrucken.

Da sagte Gott: «Er hat nicht nur eine Anlage zur Angst, sondern auch eine Anlage zur Begierde. Ich will ihm das versprechen, was ihm am ersehnlichsten erscheint.» Die Menschen sind auf Gold und Silber und dergleichen aus; aber über all das hinaus hängen sie am Leben. Das ist offensichtlich, ganz offensichtlich. Und so sagte er: «Wenn sie schon derart an diesem elenden, mühsamen und kurzfristigen Leben hängen, wird sie gewiß die Aussicht auf mein ruhiges, ewiges, seliges Leben faszinieren.» So versprach er ihnen das ewige Leben; er versprach ihnen, «was kein Auge gesehen, was kein Ohr gehört und was in keines Menschen Herz gedrungen ist» (1 Kor 2,9).

3. Als Gott sah, daß auch das nichts half, sagte er sich: «Jetzt bleibt noch eines übrig. Im Menschen wohnen nicht nur die Angst und die Begierde, sondern auch die Liebe, und nichts zieht ihn stärker.» So ging Gott ins Fleisch ein. Er erwies sich als derart liebenswürdig, daß er uns jene größte Art der Liebe erwies, die von niemandem übertroffen werden kann: die Liebe, seine Seele für uns hinzugeben.

Die Menschwerdung ist das deutlichste Zeichen der Liebe Gottes zu den Menschen.

Verdient nicht jeder, der angesichts dieser Liebe sich nicht bekehren will, mit Recht den Vorwurf: «Was hätte ich dir tun sollen und habe es nicht getan?» (Jes 5,4)? Wahrhaftig, nirgendwo zeigt Gott seine Liebe so deutlich wie im Geheimnis seiner Menschwerdung und seines Leidens; nirgendwo wird seine Zuneigung offensichtlicher, nirgendwo leuchtet seine Güte heller auf als in seinem Menschsein. Der Apostel bringt das mit den Worten zum Ausdruck: «Erschienen ist die Güte und Menschenfreundlichkeit Gottes, unseres Erlösers» (Tit 3,4). Seine Allmacht hat er versteckt, weil er in Schwachheit kommen wollte (2 Kor 13,4). Darum sagt Habakuk: «Dort ist seine Stärke verborgen» (Hab 3,4), zweifellos am Kreuz, dessen «Arme er mit seinen Händen hält». Auch seine Weisheit hat er im Fleisch verborgen: denn «es gefiel ihm, durch die Torheit des Wortes die Gläubigen zu retten» (1 Kor 1,21). Hat er sich nicht zum Toren gemacht, als er seine Seele in den Tod gab und die Sünde der vielen trug (Jes 53,12) und auslöste, was er nicht geraubt hatte (Ps 69,5)? War er nicht trunken vom Wein der Liebe und vergaß sich selbst, gegen den Rat des Petrus: «Hab doch Erbarmen mit dir selbst!» (vgl. Mt 16,22)? Deshalb war «seine Stärke verborgen» (Hab 3,4) und seine Weisheit war ganz verhüllt und im Fleisch versteckt. Seine Güte aber konnte nicht deutlicher klargemacht, nicht stärker zum Ausdruck gebracht, nicht offensichtlicher nahegebracht werden.

4. Wir haben gesagt, dies beziehe sich auf die zuneigungsvolle Liebe des Herzens. Tatsächlich gibt es Menschen, die davon so ergriffen werden, daß sie es kaum hören oder daß sie kaum daran erinnert werden können, ohne daß ihnen die Tränen kommen. Und diese Art Liebe also ist das Gegenstück zur Begehrlichkeit des Fleisches. Denn was könnte einem Menschen am Fleisch noch süß vorkommen, wenn er eine derartige Süßigkeit vom Leiden Christi her erfährt?

Die Zuneigung des Herzens muß von der Klugheit erleuchtet sein.
Indes kann diese Süße irregeleitet werden, wenn ihr die Klugheit mangelt, und es ist sehr schwer, sich vor Gift im Honig zu hüten. Folglich muß die Klugheit auf dem Plan sein, mit der wir sorgfältig den inneren Sinn der Geheimnisse ergründen und jederzeit jedem, der uns danach fragt, Rechenschaft darüber ablegen können. Diese mit Klugheit gepaarte Liebe schließt die Sorge um Irdisches aus. Denn ein Geist, der auf diese Geheimnisse ausgerichtet ist, kann sich nicht Sorgen um Zeitliches machen, sondern er spricht mit dem Propheten: «Wie liebe ich dein Gesetz, o Herr! Den ganzen Tag sinne ich ihm nach» (Ps 119,97).

Zuneigung und Klugheit müssen von der Kraft erfüllt werden.

5. Das Dritte ist, daß man mit Kraft lieben soll. Das heißt, man soll so lieben, daß man sich nicht täuschen und nicht durch Zwang von seiner Liebe abbringen lassen, sondern bereit sein soll, alles um der Gerechtigkeit willen zu erleiden (Mt 5,10). Wer wüßte nicht, daß der König des Himmels keine irdische Macht und Würde sucht, sondern sie verschmäht? Es heißt: «Selig, die Verfolgung leiden um der Gerechtigkeit willen, denn ihrer ist das Himmelreich» (Mt 5,10).

Petrus wird also nach diesen drei Eigenschaften gefragt, die er früher offensichtlich noch nicht besessen hatte. Denn als er zum erstenmal vom Leiden des Herrn gehört hatte, war ihm das unerträglich gewesen. Seine Liebe war nur süß gewesen. Sie war noch unerleuchtet, denn er sagte: «Das sei fern von dir!» (Mt 16,22). Deshalb bekam er zu hören: «Weiche von mir, Satan, denn du verstehst nicht, was Gott vorhat!» (Mt 8,33). Die Apostel waren ähnlich eingestellt, als der Herr zu ihnen sagte: «Wenn ihr mich lieben würdet, wäret ihr froh, denn ich gehe zum Vater» (Joh 14,28); aber mit der Art Liebe, die sie noch haben, sind sie traurig. Sie lieben ihn, und sie lieben ihn doch nicht: sie lieben ihn mit der süßen Seite der Liebe, aber noch nicht mit der erleuchteten. Dagegen war Petrus in der Nacht, wo der Herr ausgeliefert werden sollte, schon zur süßen *und* erleuchteten Liebe gelangt, und er sagte: «Ich bin bereit, mit dir in den Kerker und in den Tod zu gehen» (Lk 22,33). Aber da fehlte ihm noch die dritte Eigenschaft der Liebe, die Kraft. Denn «wer fallen konnte, hatte noch keinen festen Stand» (Boethius, De consolatione philosophiae I,I,22). Noch war nicht die Kraft von oben (Lk 24,49) über ihn gekommen. Als er sie erhalten hatte, war er imstande, freimütig zu sagen: «Urteilt selbst: Muß man Gott mehr gehorchen oder den Menschen?» (Apg 4,19;5,29).

Ist es deshalb nicht ganz angemessen, daß der Mann, der an die Spitze der Herde gesetzt werden soll, um sie zu weiden, nach der Beschaffenheit seiner Liebe gefragt wird? Denn wer anderen vorstehen soll, der muß glühen und trunken sein vom Wein der Liebe;

er muß sich selbst ganz vergessen können, um nicht das Seine zu suchen, sondern sich ganz für das Anliegen Jesu Christi einsetzen zu
können (Phil 2,21). Beachte noch, daß Petrus, als er gefragt wird,
ob er den Herrn mehr als die andern liebe, nur sagt, er liebe den
Herrn. Er wagte nicht zu wiederholen, was er früher leichtfertig
behauptet hatte und worüber er sich jetzt schämte. Vielleicht ließ
ihn die Erinnerung daran traurig werden. Denn damals hatte er
gesagt: «Und wenn alle an dir irre werden, so werde ich es nicht»
(Mk 14,29).

Das Schauen auf den Menschgewordenen
im Glauben wandelt sich
zur Schau in der Liebe und führt
zum Gespräch mit dem WORT

Aus der 45. Predigt über das Hohelied (Cant.)

Am Anfang des kontemplativen Lebens: sich bescheiden mit der Betrach-
tung des Lebens und der Passion Jesu.
4. Der Bräutigam spricht zur Braut: «Deine Augen sind wie die
Augen der Tauben» (Hld 1,14).
Offensichtlich wird hier noch ihre Demut gepriesen. Es ist eine Anspielung darauf, daß die Braut zurechtgewiesen worden ist, weil sie
zu hohe Dinge hatte erforschen wollen. Sie ist daraufhin unverzüglich zu einfacheren Dingen herabgestiegen und konnte sagen: «Ein
Myrrhenbüschel ist mir mein Geliebter» (Hld 1,12).
In der Tat besteht ein großer Unterschied zwischen dem Antlitz
der Herrlichkeit und dem Myrrhenbüschel. Darum ist es ein Anzeichen großer Demut, wenn sie sich von der Herrlichkeit zum
Myrrhenbüschel zurückrufen läßt. Und so darf sie hören: «Deine
Augen sind wie die Augen der Tauben.» Das heißt: «Nun gehst du
nicht mehr mit Dingen um, die zu groß und zu wunderbar für

dich sind (Ps 131,1), sondern wie die ganz einfältige Taube begnügst du dich mit einfachen Dingen und nistest in den Spalten des Felsens (Hld 2,14), verweilst in meinen Wunden und läßt deinen taubengleichen Blick gern auf allem ruhen, was mit mir geschehen ist, als ich Mensch geworden war und gelitten habe.»

Der Glaube schenkt im Laufe der Zeit ein geistliches Sehvermögen.
5. Man kann es auch so deuten, daß mit den Augen der Taube nicht ihr einfaches, sondern ihr geistliches Sehvermögen gemeint ist, weil ja der Heilige Geist in der Gestalt dieses Vogels erschienen ist (Mt 3,16). Sagt dir diese Deutung zu, so mußt du diese Schriftstelle mit der unlängst besprochenen in Beziehung setzen, wo die Gefährten der Braut versprachen, ihr goldene Ohrgehänge zu machen (Hld 1,10). Ich habe damals erläutert, daß sie ihr damit nicht einen Schmuck für ihre leiblichen Ohren versprachen, sondern ihr Herz für das rechte Hören bereiten wollten. Das geschah so, daß ihr Herz durch den Glauben, der vom Hören kommt (Röm 10,17), weiter gereinigt und besser zu jenem Schauen befähigt wurde, zu dem sie vorher noch nicht imstande gewesen war. Und weil der Bräutigam sah, daß die Braut mit dem «Ohrgehänge» auch ein schärferes Sehvermögen bekam und zusehends mehr den geistlichen Sinn erfaßte, fand sie sein Wohlgefallen: denn ihm ist es am liebsten, wenn er mit all seinen Eigenschaften im Geist angeschaut wird. Das meint er auch, wenn er zu ihrem Lob sagt: «Deine Augen sind wie die Augen der Tauben.» Damit will er sagen: «Schau mich von jetzt an im Geist an; denn der Geist vor deinem Antlitz ist Christus der Herr. Du hast die Fähigkeit dazu, denn ‹deine Augen sind wie die Augen der Tauben.› Bis jetzt hattest du noch keine solchen Augen, und deshalb mußtest du abgewiesen werden. Jetzt aber sollst du die Fähigkeit zum Schauen besitzen, denn ‹deine Augen sind wie die Augen der Tauben›, das heißt, sie sind geistlich. Das ist noch nicht *die* Fähigkeit, um die du gebeten hattest, denn noch bist du nicht ganz in der Verfassung, sie besitzen zu können. Aber immerhin hast du nun ein Sehvermögen, das dir vorerst genügen kann. Von jetzt an

sollst du von Klarheit zu Klarheit weitergeführt werden (2 Kor 3,18). Deshalb mach deine Augen auf, soweit du kannst; und je mehr du kannst, desto mehr wirst du schauen.»

Auf die Schau im Glauben folgt eine Schau in der Liebe.

6. Brüder, ich denke wahrhaftig nicht, daß dies eine mittelmäßige und allgemein verbreitete Weise des Schauens ist, mag sie auch noch geringer sein als jene, die uns für die Zukunft verheißen ist. Beachtet deshalb, was im Text nun folgt.

Da heißt es nämlich nun weiter: «Siehe, anmutig bist du, mein Geliebter, und schön von Gestalt» (Hld 1,15). Du siehst, auf welcher Höhe jetzt die Braut steht (Bar 5,5) und in welche Höhe sie die Spitze ihres Geistes reckt: sie nimmt nun den Herrn der ganzen Welt als ihren Geliebten und als ihr Eigentum in Anspruch. Denn beachte, daß sie nicht einfach sagt: «Geliebter», sondern: «*mein* Geliebter». Damit bezeichnet sie ihn als ihr Eigentum. Das ist wahrhaftig ein großartiges Schauen: es schenkt ihr ein derartiges Vertrauen und Selbstbewußtsein, daß sie im Herrn der Welt nicht mehr den Herrn, sondern ihren Geliebten sieht.

Ich glaube, diese Schau stammt jetzt nicht mehr aus Bildern des Fleisches, des Kreuzes oder irgendwelcher anderer Darstellungen körperlicher Schwachheiten, die über die Sinne ins Bewußtsein getragen werden. Denn in diesen war, wie der Prophet sagt, «weder Gestalt noch Schönheit» (Jes 53,2). Aber wie sie ihn jetzt sieht, bezeichnet sie ihn als schön und wohlgefällig, und sie bringt damit zum Ausdruck, daß er sich ihr nun in einer Erscheinungsweise neuer, besserer Art offenbart hat. Jetzt spricht er von Mund zu Mund mit der Braut, wie vormals mit dem heiligen Mose (Num 12,8), und sie sieht nun Gott offen, nicht nur in Rätseln und Bildern. Sie spricht also so von ihm, wie sie ihn im Geiste schaut, nämlich in einer erhabenen und süßen Schau. Ihre Augen haben den König in seinem Glanz geschaut (Jes 33,17), und zwar nicht als König, sondern als Geliebten.

Diese Schau in der Liebe übertrifft diejenige der Propheten des Alten Bundes, die von Furcht begleitet war.

Ein Prophet mag ihn auf einem hohen und erhabenen Thron geschaut haben (Jes 6,1), und ein anderer mag berichten, er sei ihm von Angesicht zu Angesicht erschienen (Gen 32,30): mir scheint, die Braut habe mehr als all dies erlangt; denn dort lesen wir, der Herr habe sich *gezeigt,* hier aber, der Bräutigam habe sich *schauen* lassen. Hier hast du die Stellen: «Ich sah den Herrn auf einem hohen und erhabenen Thron sitzen» (Jes 6,1) und: «Ich habe den Herrn von Angesicht zu Angesicht gesehen, und meine Seele ist gerettet worden» (Gen 32,30). Aber es heißt: «Wenn ich doch der Herr bin, wo bleibt da die Furcht vor mir?» (Mal 1,6). Ihnen hat sich Gott also unter Furcht gezeigt, denn wo der Herr auftritt, da ist Furcht. Hätte ich zu wählen, so würde ich liebend gern die Art der Schau vorziehen, die der Braut zuteil wird, denn von ihr erfahre ich, daß sie von einer besseren Seelenverfassung, nämlich von der Liebe begleitet ist. Die Furcht hat es ja mit der Strafe zu tun, die vollkommene Liebe aber vertreibt die Furcht (1 Joh 4,18). Ein großer Unterschied besteht darin, ob der Herr furchterregend zur Verhandlung über die Menschensöhne erscheint (Ps 66,5), oder ob er in herrlicher Gestalt vor die Menschensöhne tritt (Ps 45,3). Aus den Worten: «Siehe, anmutig bist du, mein Geliebter, und schön von Gestalt» (Hld 1,15), klingt ja nicht die Furcht, sondern die Liebe.

Wie können das WORT *und die Seele miteinander sprechen?*
7. Vielleicht steigen jetzt in deinem Herzen Gedanken auf (Lk 24,38), und du fragst voll Zweifel bei dir: «Wie können die Worte, die das WORT zur Seele spricht, zu ihr gelangen, und wie kann umgekehrt die Seele zum WORT sprechen? Wie kann die Seele die Stimme dessen hören, der zu ihr spricht und ihr bezeugt, sie sei schön, so daß sie ihn mit dem gleichen Ausruf rühmen kann? Wie kann das geschehen (Joh 3,9)? Denn zwar bedienen wir uns des Wortes zum Sprechen, aber das WORT selbst spricht doch nicht.

Und ebenso kann die Seele selbst nicht unmittelbar sprechen, sondern sie muß sich vom Mund ihres Leibes Worte zum Sprechen formen lassen.»

Deine Fragen sind berechtigt. Aber beachte, daß hier der Geist spricht, und daß das Gesagte geistlich verstanden werden muß. Sooft du also hörst und liest, das WORT und die Seele hielten Zwiesprache miteinander und blickten sich gegenseitig in die Augen, so stelle dir das nicht so vor, als würden sich dabei leibhaftige Stimmen austauschen oder als würden die Bilder der beiden leibhaftig erscheinen.

Höre vielmehr, wie du dir das denken mußt.

Das WORT *spricht durch seine Zuneigung, die Seele durch ihre Hingabe.*

Das WORT ist Geist, und die Seele ist Geist, und sie haben ihre eigene Sprache, mit der sie sich gegenseitig ansprechen und sich zu verstehen geben, daß sie da sind. Die Sprache des WORTES ist die Güte seiner Zuneigung, und die Sprache der Seele ist die Glut ihrer Hingabe. Eine Seele, die diese glühende Hingabe nicht hat, ist wie ein der Sprache nicht mächtiges Kind, und sie kann mit dem WORT nicht Zwiesprache halten. Wenn aber das WORT seine eigene Sprache betätigt und zur Seele sprechen will, dann ist es unmöglich, daß die Seele das nicht spürt. «Denn das WORT Gottes ist lebendig und wirksam und schärfer als jedes zweischneidige Schwert; es dringt durch bis zur Scheidung von Seele und Geist» (Hebr 4,12). Und umgekehrt: wenn die Seele zu lallen beginnt, kann dies dem WORT noch viel weniger verborgen bleiben; nicht nur, weil es allgegenwärtig ist, sondern vor allem deshalb, weil diese Sprache nur anheben kann, wenn das WORT selbst die Anregung dazu gibt.

Das WORT *schenkt das Empfinden, geliebt zu werden; die Seele staunt und sagt Dank.*

8. Daß das WORT also zur Seele sagt: «Du bist schön» (Hld 1,14) und sie seine «Freundin» nennt, bedeutet: das WORT flößt der Seele

die Kraft zur Liebe ein und schenkt ihr das Empfinden, geliebt zu werden. Und umgekehrt: das WORT als «Geliebten» bezeichnen und «schön» nennen (Hld 1,15), bedeutet: die Seele schreibt die Erfahrung, lieben zu können und geliebt zu werden, ohne Wenn und Aber dem WORT zu; sie bewundert seine Zuneigung und bestaunt seine Gnade. Die Schönheit des WORTES besteht in seiner Liebe, und diese Liebe ist deshalb besonders groß, weil sie immer den Anfang macht. Je früher die Seele spürt, daß das WORT mehr ein Liebhaber als ein Geliebter ist, desto häufiger und stürmischer ruft sie mit allen Fasern ihres Herzens und mit den innersten Stimmen ihres Liebesvermögens ihre Sehnsucht hinaus, von ihm geliebt zu werden.

So spricht also das WORT, indem es sich als Gabe eingießt, und die Seele gibt Antwort, indem sie unter Danksagung staunt. Ihre Liebe steigert sich in dem Maß, wie sie spürt, daß sie im Liebeswettstreit besiegt ist; und ihre Bewunderung nimmt zu, weil sie immer mehr erkennt, wie weit voraus ihr die Liebe des WORTES ist. Deshalb genügt es ihr nicht, nur einfach zu sagen: «Du bist anmutig» (Hld 1,15), sondern sie fügt hinzu: «und schön»; und durch diese Wiederholung will sie zum Ausdruck bringen, wie überragend seine Anmut ist.

Der Weg aus der Knechtschaft des Eigenwillens in die Freiheit der Liebe über die Stufen der Liebe des Knechtes, des Lohnarbeiters und des Sohnes

Aus Brief 11

Eine unvollkommene Form der Liebe: lieben, weil es einem selbst gut tut.
3. Wahr und aufrichtig ist jene Liebe, von der man sagen kann, sie komme «aus einem reinen Herzen, aus gutem Gewissen und ehrlichem Glauben» (1 Tim 1,5), eine Liebe, mit der wir das Wohl unseres Nächsten genauso lieben wie unser eigenes Wohl. Wer hingegen sein eigenes Wohl mehr liebt oder wer *nur* auf sein eigenes Wohl bedacht ist, muß sich darüber im klaren sein, daß er das Gute nicht in lauterer Gesinnung liebt: er liebt es ja um seines eigenen Vorteils und nicht um seiner selbst willen. Ein so eingestellter Mensch kann nicht der Aufforderung des Propheten entsprechen: «Preist den Herrn, denn er ist gut!» (Ps 106,1). Er mag den Herrn preisen, weil er *für ihn* gut ist, aber er wird ihn nicht preisen, weil er *in sich* gut ist. Darum soll er wissen, daß ihm der Vorwurf des gleichen Propheten gilt: «Er wird dich nur preisen, solange du ihm wohltust» (Ps 49,19).

Drei Stufen der Liebe: die des Knechtes, des Lohnarbeiters und des Sohnes.
Der eine preist den Herrn, weil er mächtig ist; der andere preist ihn, weil er ihm gut tut; ein anderer preist ihn, weil er einfach in sich selbst gut ist.

Der erste ist ein Knecht: er fürchtet um seinen Bestand. Der zweite ist ein Lohnarbeiter: er ist darauf bedacht, es zu etwas zu bringen. Der dritte ist ein Sohn: er ist gern beim Vater. Deshalb handeln die beiden ersten, der, der Gott fürchtet, und der, der etwas von ihm haben möchte, in ihrem eigenen Interesse. Nur die Liebe, die den dritten, den Sohn, beseelt, «sucht nicht ihren eigenen Vorteil» (1 Kor 13,5).

Ich glaube, darum ist von dieser Liebe gesagt: «Das Gesetz des Herrn ist lauter, es kehrt die Seelen um» (Ps 19,5), denn nur diese Liebe kann den Geist von der Liebe zu sich selbst und zur Welt ab- und zu Gott hinkehren. Dagegen kehrt weder die Furcht noch die auf Eigenes bedachte Liebe die Seele um. Diese Regungen verändern lediglich ein wenig das Gesicht oder das Verhalten, aber niemals die Ausrichtung des innersten Strebens. Zwar verrichtet zuweilen auch der Knecht das Werk Gottes; aber weil er es nicht aus eigenem Antrieb tut, muß er wissen, daß er weiter in seiner Herzenshärte verharrt. Auch der Lohnarbeiter tut zuweilen den Willen Gottes; aber weil er ihn nicht ohne Lohn tut, wird deutlich, daß er von seiner Eigensucht angetrieben wird. Wo Eigenes festgehalten wird, da ist Eigenbrötelei; wo Eigenbrötelei ist, da ist Winkel; wo ein Winkel ist, da sammelt sich unvermeidlich Schmutz an, und es entsteht Fäulnis. Mag deshalb der Knecht die Furcht, in deren Griff er ist, als sein Gesetz haben; mag dem Lohnarbeiter seine Eigensucht ein Gesetz sein, das ihn in engen Schranken hält, wenn er in Anfechtungen davon abgelenkt oder weggelockt wird: nichts davon ist lauter, und nichts davon ist imstande, Seelen umzukehren. Nur die Liebe kehrt die Seelen um, so daß sie aus freiem Willen Gott dienen.

Das innerste Lebensgesetz und das Wesen des dreifaltigen Gottes ist:
selbstlose Liebe.
4. Ich möchte von der Liebe sagen, sie sei lauter, weil sie gewöhnlich nichts von dem Ihren sich selbst vorbehält. Wer aber nichts als sein Eigentum in Anspruch nimmt, dessen ganze Habe gehört Gott;

und was Gott gehört, kann nicht unlauter sein. Folglich ist das lautere Gesetz des Herrn die Liebe, die nicht sucht, was ihr allein nützlich ist, sondern was vielen nützt. Diese Liebe wird als das «Gesetz des Herrn» bezeichnet, weil der Herr selbst nach diesem Gesetz lebt und weil keiner sie besitzt, wenn nicht er sie ihm schenkt.

Niemand soll es für abwegig halten, wenn ich gesagt habe, auch Gott lebe nach einem Gesetz, denn ich habe mit diesem Gesetz ja nur die Liebe gemeint. Was gewährleistet denn in jener höchsten und seligen Dreifaltigkeit jene höchste und unaussprechliche Einheit? Ist es nicht die Liebe? Die Liebe ist also ein Gesetz, und zwar ein Gesetz des Herrn. Dieses Gesetz fügt die Dreifaltigkeit zur Einheit und hält sie im Band des Friedens zusammen.

Niemand soll jedoch glauben, ich hielte die Liebe hier für eine Eigenschaft oder für eine nicht wesenseigene Zutat: dann würde ich ja behaupten – was fern sei –, sie sei etwas, was Gott nicht ist; nein, die Liebe ist das Wesen Gottes selbst. Damit sage ich nichts Neues oder Ungewöhnliches, sondern das stammt von Johannes: «Gott ist die Liebe» (1 Joh 4,16). Und deshalb kann man mit Recht die Liebe als Gott und als Gabe Gottes bezeichnen. Die Liebe selbst schenkt die Liebe; der seinem Wesen nach die Liebe ist, schenkt die Eigenschaft der Liebe. Wo mit «Liebe» der Geber bezeichnet wird, ist mit «Liebe» sein Wesen gemeint; wo mit «Liebe» die Gabe bezeichnet wird, ist die Eigenschaft gemeint.

Diese Liebe ist das ewige Gesetz, die Erschafferin und Lenkerin des Weltalls. Durch sie ist alles nach Gewicht, Maß und Zahl erschaffen. Nichts hat sie ohne Gesetz gelassen, weil sie selbst als Gesetz aller Dinge nicht ohne Gesetz ist. Jedoch ist sie sich selbst Gesetz. Sie selbst hat sich zwar nicht nach diesem Gesetz erschaffen, aber sie regiert sich selbst nach diesem Gesetz.

Das selbstgemachte Lebensgesetz des Knechtes und des Lohnarbeiters: das unerträglich schwere Joch des Eigenwillens.
5. Der Knecht nun und der Lohnarbeiter haben auch ein Gesetz,

aber eines, das nicht vom Herrn stammt, sondern das sie sich selbst zurechtgelegt haben: der Knecht, weil er Gott nicht liebt, der Lohnarbeiter, weil er anderes mehr liebt als Gott. Sie haben, sage ich, als Gesetz nicht dasjenige des Herrn, sondern ihr eigenes; aber dieses ist dennoch dem Gesetz des Herrn unterworfen. Beide konnten sich zwar ihr eigenes Gesetz machen, aber sie konnten es nicht außerhalb der unabänderlichen Ordnung des ewigen Gesetzes aufstellen.

Immer dann macht sich jemand sein eigenes Gesetz, wenn er seinen eigenen Willen über das allgemeine und ewige Gesetz stellt und sich in seinem Wahn auf eine Ebene mit dem stellen will, der ihn erschaffen hat: wenn einer wie Gott sich selbst Gesetz sein will, nach eigenen Rechtsnormen, und wenn er sich wie Gott selbst regieren will; wenn er für sich seinen eigenen Willen zum Gesetz erhebt. Wehe! Daraus wird ein schweres und unerträgliches Joch, das auf allen Kindern Adams lastet und unsere Nacken beugt und krümmt, so daß unser Leben an den Rand der Unterwelt gerät (Ps 88,4). «Ich unglücklicher Mensch, wer wird mich von diesem Todesleib befreien?» (Röm 7,24), von dem ich derart belastet werde, daß, «würde mir der Herr nicht helfen, meine Seele fast in der Unterwelt Wohnung genommen hätte» (Ps 94,17). Unter dieser Last war der Mann gebeugt, der stöhnend sprach: «Warum hast du mich zu deinem Widersacher gemacht, und warum bin ich mir selbst zur Last geworden?» (Ijob 7,20). Wenn er sagt: «Ich bin mir selbst zur Last geworden», verrät er, daß dieses Gesetz von ihm selbst stammte und daß es kein anderer als er selbst für sich gemacht hatte. Und wenn er, Gott ansprechend, vorausschickt: «Du hast mich zu deinem Widersacher gemacht», macht er deutlich, daß er dennoch nicht dem Gesetz Gottes hatte entrinnen können. Das entspricht der Eigenart des ewigen und gerechten Gesetzes Gottes: wer sich weigert, sich von Gott voll Milde regieren zu lassen, wird zur Strafe von sich selbst regiert; wer aus eigenen Stücken das milde und leichte Joch der Liebe abwirft, muß wider Willen unter dem unerträglich schweren Joch seines eigenen Willens leiden.

6. Auf staunenswerte Weise bringt es also das ewige Gesetz fertig, den, der vor ihm flieht, sich zum Widersacher zu machen und ihn zugleich unter seiner Herrschaft zu halten. Es geschieht ihm recht, daß er nicht dem Gesetz der Gerechtigkeit entgeht und doch nicht bei Gott in seinem Licht bleibt, in seiner Ruhe, in seiner Herrlichkeit: er ist der Gewalt unterworfen und vom Glück entfernt.

Gebet um den Geist der Freiheit der Liebe.
Herr, mein Gott, «warum nimmst du nicht meine Sünde weg und warum tilgst du nicht mein Vergehen?» (Ijob 7,21). Dann könnte ich die Last meines Eigenwillens abwerfen und unter dem leichten Joch der Liebe aufatmen. Ich würde nicht mehr von knechtischer Furcht gegängelt und nicht mehr von der Begierde eines Lohnarbeiters gelockt. Ich würde von deinem Geist geleitet, vom Geist der Freiheit, von dem deine Söhne geleitet werden. Dieser Geist würde auch meinem Geist bezeugen, daß ich einer von deinen Söhnen bin. Dann wäre das Gesetz meines Verhaltens das gleiche wie das deine, und ich wäre in dieser Welt so, wie du in dieser Welt bist.

Auch die Söhne leben nicht ohne Gesetz: es wird ihnen in Freiheit an die Hand gegeben.
Menschen, die erfüllen, was der Apostel sagt: «Bleibt niemandem etwas schuldig, außer, daß ihr einander liebt» (Röm 13,8), sind zweifellos so in der Welt, wie Gott es ist, und sie sind nicht Knechte oder Lohnarbeiter, sondern Söhne.
Auch die Söhne leben nicht ohne Gesetz. Jemand könnte darüber anderer Meinung sein, weil es in der Schrift heißt: «Dem Gerechten ist kein Gesetz auferlegt» (1 Tim 1,9). Allerdings ist es eben ein Unterschied, ob ein Gesetz vom Geist der Knechtschaft unter Furcht auferlegt ist, oder ob der Geist der Freiheit in Milde ein Gesetz zur Hand gibt. Die Söhne werden nicht unter das Gesetz der Knechtschaft gezwungen, aber sie wollen auch nicht ohne das Gesetz der Freiheit leben.
Willst du einen Beleg dafür haben, daß «den Gerechten kein Gesetz

auferlegt ist»? Es heißt: «Ihr habt nicht den Geist der Knechtschaft empfangen, um euch wieder fürchten zu müssen» (Röm 8,15). Willst du hören, daß sie dennoch nicht ohne das Gesetz der Liebe sind? «Doch ihr habt den Geist der Annahme an Sohnes Statt empfangen», heißt es weiter. Und schließlich höre den Gerechten, wie er beides von sich aussagt, nämlich, daß er nicht unter dem Gesetz stehe und doch nicht ohne Gesetz lebe. Er sagt: «Ich bin für die, die unter dem Gesetz lebten, wie einer unter dem Gesetz geworden, obwohl ich selbst nicht unter dem Gesetz stand; und für die, die ohne Gesetz waren, bin ich wie ein Gesetzloser geworden, obwohl ich nicht ohne das Gesetz Gottes, sondern im Gesetz Christi war» (1 Kor 9,20–21). Daher wird ganz zutreffend nicht etwa gesagt: «Die Gerechten *haben* kein Gesetz» oder: «Die Gerechten *sind* ohne Gesetz», sondern: «Den Gerechten ist kein Gesetz *auferlegt*», das heißt, es wird ihnen nicht gegen ihren Willen aufgezwungen, sondern mit ihrem Einverständnis in Freiheit an die Hand gegeben, und zwar so, daß es ihnen zärtlich eingehaucht wird. Darum sagt der Herr so behutsam: «Ich lege es euch nicht gegen euren Willen auf. Nehmt es, wenn ihr wollt. Wenn ihr es nicht nehmt, findet ihr allerdings nicht Ruhe, sondern Mühsal für eure Seelen.» (vgl. Mt 11,29).

Wie das Gesetz der Liebe die Gesetze des Knechtes und des Lohnarbeiters ordnet.

7. Die Liebe ist also ein gutes und süßes Gesetz, das sich nicht nur leicht und süß tragen läßt, sondern auch die Gesetze der Knechte und der Lohnarbeiter tragbar und leicht macht; es zerstört diese Gesetze nicht, sondern hilft zu ihrer Erfüllung, wie der Herr sagt: «Ich bin nicht gekommen, das Gesetz aufzulösen, sondern zu erfüllen» (Mt 5,17). Das Gesetz der Liebe mildert das Gesetz des Knechtes, es ordnet das Gesetz des Lohnarbeiters; beide macht es leichter. Niemals ist die Liebe ohne Furcht, aber ihre Furcht ist lauter; niemals ist sie ohne Begehren, aber ihr Begehren ist geordnet. So erfüllt also die Liebe das Gesetz des Knechtes, indem sie ihm den

Geist der Hingabe einflößt; sie erfüllt das Gesetz des Lohnarbeiters, indem sie sein Begehren auf das richtige Ziel hinordnet. Wenn Hingabe in die Furcht gemischt wird, löst sie diese nicht auf, sondern läutert sie. Nur die Strafe wird aufgehoben, ohne die die Furcht nicht aufrecht erhalten werden konnte, solange sie knechtisch war; aber die Furcht als lautere Furcht des Sohnes bleibt in alle Ewigkeit.

Wenn zu lesen ist: «Die vollkommene Liebe treibt die Furcht hinaus» (1 Joh 4,18), dann ist darunter die Strafe zu verstehen, die, wie gesagt, immer mit der knechtischen Furcht verbunden ist, entsprechend jenem Sprachgebrauch, mit dem man oft anstelle der Wirkung die Ursache nennt. Das Begehren wird von der hinzukommenden Liebe dann richtig geordnet, wenn man das Böse von Grund aus verwirft, dem Guten das Bessere vorzieht und auch das Gute nur um des Besseren willen erstrebt. Ist dies dank der Gnade Gottes vollständig erreicht, so wird man seinen Leib und alle Güter des Leibes nur um seiner Seele willen lieben; seine Seele wird man nur um Gottes willen lieben, Gott aber wird man um seiner selbst willen lieben.

Die Liebe muß im Fleisch beginnen und allmählich zu höheren Formen reifen.

8. Weil wir jedoch fleischlich sind und aus der Begierlichkeit des Fleisches geboren werden, muß unser Begehren oder unsere Liebe im Fleisch beginnen. Wird diese in die rechte Ordnung gelenkt, so wird sie unter Führung der Gnade in bestimmten Stufen voranschreiten und schließlich im Geist zur höchsten Vollendung gelangen. Denn «nicht das Geistige steht am Anfang, sondern das Fleischliche, Animalische; dann erst kommt das Geistige» (vgl. 1 Kor 15,46), und notwendigerweise tragen wir zuerst das Bild des Irdischen an uns und erst später das des Himmlischen.

177

Die drei Stufen der Liebe: Selbstliebe um seiner selbst willen – Gottesliebe um seiner selbst willen – Gottesliebe um Gottes willen.

Zunächst also liebt der Mensch sich um seiner selbst willen. Er ist Fleisch und hat an nichts anderem Geschmack als an sich selbst. Sieht er dann aber, daß er aus sich selbst nicht bestehen kann, so fängt er an, im Glauben Gott zu suchen und zu lieben, weil er ihn sozusagen notwendig für sich braucht. Und so liebt er auf der zweiten Stufe Gott, aber um seiner selbst, nicht um Gottes willen. Hat er jedoch erst einmal angefangen, aus eigenem Bedürfnis Gott zu verehren und sich an ihn zu wenden, indem er über ihn nachdenkt und liest, zu ihm betet und ihm gehorcht, dann wird er immer vertrauter mit ihm, und ganz allmählich leuchtet ihm Gott spürbar auf. Die Folge ist, daß er immer mehr Geschmack an Gott findet. Und wenn er so verkostet, wie gut der Herr ist, gelangt er auf die dritte Stufe, auf der er Gott nicht mehr um seines eigenen Gewinnes, sondern um seiner selbst willen liebt.

Die Vollendung der Liebe: mystische Ekstase und Einswerden mit Gott.

In diesem Zustand bleibt man dann lange; und ich weiß nicht, ob ein Mensch in diesem Leben ganz so weit kommen kann, daß er auf der vierten Stufe sich selbst nur noch um Gottes willen liebt. Wer darin Erfahrung hat, mag davon Zeugnis geben. Mir jedenfalls, so gestehe ich, kommt es unmöglich vor. Es wird zweifellos dann wahr werden, wenn der gute und getreue Knecht in die Freude seines Herrn eingeführt (Mt 25,21) und trunken sein wird von der Fülle des Hauses Gottes (Ps 36,9). Er wird dann auf eine wunderbare Weise sozusagen ganz sich selbst vergessen, gleichsam ganz und gar sich selbst entschwinden und ganz in Gott eingehen: von da an wird er ihm anhangen und *ein* Geist mit ihm sein (vgl. 1 Kor 6,17).

Die Vollendung der Liebe im Geist.

9. Ich vermute, dies hat der Prophet empfunden, als er sagte: «Ich will eintreten in die Machtfülle des Herrn; Herr, allein deiner Ge-

rechtigkeit will ich eingedenk sein» (Ps 71,16). Er wußte bestimmt, daß ihm alle Schwachheiten des Fleisches ausgezogen würden, wenn er in die geistliche Machtfülle des Herrn einträte. Er sollte dann durchaus nichts Fleischliches mehr im Sinn haben, sondern er sollte völlig im Geist leben und nur noch der Gerechtigkeit Gottes eingedenk sein.

Dann werden sicher die einzelnen Glieder Christi von sich sagen können, was Paulus vom Haupt gesagt hat: «Wenn wir Christus auch dem Fleische nach gekannt haben, dann kennen wir ihn doch jetzt nicht mehr so» (2 Kor 5,16). Dort kennt auch niemand sich selbst dem Fleische nach, denn «Fleisch und Blut werden das Reich Gottes nicht besitzen» (1 Kor 15,50). Das soll nicht heißen, es gebe in der Zukunft die Substanz unseres Fleisches nicht mehr, sondern nur, daß in der Zukunft alle fleischliche Notwendigkeit aufgehoben sein wird, daß die fleischliche Liebe ganz in der geistlichen Liebe aufgehen muß und daß die Strebungen, die jetzt noch ganz menschlich sind, sich in eine Art göttlicher Kräfte umwandeln lassen müssen.

Dann wird das Netz der Liebe, das jetzt durch «dieses große und weite Meer gezogen wird und Fische aller Art» (Mt 13,47–48) unablässig einsammelt, endlich an Land geholt; die schlechten Fische werden hinausgeworfen, und nur die guten werden zurückbehalten.

In diesem Leben trägt das Netz der Liebe in seinem weiten Schoß «Fische aller Art». Die Liebe paßt sich in dieser Zeitlichkeit allen an, schlägt Brücken zu allen Menschen in ihrem Glück wie in ihrem Unglück und macht ihr Schicksal zu dem ihrigen; sie freut sich nicht nur mit den Fröhlichen, sondern sie weint auch mit den Weinenden. Aber wenn sie an Land kommt, wird sie alles Traurige, das sie erleidet, wie schlechte Fische hinauswerfen und nur zurückbehalten, was Gefallen und Freude schenken kann.

Das stete Wachsen der Liebe bis zur Ekstase und Vollendung in Gott

Aus der Abhandlung «Über die Gottesliebe» (Dil.)

Der Grund und das Maß der Gottesliebe.
I.1. Ihr wollt also von mir hören, aus welchem Grund und mit welchem Maß man Gott lieben soll. Und ich sage: Der Grund, weshalb wir Gott lieben sollen, ist ganz einfach Gott, und das Maß ist die Maßlosigkeit.

Beim Anblick Jesu Christi wird die Kirche von der Liebe Gottes verwundet.
III.7. Für Menschen, die an Gott glauben, ist es offenbar, wie unbedingt notwendig für sie Jesus ist, und zwar als Gekreuzigter (1 Kor 2,2). Sie bewundern und erfassen in seiner Person die Liebe, die alle Begriffe übersteigt, und sie scheuen sich nicht, ihm mit dem wenigen, das sie sind, für so viel Liebe und Zuneigung etwas zurückzuschenken.
Mit Leichtigkeit werden sie einer größeren Liebe fähig, wenn ihnen aufgeht, daß sie noch weit mehr geliebt werden.
Wem aber weniger gegeben wird, der liebt auch weniger (Lk 7,47). Eie Jude oder Heide wird niemals von solchen Stacheln der Liebe angespornt, wie sie die Kirche erfährt. Die Kirche macht sich die Worte zu eigen: «Ich bin verwundet von der Liebe» (Hld 2,5) und: «Schmückt mich mit Blumen, erquickt mich mit Äpfeln, denn ich bin krank vor Liebe» (ebd.). Sie hat den König Salomo mit dem Diadem vor Augen, mit dem ihn seine Mutter gekrönt hat (Hld 3,11); sie hat den Einziggeborenen des Vaters vor Augen, der sein Kreuz selbst trägt (Joh 19,17); den Herrn voll Majestät, der geschlagen und angespuckt wird; den Urheber des Lebens und der Herrlichkeit, der mit Nägeln ans Kreuz geschlagen, mit einer Lanze durchbohrt, mit Schmach gesättigt wird und der schließlich seine geliebte Seele für seine Freunde einsetzt (Joh 15,13). All dies

hat sie vor Augen; und deshalb dringt durch ihre Seele mit großer Wucht das Schwert der Liebe (Lk 2,35), und sie sagt: «Schmückt mich mit Blumen, erquickt mich mit Äpfeln, denn ich bin krank vor Liebe» (Hld 2,5).

Die Liebe wird von der Betrachtung des Leidens Christi weitergeführt zur Schau der Auferstehung und der neuen Welt.

Das sind also die purpurroten Äpfel, die die Braut des Geliebten, in den Garten geführt, vom Baum des Lebens pflückt (Hld 6,10; Gen 2,22). Ihren eigentümlichen Geschmack haben sie vom Brot des Himmels, ihre Farbe vom Blut Christi. Und schließlich sieht die Braut den Tod getötet und den Urheber des Todes siegreich überwunden. Sie sieht, wie die Gefangenschaft gefangen abgeführt wird (Ps 68,19), aus der Unterwelt hinauf zur Erde, von der Erde hinauf in die Himmel, damit sich im Namen Jesu jedes Knie derer im Himmel, auf Erden und in der Unterwelt beuge (Phil 2,10). Sie erblickt, wie die Erde, die unter dem alten Fluch Dornen und Disteln hervorgebracht hatte, unter einer neuen Gnade und einem neuen Segen mit neuem Leben aufblüht. Angesichts all dessen kommt ihr der Vers in den Sinn: «Auch mein Fleisch blüht auf, und ich will ihn von Herzen lobpreisen» (Ps 28,7). Es drängt sie, den Äpfeln der Passion, die sie vom Baum des Kreuzes gepflückt hatte, Blumen der Auferstehung hinzuzufügen, in der Hoffnung, ihr starker Duft werde den Bräutigam dazu einladen, sie häufiger zu besuchen.

8. Und dann sagt sie: «Siehe, du bist anmutig, mein Geliebter, und schön; voller Blumen ist unser Lager» (Hld 1,15). Indem sie auf das Lager hinweist, eröffnet sie deutlich genug, wonach sie sich sehnt; und wenn sie angibt, es sei voller Blumen, sagt sie auch deutlich genug, wovon sie die Erfüllung ihrer Sehnsucht erwartet: nicht von ihren Verdiensten, sondern von den Blumen des Feldes, das der Herr gesegnet hat (Gen 27,27). Christus hat Freude an Blumen, denn er wollte in «Nazareth» empfangen und gestillt werden (Bernhard spielt hier auf die – irrtümliche – Auslegung an, «Naza-

reth» bedeute übersetzt «Blume»). Der himmlische Bräutigam freut sich über solchen Wohlduft und tritt häufig und gern in ein Brautgemach des Herzens ein, das er mit solchen Früchten erfüllt und mit solchen Blumen bestreut vorfindet. Wo entweder die Gnade seiner Passion oder die Herrlichkeit seiner Auferstehung ständig das Denken beschäftigt, da ist er auch ständig gegenwärtig, und er ist dort *gern* ständig gegenwärtig.

Mit der Auferstehung Christi ist dieses neue Leben bereits für uns angebrochen.

Die Male seines Leidens kannst du sozusagen als die Früchte des vergangenen Jahres ansehen; sie stehen für alles, was sich in der Vergangenheit unter der Herrschaft der Sünde und des Todes abgespielt hat und schließlich in der Fülle der Zeit ans Licht kommt. Die Abzeichen der Auferstehung dagegen betrachte als die Blüten der kommenden Zeit, die als ein neuer Sommer unter der Sonne der Gnade aufbricht; ihre Frucht wird die künftige allumfassende Auferstehung gebären, und diese Frucht wird für immer bleiben.

Deshalb sagt die Braut: «Schon ist der Winter vorbei, der Regen hat aufgehört und ist gewichen, Blüten sind in unserem Land aufgegangen» (Hld 2,11–12). Sie deutet damit an, daß die sommerliche Zeit mit jenem angebrochen ist, der den Frost des Todes mit der warmen Frühlingsluft des neuen Lebens überwunden hat. «Siehe, ich mache alles neu» (Offb 21,5), spricht er. Sein Fleisch war in den Tod gesät worden (1 Kor 15,42) und ist in der Auferstehung neu aufgeblüht. Sein Duft hat zur Folge, daß bald auf der Flur unseres tiefen Tales wieder grün wird, was verdorrt, wieder warm wird, was erkaltet, wieder lebendig wird, was erstorben war.

Dem Betrachtenden sollen stets die beiden einander ergänzenden Seiten Gottes vor Augen stehen: seine Allmacht und sein Mitleid.

9. Über dieses neue Blühen und Fruchtbringen und angesichts der Schönheit des Feldes, das so wunderbaren Duft verströmt, hat auch der Vater selbst an seinem Sohn Freude, der alles neu macht, und so

sagt er: «Siehe, der Duft meines Sohnes ist wie der Duft eines vollen Feldes, das der Herr gesegnet hat» (Gen 27,27). Es ist wirklich voll, und aus seiner Fülle haben wir alle empfangen (Joh 1,16).

Am meisten fühlt sich die Braut auf diesem Feld daheim, und sie sammelt auf ihm Blumen und pflückt Äpfel, soviel sie will. Damit bestreut sie den innersten Raum ihres eigenen Herzens, so daß er dem Bräutigam, wenn er eintritt, als süßes Ruhelager entgegenduftet.

Wollen wir Christus häufig als Gast haben, so müssen wir unsere Herzen immer wieder frisch mit den Zeugnissen des Glaubens schmücken, sowohl mit Zeugnissen für das Mitleid des Sterbenden wie mit Zeugnissen für die Macht des Auferstehenden. So hat David gesagt: «Diese zwei Dinge habe ich vernommen: daß Gott Macht hat und daß du, Herr, voll Mitleid bist» (Ps 62,12–13). Für beides sind «die Zeugnisse ungemein glaubwürdig geworden» (Ps 93,5): Christus ist wegen unserer Vergehen gestorben, ist um unserer Rechtfertigung willen auferstanden, ist zu unserem Schutz in den Himmel aufgestiegen, hat zu unserem Trost den Geist gesandt und wird eines Tages zu unserer Vollendung wiederkommen. So hat er im Tod sein Mitleid, in der Auferstehung seine Macht und beides in jeder der übrigen Taten bewiesen.

In dieser Zeitlichkeit hält das Andenken an Gottes Heilstaten unsere Liebe wach; in der Vollendung wird die Vergangenheit aufgehoben in eine bleibende Gegenwart; die Vergegenwärtigung des Vergangenen in der Betrachtung ist der Anfang dieser Gegenwart.

10. Das sind die Äpfel, das sind die Blumen, mit denen die Braut in der Zwischenzeit so gern erquickt und gestärkt werden möchte. Ich glaube, sie fühlt, daß in ihr die Kraft der Liebe leicht nachlassen und erlahmen könnte, wenn sie nicht ständig durch solche Anreize geschürt würde, bis sie schließlich irgendwann in die Ruhekammer geführt und in die so lange ersehnten Umarmungen aufgenommen wird und sagen darf: «Seine Linke ruht unter meinem Kopf und seine Rechte hält mich umarmt» (Hld 2,6).

Dann wird sie spüren und erfahren, wie sämtliche Zeugnisse seiner Liebe, die sie beim ersten Kommen des Geliebten sozusagen aus seiner linken Hand empfangen hatte, angesichts der Überfülle der Köstlichkeit, die ihr aus der Umarmung durch seine Rechte zuteil wird, nichts mehr wert sind und allesamt sozusagen weit hinter ihr liegen. Sie spürt dann aus eigener Erfahrung, was sie vom Hören schon wußte: «Das Fleisch nützt nichts; der Geist ist es, der lebendig macht» (Joh 6,64). Dann erweist sich ihr als wahr, was sie gelesen hatte: «Mein Geist ist süßer als Honig, und mein Erbe übertrifft Honig und Wabe» (Sir 24,27). Und mit den darauffolgenden Worten «Mein Andenken überdauert alle Geschlechter der Weltzeiten» (Sir 24,28) will sie sagen: solange wir sehen, daß diese gegenwärtige Weltzeit noch besteht, in der ein Geschlecht kommt und ein Geschlecht vergeht, solange den Auserwählten noch nicht volle Erfüllung in der Gegenwart zuteil wird, werden sie stets aus dem Andenken Trost schöpfen. Deshalb heißt es in der Schrift: «Das Andenken an die Überfülle deiner Wonne wird aus ihnen hervorsprudeln» (Ps 145,7). Damit sind zweifellos jene gemeint, von denen kurz vorher gesagt worden war: «Geschlecht um Geschlecht wird deine Werke rühmen» (Ps 145,4).

So ist das Andenken das, was den Geschlechtern der Weltzeiten zukommt, die reine Gegenwart aber wird im himmlischen Reich wahr. Die schon aufgenommenen Erwählten sind verherrlicht in dieser Gegenwart; das Geschlecht, das noch auf der Pilgerschaft ist, schöpft derweil Trost aus dem Andenken.

Das betrachtende Andenken wendet sich nicht nur der Vergangenheit zu, sondern streckt sich auch in die Zukunft aus; es holt alles in die Gegenwart.

IV.11. Nun ist aber wichtig, zu sehen, welche Art Geschlecht aus dem Andenken an Gott Trost gewinnt. Nicht das verderbte und trotzige (Ps 78,8), zu dem gesagt wird: «Wehe euch, ihr Reichen, ihr habt bereits euren Trost!» (Lk 6,24), sondern jenes, das mit Recht sagen kann: «Meine Seele will sich nicht trösten lassen» (Ps

77,3). Diesem Geschlecht glauben wir es auch, wenn es weiter sagt: «Ich denke an Gott und finde Freude dabei» (Ps 77,4).

So ist es angebracht: In denen, welche an den gegenwärtigen Dingen keine Freude haben, soll das Andenken an die zukünftigen Güter lebendig sein; die, welche sich auch vom Überfluß an zerfließenden Dingen nicht trösten lassen wollen, finden ihre Freude im Denken an die Ewigkeit. Das ist das Geschlecht derer, die den Herrn suchen (Ps 24,6), die nicht das Ihre suchen, sondern das Angesicht des Gottes Jakobs.

Denen, die Gott suchen und sich nach seiner Gegenwart sehnen, ist also immer wieder das Andenken an ihn ein köstliches Gut; es sättigt sie nicht, sondern verstärkt ihren Hunger nach dem, was sie wirklich sättigen kann. Deshalb sagt er, der ihre eigentliche Nahrung ist, von sich: «Wer mich ißt, wird noch mehr Hunger bekommen» (Sir 24,9), und der von ihm gegessen hat, sagt: «Ich werde erst satt werden, wenn deine Herrlichkeit offen erscheint» (Ps 17,15). Selig sind dennoch jetzt schon, die hungern und dürsten nach der Gerechtigkeit (Mt 5,6), denn einst werden sie, und nicht die andern, gesättigt werden.

Vor der Rede vom Kreuz schrecken die meisten Menschen zurück und laden sich in Wirklichkeit eine Last auf, die schwerer ist als das leichte Joch Christi.

Entsprechend dem Wort: «Wer mein Fleisch ißt und mein Blut trinkt, hat das ewige Leben» (Joh 6,55) wird uns täglich in der Kirche das Andenken an das Leiden des Herrn entfaltet. Das bedeutet: wer das Andenken an meinen Tod wachhält und nach meinem Vorbild seine irdischen Glieder abtötet, hat das ewige Leben (vgl. Kol 3,5); und das bedeutet: wenn ihr mit mir leidet, werdet ihr auch mit mir herrschen.

Dennoch schrecken auch heute noch die meisten vor diesem Wort zurück und weichen vor ihm aus; sie entgegnen zwar nicht mit Worten, aber durch ihr tatsächliches Verhalten: «Diese Rede ist hart. Wer kann sie hören?» (Joh 6,61). Deshalb wird ein Geschlecht, das sein Herz nicht auf ihn ausgerichtet hält und dessen Geist nicht treu zu Gott steht (Ps 78,8), sondern das seine Hoffnung lieber auf unsichere Reichtümer setzt, verärgert, wenn es auch nur das Wort «Kreuz» hört, und das Andenken an das Leiden kommt ihm lästig vor.

Wie wird ein solches Geschlecht aber die Wucht des Wortes beim Erscheinen des Herrn aushalten: «Weg von mir, ihr Verfluchten, ins ewige Feuer, das dem Teufel und seinen Engeln bereitet ist!» (Mt 25,41)? Dieser steinharte Brocken wird jeden zermalmen, auf den er fällt (Mt 21,44).

Das Geschlecht der Rechtschaffenen dagegen wird gesegnet (Ps 112,2), denn sie bemühen sich mit dem Apostel ständig darum, Gott zu gefallen, sei es in der Fremde oder daheim (2 Kor 5,9). Sie werden schließlich hören: «Kommt, ihr Gesegneten meines Vaters...» (Mt 25,34).

Das Geschlecht derer, die ihr Herz nicht auf ihn ausgerichtet hatten, wird dann zu spät erfahren, wie süß im Vergleich mit jener Qual das Joch Christi und wie leicht seine Last ist (Mt 11,30), der es im Hochmut seinen starren Nacken entzogen hat, als sei sie eine schwere und harte Bürde. Ihr erbärmlichen Sklaven des Mammons! Ihr könnt euch nicht des Kreuzes unseres Herrn Jesus Christus rühmen und zugleich eure Hoffnung auf Geld und Reichtum setzen; ihr könnt nicht dem Gold nachlaufen und zugleich spüren, wie süß der Herr ist. Und so wird es kommen, daß ihr ihn in seiner Gegenwart hart empfinden werdet, weil ihr nicht gelernt habt, ihn im Andenken als süß zu empfinden.

Wer sich auf das Kreuz Christi einläßt, dem offenbart es seine Liebe und schenkt ihm die Freude seiner Nähe.

12. Eine ihm ergebene Seele dagegen sehnt sich mit aller Kraft nach seiner Gegenwart und ruht süß im Andenken an ihn. Sie rühmt sich der Schmach des Kreuzes, bis sie würdig ist, mit enthülltem Antlitz die Herrlichkeit Gottes zu schauen. Mit Recht rühmt sie sich schon jetzt und sagt: «Seine Linke ruht unter meinem Kopf

und seine Rechte hält mich umarmt» (Hld 2,6). Unter der Linken stellt sie sich die Erinnerung an jene unübertrefflich große Liebe vor, die ihr Leben für ihre Freunde hingab (Joh 15,13), und unter der Rechten die selige Schau, die er seinen Freunden versprochen hat, und die Freude über die Gegenwart seiner Allmacht.

Ganz angemessen wird jene Schau Gottes, die den Menschen vergöttlicht, jene unschätzbare Freude an der göttlichen Gegenwart, mit seiner Rechten in Verbindung gebracht. Von ihr heißt es ja auch in einem freudeerfüllten Lied: «Die Freuden in deiner Rechten dauern bis ans Ende» (Ps 16,10). Und ganz zutreffend wird jene wunderbare Liebe, um die das Andenken ständig kreist und kreisen soll, der Linken zugeordnet, denn auf ihr findet die Braut eine Lagerstatt und einen Ort der Ruhe, bis alle Bosheit vergangen ist (Ps 57,2).

Die Liebe befreit den Liebenden von allen verderblichen Bindungen.
13. So liegt also ganz richtig die Linke des Bräutigams unter dem Haupt der Braut. Auf diese Linke soll sie ihr Haupt geneigt halten, das heißt: die Ausrichtung ihres Herzens, damit sie sich nicht abwendet und nicht abbiegt zu Süchten fleischlicher, weltlicher Art, denn «der vergängliche Leib belastet die Seele, und die irdische Wohnstatt drückt den vieldenkenden Geist nieder» (Weish 9,15). Was anderes könnte die Erwägung eines derart ungeschuldeten Erbarmens, einer derart frei geschenkten und bewährten Liebe, einer derart unverhofften Zuwendung, einer derart unerschütterlichen Milde, einer derart staunenswerten Zärtlichkeit bewirken? Ja, sage ich, muß nicht die sorgfältige Betrachtung all dessen fast notwendig zur Folge haben, daß der Geist des Betrachtenden ganz von aller verderblichen Liebe gelöst und ganz wunderbar dazu hingerissen und ganz ungestüm davon gepackt wird, so daß er alles verschmäht, was man einfach verschmähen muß, wenn man diese Güter erstrebt?

Gottes Wesen ist Liebe; diese Liebe ist unserer Liebe zuvorgekommen und überragt sie unendlich.

Ja, dem Duft dieser Salben läuft die Braut eilends nach (Hld 1,3). Sie liebt glühend, und da sie sich derart geliebt sieht, kommt ihr ihre eigene Liebe ganz gering vor, selbst wenn sie sich von der Liebe ganz und gar hat in Beschlag nehmen lassen. Und das nicht zu Unrecht. Ist es denn etwas Großes, was einer so großen und kostbaren Liebe zurückerstattet wird, wenn sich winziger Staub ganz zusammentut und sich aufmacht, diese Liebe mit Liebe zu erwidern, wo ihm jener großartig Erhabene in der Liebe zuvorgekommen ist und offensichtlich alles darauf verwendet, sein Heil zu wirken? Denn «so sehr hat Gott die Welt geliebt, daß er seinen Einziggeborenen dahingab» (Joh 3,16): das ist zweifellos vom Vater gesagt; und: «er hat seine Seele in den Tod gegeben» (Jes 53,12): hier ist zweifellos vom Sohn die Rede. Und vom Heiligen Geist heißt es: «Der Tröstergeist, den der Vater in meinem Namen senden wird, er wird euch alles lehren, und er wird euch an alles erinnern, was ich euch gesagt habe» (Joh 14,26).

Gott *liebt* also, und er liebt aus seinem ganzen Wesen, denn die ganze Dreifaltigkeit liebt, sofern man von einem unendlichen und unbegreiflichen und zugleich völlig einfachen Wesen überhaupt von «ganz» sprechen kann.

Warum das Maß, Gott zu lieben, die Maßlosigkeit sein muß.

VI.16. Hier sieh vor allem, mit welchem Maß, ja wie maßlos Gott von uns geliebt zu werden verdient. Er hat – um in wenigen Worten das Gesagte zu wiederholen – uns zuerst geliebt, er, der so Große, so sehr uns, die so Kleinen, die so Erbärmlichen. Deshalb habe ich, so entsinne ich mich, am Anfang gesagt: das Maß, Gott zu lieben, sei die Maßlosigkeit.

Und weiter: wenn die Liebe, die auf Gott ausgerichtet ist, auf das Unermeßliche, auf das Unendliche ausgerichtet ist – denn Gott ist ja unermeßlich und unendlich –, dann frage ich: welchen Endpunkt oder welches begrenzte Maß könnte dann unsere Liebe haben? Und welche Folgen hat der Umstand, daß wir unsere Liebe nicht aus reiner Gnade Gott zuwenden, sondern sie ihm als Schuldner zurückerstatten? Wo die Unermeßlichkeit liebt, wo die Ewigkeit liebt, wo die Liebe, die alles Wissen überragt, liebt; wo Gott liebt, dessen Größe ohne Grenze ist, dessen Weisheit nicht mit Zahlen zu fassen ist, dessen Friede alles Begreifen übersteigt: könnte da unsere Antwort der Liebe auf ein Maß beschränkt sein?

Gebet Bernhards: Angemessen kann ich dich nie lieben.
«Ich will dich also lieben, Herr, meine Stärke, mein Schutz, meine Zuflucht und mein Befreier» (Ps 18,2–3), mein Inbegriff von allem, was ich nur wünschen und lieben kann.
Mein Gott, mein Helfer, ich will dich lieben entsprechend deiner Gabe und entsprechend meinem Maß: das ist zwar weniger, als angebracht wäre, aber nicht weniger, als ich kann. Denn ich kann dich zwar nicht so sehr lieben, wie ich sollte, aber ich kann nicht mehr als ich kann. Allerdings könnte ich mehr, falls du mir zu mehr verhelfen würdest, aber niemals wirklich so viel, wie du eigentlich verdienen würdest. «Wie unvollkommen das Meine ist, haben deine Augen gesehen», aber dennoch «sind alle in dein Buch geschrieben» (Ps 139,16), die tun, was sie zu tun vermögen, selbst wenn sie es nicht vermögen, all das zu tun, was sie eigentlich tun müßten.

Wahre Liebe sucht nicht nach Lohn: der wird ihr dreingegeben, wenn sie ganz einfach liebt.
VII.17. Man liebt Gott nicht, ohne belohnt zu werden. Natürlich sollte man ihn lieben, ohne auf Lohn bedacht zu sein. Aber wahre Liebe geht nie leer aus, auch wenn sie nichts für solche ist, die nach Gewinn kalkulieren, denn «sie sucht nicht das Ihre» (1 Kor 13,5).
Die Liebe ist ihrem Wesen nach Zuneigung, nicht eine geschäftliche Vereinbarung; sie läßt sich nicht durch einen Vertrag gewinnen, noch gewinnt sie durch einen Vertrag Menschen. Sie packt den Menschen spontan und läßt ihn spontan reagieren. Wahre Lie-

be ist sich selbst genug. Sie hat einen Lohn: aber der besteht darin, daß sie geliebt wird. Wenn du etwas liebst, um damit etwas anderes zu erreichen, so liebst du zwar dieses andere, auf das deine Liebe im Grunde gerichtet ist, aber nicht das, was du als Mittel dazu gebrauchst. Paulus predigt nicht das Evangelium, um sein Brot verdienen zu können, sondern er verdient sein Brot, um das Evangelium predigen zu können. Seine Liebe kreist nicht um den Broterwerb, sondern um das Evangelium.

Eine wahre Liebe sucht keinen Lohn; den verdient sie von allein. Der Lohn wird dem noch nicht Liebenden vor Augen gehalten, dem Liebenden verheißen, dem in der Liebe Treuen ausbezahlt.

Wenn wir jemanden zu geringeren Dingen überreden wollen und er läßt sich nicht aus eigenem Antrieb dazu bewegen, so locken wir ihn durch Versprechungen und Belohnungen dazu an. Aber wer würde einen Menschen durch Belohnungen zu etwas verlocken wollen, was er ohnehin spontan tun möchte? Niemand nötigt zum Beispiel einen Hungrigen zum Essen oder einen Durstigen zum Trinken, oder erst recht nicht eine Mutter dazu, das Kind ihres eigenen Schoßes zu stillen. Oder wer würde darauf kommen, jemanden durch Bitten und Versprechungen dazu zu bewegen, seinen eigenen Weinberg zu umzäunen oder unter seinem Baum den Boden umzugraben oder den Bau seines eigenen Hauses in die Höhe zu führen? Umsomehr sucht die Seele, die Gott liebt, keinen anderen Lohn für ihre Liebe als Gott selbst; oder wenn sie einen anderen Lohn sucht, dann liebt sie bestimmt diesen Lohn, nicht aber Gott.

Der Mensch ist mit einem unendlichen Hunger und Durst erschaffen.
18. In jedem Wesen, das über Vernunft verfügt, steckt von Natur aus der Drang, stets noch mehr von dem zu wollen, was es für wertvoll und erstrebenswert hält. Es ist mit nichts zufrieden, sobald es etwas entdeckt, das noch vorzüglicher ist und ihm noch fehlt. Da mag zum Beispiel einer eine anmutige Frau haben, aber leichtfertig schielt sein Auge oder sein Geist auf eine noch schönere; oder wer

ein kostbares Kleid trägt, möchte ein noch kostbareres haben; und wer viele Reichtümer besitzt, beneidet einen noch Reicheren. Du kannst Menschen sehen, die schon mit vielen Gütern und Besitzungen bedacht sind und doch noch Tag für Tag Acker an Acker fügen und mit einer schrankenlosen Raffsucht ihre Grenzen immer weiter hinausschieben. Du kannst auch Menschen sehen, die in Königshäusern und weitläufigen Palästen wohnen und dennoch tagtäglich Haus an Haus reihen, rastlos immer wieder etwas anderes bauen und einreißen und eckige Gebäude durch runde ersetzen und runde durch eckige. Wie steht es erst mit den Menschen in hohen Ehrenstellungen? Sehen wir nicht, wie sie in unersättlicher Geltungssucht mit aller Kraft immer höher hinauf streben? Und sie alle kommen nie an ein Ende, denn nichts davon erweist sich als das Allerhöchste oder Allerbeste.

Ist es verwunderlich, wenn ein Wesen im Niedrigeren und Geringeren nie sein Genügen finden kann, wo es doch so angelegt ist, daß es nicht zur Ruhe kommen kann, solange es noch unterhalb des Höchsten oder Besten ist? Töricht und völlig verrückt ist es, wenn es ständig nach Dingen giert, die niemals – ich sage nicht: es sättigen, sondern nicht einmal – seinen Appetit zügeln können.

Der Mensch sucht seine Erfüllung auf Umwegen, die ihn niemals ans Ziel bringen können.

Du magst noch so viele Dinge dieser Art haben, stets wirst du das Verlangen spüren, auch noch die Dinge zu bekommen, die du noch nicht hast, und du wirst ständig voller Unruhe nach dem gieren, was dir noch fehlt.

So kommt es, daß der Geist unstet bei den vielfältigen und trügerischen Ergötzlichkeiten der Welt umherschweift und sich vergebens plagt. Statt satt zu werden, wird er müde. Was immer er in seinem Hunger verschlingt, kommt ihm spärlich vor im Vergleich zu dem, was er noch alles schlucken möchte. Seine Sorge und Gier um das, was er nicht hat, ist nicht geringer als seine Mühe, mit Freude das als Besitz zu bewahren, was er hat.

Wer könnte denn *alles* erlangen? Schon das wenige, das jemand mit viel Mühe erlangt hat, besitzt er mit viel Sorge. Ständig lebt er im Ungewissen über den Zeitpunkt, an dem er es unter Schmerzen wieder verliert. Nur eines ist ihm gewiß: daß er es irgendwann bestimmt verlieren wird. So rennt der verkehrte Wille geradewegs auf das zu, was er für das Beste hält, stürmt zu dem hin, wovon er ausgefüllt werden möchte. In Wirklichkeit ist er der Spielball der Nichtigkeit und wird auf Umwege gelotst, und die Bosheit betrügt sich selbst.

Willst du deine Sehnsucht so erfüllen, daß du jenes Gut erlangst, dessen Besitz dein Verlangen endgültig stillt? Warum versuchst du dich dann in allem anderen? Du läufst auf Abwegen umher und bist längst gestorben, ehe du auf diesem Umweg ans Ziel deiner Wünsche gelangt bist.

Würde ein Mensch auf Erden restlos alles *erlangen außer Gott, dann würde ihn endlich sein immer noch ungestillter Hunger nach Gott verlangen lassen.*

19. Auf diesem Umweg gehen die Gottlosen (Ps 12,9): von Natur aus streben sie nach etwas, das ihrem Hunger ein Ende macht, aber törichterweise lehnen sie gerade das ab, was sie diesem Ende näherbringen würde, dem Ende, sage ich, nicht im Sinn des Verendens, sondern der Vollendung. Und so eilen sie voran, nicht so, daß sie in einem seligen Ende vollendet werden, sondern daß sie in sinnloser Mühe verenden. Sie lassen sich mehr von der Gestalt der Dinge faszinieren als von deren Schöpfer, und deshalb möchten sie eher alles durchlaufen und alles einzeln genießen, als sich bemühen, zum Herrn all dieser Dinge selbst zu gelangen. Sie würden tatsächlich zu ihm gelangen, wenn ihnen jemals ihr Wunsch erfüllt werden könnte. Ja: könnte ein Mensch restlos alles erlangen, bis ihm nur noch der Besitz des Ursprungs von allem fehlte, dann würde das gleiche Gesetz des Begehrens weiterwirken. Es ging ihm weiterhin so wie mit allen anderen Dingen: Immer war der Durst nach dem, was er noch nicht hatte, noch größer gewesen als die Befriedi-

gung über das, was er schon hatte. Immer wieder war es ihm mit dem, was er bereits hatte, langweilig geworden, und er hatte nach etwas Neuem ausgeschaut, das er noch nicht hatte. Das gleiche würde sich auch an diesem Punkt wiederholen: hätte er alles im Himmel und auf Erden erlangt, dann würde es nicht lange dauern, und er würde schließlich zu dem hin laufen, was ihm einzig noch fehlen würde: zu Gott. Dort endlich käme er zur Ruhe: keine Verheißung von noch mehr Ruhe unterhalb von Gott würde ihn zurückrufen, keine Unruhe nach noch mehr über Gott hinaus würde ihn befallen. Er würde dann ganz bestimmt sagen: «Mein Glück ist es, Gott anzuhangen» (Ps 73,28). Er würde sagen: «Denn was habe ich im Himmel, und was wollte ich außer dir auf der Erde?» Und weiter: «Gott ist der Gott meines Herzens, mein Anteil ist Gott in Ewigkeit» (Ps 73,26).

So würde also, wie gesagt, jeder von Begierden getriebene Mensch zum Allerbesten gelangen, wenn er vorher all das, was er diesseits von Gott begehrt, tatsächlich erlangen könnte.

Diesen Weg kann man nur im Geist abschreiten, man muß das Ergebnis erkennen und einen gangbaren anderen Weg suchen.
20. Aber in Wirklichkeit ist das völlig unmöglich. Die Kürze des Lebens, unser Mangel an Kraft und die große Zahl der Beteiligten setzt diesem Weg unüberwindliche Grenzen. Und so plagen sich die Menschen auf einem zu langen Weg und in vergeblicher Arbeit ab; sie wollen die Befriedigung aller ihrer Sehnsüchte erreichen und schaffen es nicht, ans Ziel aller ihrer Wünsche zu kommen.
Fruchtbarer wäre es, wenn sie alles nur in Gedanken und nicht in der Wirklichkeit erleben wollten. Denn das könnten sie leicht zustande bringen, und das wäre kein vergebliches Unternehmen. Der Geist ist ja viel schneller als das sinnliche Empfinden, weil er alles sehr viel schneller durchschaut. Dazu ist er uns geschenkt: daß er dem Fleisch zu allem hin vorauseilt und es prüft, damit der Sinn nach nichts verlange, was nicht der Geist bereits vorher besucht und auf seine Nützlichkeit hin überprüft hat. Deshalb, glaube ich,

heißt es: «Prüft alles, und was gut ist, haltet fest!» (1 Thess 5,21).
Das heißt: der Geist soll sich als Kundschafter des Fleisches betätigen, und das Fleisch soll seinem Verlangen nur folgen, wenn es ihm der Geist empfiehlt.

Hältst du es nicht so, dann wirst du nicht den Berg des Herrn besteigen und wirst nicht an seiner heiligen Stätte stehen, denn dann hast du deine Seele umsonst empfangen (Ps 24,2–3), nämlich deine vernunftbegabte Seele. Du folgst dann wie ein Rindvieh deinem fleischlichen Sinn, und deine Vernunft schlummert vor sich hin und leistet keinerlei Widerstand. Dort, wo die Vernunft nicht zuvor den Weg für die Schritte überprüft, *laufen* die Menschen zwar, aber sie laufen abseits vom Weg; sie verschmähen den Rat des Apostels und laufen deshalb nicht *so,* daß sie den Siegespreis erlangen (vgl. 1 Kor 9,24). Wann sollten sie ihn auch jemals erlangen, wo sie ihn doch nur haben wollen, wenn sie alles andere erhalten haben? Es ist ein Weg im Zickzack, ein endloser Weg im Kreis herum, wenn man zuvor alles andere versuchen möchte.

Der Gerechte hält sich an den kürzesten Weg: er wählt von vornherein jene Armut, die den Gottlosen am Ende aller seiner Umwege erwartet.
21. Der Gerechte aber macht es nicht so. Er hört die mißfälligen Äußerungen der vielen, die auf dem Weg im Kreis herum bleiben – denn viele folgen dem breiten Weg, der in den Tod führt (Mt 7,13) –, er aber wählt für sich den königlichen Weg (Num 20,17; 21,22 u. a.) und weicht nicht nach rechts und nicht nach links ab. Denn, so bezeugt der Prophet, «der Pfad des Gerechten ist gerade, geradeaus führt der Weg des Gerechten» (Jes 26,7). Die Gerechten sind jene, die sich hellsichtig an den kürzesten Weg zum Heil halten und diesen mühsamen und unfruchtbaren Weg im Kreis herum meiden. Sie wählen das abgekürzte Wort (Röm 9,28) und kürzen es selbst. Sie möchten nicht alles haben, was sie sehen, sondern ziehen es vor, ihre Habe zu verkaufen und den Armen zu geben (Mt 19,21). Selig sind diese Armen, denn ihnen gehört das Himmelreich (Lk 6,20).

Zwar laufen alle (1 Kor 9,24), aber man muß genau unterscheiden, wie die einzelnen laufen. «Der Herr kennt den Weg der Gerechten, und der Weg der Gottlosen führt in den Untergang» (Ps 1,6). Deshalb «ist das Wenige des Gerechten mehr wert als die vielen Reichtümer der Sünder» (Ps 37,16), denn – wie der Weise spricht und der Tor erfährt – «wer das Geld liebt, wird vom Geld nicht satt» (Koh 5,9); die aber «nach der Gerechtigkeit hungern und dürsten, die werden gesättigt» (Mt 5,6).

Nur die Ausrichtung auf Gott kann den Geist wirklich ernähren.
Die Gerechtigkeit ist die belebende und naturgemäße Nahrung für den vernünftigen Geist; das Geld aber befriedigt den Hunger des Geistes so wenig wie der Wind den Hunger des Leibes. Würdest du einen hungrigen Menschen sehen, der mit aufgerissenem Mund und weiten Backen nach Luft schnappt, um auf diese Weise seinen Hunger zu stillen, so würdest du ihn doch sicher für verrückt halten? Aber ist es nicht mindestens genauso verrückt, wenn du glaubst, du könntest deinen vernünftigen Geist mit irgendwelchen materiellen Dingen nicht nur aufblähen, sondern tatsächlich sättigen? Denn was haben die leibhaftigen Dinge mit dem Geist zu tun? Weder kann unser Leib mit geistlichen Dingen noch kann unser Geist mit leiblichen Dingen gesättigt werden. Deshalb «preise, meine Seele, den Herrn, der mit Gütern dein Verlangen erfüllt» (Ps 103,1.5); er erfüllt es mit Gütern, er ermutigt es zum Guten, er hält es im Guten; er kommt zuvor, er hält aufrecht, er erfüllt. Er bewirkt dein Verlangen; er selbst ist, was du verlangst.

Gottes Liebe bereitet unsere Liebe vor und belohnt sie mit sich selbst.
22. Ich habe oben gesagt: Der Grund, weshalb wir Gott lieben sollen, ist ganz einfach Gott. Ich habe die Wahrheit gesagt, denn Gott ist der Grund dafür, daß wir lieben, und er ist der Grund, in den unsere Liebe mündet. Er selbst gibt den Anstoß, er selbst schafft die Zuneigung, er selbst erfüllt das Verlangen. Er selbst hat es bewirkt, oder genauer: ist so geworden, daß wir ihn lieben; auf ihn richtet

sich unsere Hoffnung, und wir wollen ihn lieben und dabei immer glücklicher werden, damit unsere Liebe nicht umsonst ist. Seine Liebe bereitet unsere Liebe vor und belohnt sie. Er als der Gütigere kommt uns zuvor; als der Gerechtere belohnt er uns, als der Köstlichere läßt er uns auf sich warten. Er ist reich für alle, die zu ihm rufen (Röm 10,12), und doch hat er nichts Besseres als sich selbst. Er hat sich selbst als unseren Lohn hergegeben, er hält sich selbst als unseren Siegespreis bereit, setzt sich heiligen Seelen als stärkendes Mahl vor, hat sich für die Freilassung gefangener Seelen verkauft.

Gebet Bernhards: Niemand kann dich suchen, der dich nicht schon gefunden hat.
Gut bist du, Herr, zur Seele, die dich sucht (Klgl 3,25). Und wie erst zu der, die dich findet?
Das Wundervolle aber ist, daß dich niemand suchen kann, der dich nicht schon vorher gefunden hat. Du läßt dich suchen, um gefunden zu werden, und du läßt dich finden, um gesucht zu werden. Du läßt dich suchen, und du läßt dich finden; aber zuvorkommen läßt du dir nicht. Wir mögen zwar sprechen: «Am Morgen komme mein Gebet dir zuvor» (Ps 88,14), aber zweifellos ist jedes Gebet kümmerlich, dem nicht deine Eingebung zuvorkommt.

Die erste Stufe der Liebe: *der Mensch liebt von Natur aus vor allem anderen sich selbst um seiner selbst willen.*
Nun bleibt noch zu sagen, wo der Anfangspunkt unserer Liebe ist; denn wo sie ihre Vollendung findet, ist bereits gesagt worden.
VIII.23. Die Liebe ist eine von den vier natürlichen Neigungen, die allgemein bekannt sind, so daß ich sie nicht aufzuzählen brauche. Es wäre angebracht, daß alles Natürliche vor allem andern dem Schöpfer der Natur aufmerksam diente. Darum lautet auch das erste und größte Gebot: «Du sollst den Herrn, deinen Gott, lieben» usw. (Mt 22,37).
Aber die Natur ist zu gebrechlich und zu schwach. Wir stehen unter dem Befehl der Notwendigkeit, die uns zwingt, zunächst *ihr* zu

dienen. Und es gibt die *fleischliche Liebe, mit der der Mensch vor allem anderen sich selbst um seiner selbst willen liebt.* Er hat noch an nichts anderem Geschmack als an sich selbst, wie geschrieben steht: «Erst kommt das Tierhafte, dann erst das Geistliche» (1 Kor 15,46). Diese Liebe wird durch keine Vorschrift verordnet, sondern sie ist der Natur eingepflanzt. Denn wer hätte jemals sein eigenes Fleisch gehaßt (Eph 5,29)?

Das Gebot der Nächstenliebe setzt der Selbstliebe Grenzen und öffnet sie für die Liebe zu andern Menschen.

Wenn nun diese Art Liebe ihrer Gewohnheit gemäß anfängt, in alle Richtungen nach abwärts zu fließen und sich mit dem Flußbett der Notwendigkeit nicht mehr zu begnügen, sondern überzulaufen und die Felder der Lust zu überschwemmen und weit und breit alles in Beschlag zu nehmen, stellt sich ihr alsbald der Damm des Gebots in den Weg: «Du sollst deinen Nächsten lieben wie dich selbst» (Mt 22,39).

Der Mensch soll sich gönnen, soviel er will, vorausgesetzt, er ist darauf bedacht, genausoviel seinem Nächsten zu besorgen. Von da her wird dir, o Mensch, der Zügel der Selbstbeherrschung angelegt. Er ergibt sich aus «dem Gesetz des Lebens und der Disziplin» (Sir 45,6): du sollst dich nicht von deinen Begierden an der Nase herumführen lassen und zugrunde gehen, sollst nicht mit den Gaben deiner Natur dem Feind der Seele, der Zügellosigkeit, frönen. Es ist doch viel gerechter und redlicher, deine Gaben statt mit deinem Feind mit deinem Schicksalsgefährten, nämlich deinem Nächsten zu teilen. Und wenn du dich nach dem Rat des Weisen von deinen Süchten abgewandt hast (Sir 18,30) und dich nach der Lehre des Apostels mit Nahrung und Kleidung begnügst (1 Tim 6,8), dann ist es für dich bald keine Last mehr, deine Liebe von den Süchten zurückzuhalten, die gegen die Seele streiten (1 Petr 2,11); und es wird dir nicht schwerfallen, das, was du dem Feind deiner Seele entziehst, dem Schicksalsgefährten deiner Natur zuzuwenden. Dann wird deine Liebe beherrscht und besonnen sein: du wirst deine Genußsucht knapp halten und das Ersparte gern deinen Brüdern geben, die etwas notwendig brauchen. So wird die fleischliche Liebe zur sozialen Liebe, indem sie anfängt, sich auf Gemeinsames auszurichten.

Die zweite Stufe der Liebe: *der Mensch liebt Gott, weil das für ihn von Vorteil ist.*

25. Soll den Ansprüchen der Nächstenliebe voll und ganz genügt werden, so muß notwendig *Gott* mit im Spiel sein. Wie könnte sonst einer seinen Nächsten lauter lieben, wenn er ihn nicht in Gott liebt? Und in Gott kann man seinen Nächsten nicht lieben, wenn man nicht Gott liebt. So muß man also zuerst Gott lieben, um dann in Gott auch seinen Nächsten lieben zu können. Folglich sorgt Gott selbst dafür, daß er geliebt wird, denn er sorgt ja auch für alles andere Gute. Er geht dabei folgendermaßen vor: er hat die Natur erschaffen und er beschützt sie auch. Denn er hat sie so beschaffen, daß sie ständig auf den als Beschützer angewiesen ist, der ihr Erschaffer gewesen ist. Sie konnte nur durch ihn ins Dasein gelangen, und sie sollte auch gar nicht ohne ihn bestehen können. Damit sich nun das Geschöpf keine falschen Vorstellungen über sich selbst mache und, was ferne sei, voller Hochmut sich die Gaben selbst zuschreibe, die es von seinem Schöpfer erhalten hat, will der Schöpfer aus einem hohen und heiligen Ratschluß heraus den Menschen durch Bedrängnisse erziehen: Gott läßt dem Menschen die Kraft ausgehen und kommt ihm dann zu Hilfe, damit der Mensch, von Gott aus seiner Notlage befreit, Gott die Ehre gebe, wie es sich ziemt. Das sagt er ausdrücklich: «Rufe mich am Tag der Bedrängnis an; ich werde dich herausziehen, und du wirst mir die Ehre geben» (Ps 50,15).

Gott tut das auf eine solche Weise, daß der tierisch und fleischlich gesinnte Mensch, der niemanden außer sich selbst zu lieben imstande war, *nun auch Gott wenigstens um seines eigenen Vorteils willen zu lieben anfängt*, weil er oft erfahren hat, daß er in Gott alles vermag. Dieses Vermögen tut ihm gut, und ohne es vermöchte er nichts.

*Durch viele schmerzliche und befreiende Erfahrungen hindurch bekommt
der Mensch allmählich Geschmack an Gott.*

IX.26. So liebt er nun also Gott, aber vorerst noch um seines eigenen Vorteils und nicht um seiner selbst willen. Immerhin ist das
schon ein Anfang in der Klugheit, zu wissen, was du aus dir allein
und was du mit Gottes Hilfe vermagst, und dich auch dann, wenn
du verstört bist, auf ihn ausgerichtet zu halten, der dich dir selbst
unversehrt bewahrt.

Wenn nun jemand häufig in Bedrängnis gerät und sich deshalb
häufig zu Gott hinwendet und genauso häufig von Gott erfährt,
wie er ihn daraus löst: muß der, wenn er so oft befreit wird, nicht
notwendig weich werden für die Gnade seines Befreiers, selbst
wenn seine Brust von Eisen und sein Herz von Stein wäre? Und
muß da nicht der Mensch allmählich Gott lieben nicht nur um seines eigenen Vorteils, sondern auch um seiner selbst willen?

Wenn nun also der Mensch häufig in Notlagen kommt und sich
deshalb häufig an Gott wenden muß, schmeckt er allmählich beim
Hinwenden und kommt beim Schmecken auf den Geschmack,
«wie süß der Herr ist» (Ps 34,9). So kommt es, daß ihn zur reinen
Gottesliebe immer mehr die Süße Gottes hinzieht, die er bereits
verkostet hat, und ihn immer weniger unsere Bedürftigkeit zu Gott
hindrängen muß. Schließlich sagt der Mensch wie die Samariter,
denen die Frau gemeldet hatte, der Herr sei da: «Jetzt glauben wir
nicht mehr, weil du es uns gesagt hast; wir haben ihn selbst gehört,
und wir wissen jetzt, daß er der Retter der Welt ist» (Joh 4,42).
So, sage ich, können auch wir nach ihrem Beispiel unser Fleisch ansprechen und zu ihm mit Recht sagen: «Jetzt lieben wir Gott nicht
mehr, weil du ihn nötig hast; sondern wir haben selbst gekostet
und wissen, daß der Herr süß ist» (vgl. Ps 34,9).

*Die Liebe erfaßt allmählich den Menschen und läßt ihm das Lieben
leicht und zur Freude werden.*

Das Fleisch macht sich durch die Sprache des Bedürfnisses bemerkbar, und wenn es aus Erfahrung etwas kennengelernt hat, was ihm

gut tut, spricht es davon, indem es heftig danach verlangt, es wieder zu bekommen. Ist es also einmal so gepackt, dann fällt ihm die Erfüllung des Gebotes der Nächstenliebe gar nicht schwer. Es liebt dann wirklich Gott, und wenn es ihn liebt, liebt es auch alles, was mit Gott in Beziehung steht. Es liebt lauter, und dem Lauteren fällt der Gehorsam gegen das Gebot nicht schwer, da er, wie es in der Schrift heißt, sein Herz «im Gehorsam gegenüber der Liebe immer mehr läutert» (1 Petr 1,22). Es liebt gerecht und hält sich gern an das gerechte Gebot.

Diese Liebe ist angenehm, denn sie ist uneigennützig. Sie ist lauter, denn sie schenkt nicht nur mit dem Wort und mit der Zunge, sondern durch die Tat und wirklich (1 Joh 3,18). Sie ist gerecht, denn sie schenkt in dem Maß zurück, in dem sie selbst beschenkt worden ist. Ja, wer so liebt, liebt wirklich nicht anders, als er selbst geliebt wird. Auch er sucht nun nicht seinen eigenen Vorteil, sondern es geht ihm um das Anliegen Jesu Christi, und er möchte sich nur wie Christus ganz um unseren Vorteil, ja um uns selbst bemühen und nicht auf seinen eigenen Nutzen bedacht sein (2 Kor 12,14).

Die dritte Stufe der Liebe: *der Mensch liebt Gott um seiner selbst willen.*

So liebt, wer spricht: «Preist den Herrn, denn er ist gut!» (Ps 118,1). Wer den Herrn preist, nicht weil er *für ihn* gut ist, sondern weil er an sich gut ist, der liebt Gott wirklich um Gottes und nicht um seines eigenen Vorteils willen. Nicht so liebt jener, von dem es heißt: «Er preist dich dann, wenn du ihm wohltust» (Ps 49,19).

Das ist die dritte Stufe der Liebe, *auf der man bereits Gott um seiner selbst willen liebt.*

Die vierte Stufe der Liebe: *der Mensch liebt sich selbst nur noch um Gottes willen.*

X.27. Glücklich, wer es verdient, bis auf die vierte Stufe zu gelangen, *auf der der Mensch auch sich selbst nur um Gottes willen liebt.*

«Deine Gerechtigkeit, Gott, ist wie die Berge Gottes» (Ps 36,7).

Diese Liebe ist der Berg, und der Berg Gottes ragt steil empor. Ja, das ist «ein fester Berg, ein üppiger Berg» (Ps 68 ,16). «Wer wird diesen Berg des Herrn besteigen?» (Ps 24,3). Wer wird mir die Flügel der Taube geben, daß ich fliegen und dort die Ruhe finden kann? (Ps 55,7). Dieser Ort ist im Frieden eingerichtet, und diese Wohnstatt ist auf dem Zion (Ps 76,3). «Weh mir, daß mein Aufenthalt in der Fremde sich so lange hinzieht!» (Ps 120,5).

Auf dem Gipfelpunkt der Liebe wird der Mensch von Gott angerührt, vergißt sich selbst und wird ein Geist mit Gott.

Das Fleisch und Blut, das tönerne Gefäß, die irdische Herberge: wann können sie das fassen? Wann erfahren sie dieses Angerührtwerden: daß der Geist, trunken von göttlicher Liebe, sich selbst vergißt, wie ein Gefäß in sich selbst zerbricht, ganz in Gott eingeht, Gott umarmt und *ein* Geist mit ihm wird (1 Kor 6,17)? Daß er sagt: «Mein Fleisch und mein Herz vergehen. Gott ist der Gott meines Herzens, und mein Anteil ist Gott in Ewigkeit» (Ps 73,26)?

Selig nenne ich den und heilig, dem geschenkt wird, etwas derartiges in diesem sterblichen Leben zu erfahren, selten zwar, aber doch zuweilen; oder auch nur einmal, und dies ganz plötzlich, im Zeitraum eines einzigen winzigen Augenblicks. Denn das ist ein Anteil am Zustand der Himmlischen, nicht Sache menschlichen Empfindens: dich sozusagen zu verlieren, gleichsam als wärest du nicht mehr; dich selbst überhaupt nicht mehr zu spüren, deiner selbst entledigt und nahezu zu Nichts geworden zu sein.

Die mystische Ekstase ist kurz; schnell findet sich der Mensch wieder zurückverwiesen in die Grenzen des irdischen Daseins und zu den Ansprüchen der praktischen Nächstenliebe.

Und wenn einer der Sterblichen zuweilen dazu – wie gesagt: für einen kurzen Augenblick – hingerissen wird, so neidet ihm das sogleich die nichtsnutzige Welt, verwirrt ihn die Bosheit des Tages, belastet ihn der Todesleib mit seiner Schwere, meldet sich die Notwendigkeit seines Fleisches, erträgt es seine Schwäche und Hinfällligkeit nicht. Und was ihn am gewalttätigsten davon fortreißt, ist die Liebe zu den Brüdern, die ihn zurückruft. Wehe! Er wird gezwungen, zu sich selbst zurückzukehren, auf sich selbst zurückzufallen, und aus seinem Elend kann er nur schreien: «Herr, ich leide Gewalt, steh du für mich Rede und Antwort!» (Jes 38,14) und: «Ich unglückseliger Mensch, wer wird mich aus diesem Todesleib befreien?» (Röm 7,24).

Das Wesen des Einsseins mit Gott besteht im Einssein mit Gottes Willen: *mystische Ekstase ist zutiefst eine* Gehorsamsekstase.
28. Weil jedoch die Schrift sagt, Gott habe alles um seiner selbst willen erschaffen, wird es gewiß zuweilen geschehen, daß sich das Geschöpf an seinen Schöpfer angleicht und mit ihm ganz in Einklang kommt. Deshalb müssen wir uns zuweilen in die Gesinnung versetzen, die ihn erfüllt: Gott wollte, daß alles um seiner selbst willen da sei; und so sollen auch wir von uns selbst und von allem anderen wollen, daß es einzig und allein um Gottes willen gewesen sei und weiterhin sei; einzig, weil er es will, und nicht, weil uns das so behagt. Wenn wir so gesinnt sind, besteht unsere Befriedigung nicht so sehr darin, daß unserem Bedürfnis entsprochen oder daß unsere Sehnsucht nach Glück gestillt wird, sondern daß in uns und an uns sein Wille erfüllt wird. Darum beten wir ja täglich, wenn wir sprechen: «Dein Wille geschehe, wie im Himmel, so auf Erden» (Mt 6,10).

Die Vergöttlichung in der mystischen Ekstase: das Eingehen des menschlichen Liebens und Wollens in das Lieben und Wollen Gottes.
O heilige und lautere Liebe! O köstliches und süßes Liebesverlangen! O reine und geläuterte Strebung des Willens! Sie ist gewiß um so lauterer und reiner, je weniger in sie noch etwas Eigenes gemischt ist; sie ist um so süßer und köstlicher, je eindeutiger das, was da erfahren wird, ganz göttlich ist. Derart gepackt zu werden, heißt vergöttlicht werden.

Wie ein kleiner Wassertropfen, der in eine Menge Wein fällt, sich scheinbar ganz auflöst, indem er den Geschmack und die Farbe des Weines annimmt; und wie ein glühendes und leuchtendes Eisen ganz wie das Feuer wird und seine frühere eigene Form ablegt; und wie die Luft, durch die ein Sonnenstrahl fährt, in die gleiche lichtvolle Klarheit verwandelt wird, so daß sie nicht nur erleuchtet, sondern selbst Licht zu werden scheint: so muß in den Heiligen alle menschliche Liebeskraft auf eine unaussprechliche Weise sich selbst ganz verflüssigen und sich ganz und gar in das Wollen Gottes ergießen. Denn wie anders würde Gott alles in allem sein, wenn im Menschen noch etwas vom Menschen übrigbliebe? Zwar bleibt seine Substanz, aber in einer anderen Form, in einer anderen Herrlichkeit, in einer anderen Potenz.

Wann wird dies der Fall sein? Wer wird das zu schauen bekommen? Wer wird das besitzen? Wann darf ich kommen und vor dem Antlitz Gottes erscheinen (Ps 42,3)? Mein Herr und Gott, zu dir spricht mein Herz, dich sucht mein Antlitz; dein Angesicht, Herr, will ich suchen (Ps 27,8). Glaubst du, ich werde deinen heiligen Tempel schauen (Ps 27,4)?

Die Vollendung des Geistes ist ohne die Vollendung des Leibes nicht möglich.

30. Solange der Tod noch nicht im Sieg verschlungen ist (1 Kor 15,54) und das immerwährende Licht noch nicht von allen Seiten in das Reich der Nacht eindringt und es für immer besetzt hält, so daß auch in den Körpern die himmlische Herrlichkeit aufstrahlt, können die Seelen sich noch nicht vollständig Gott aussetzen und in ihn übergehen. Sie sind noch an die Körper gebunden, und selbst wenn sie im praktischen Verhalten und Denken frei von ihnen sind, bindet sie doch eine naturgegebene Zuneigung an sie, und sie wollen und können nicht ohne sie zur Vollendung gelangen.

Vor der Wiederherstellung der Körper ist jenes Vergehen des Geistes, das sein vollkommener und höchster Zustand ist, noch nicht ganz möglich, weil der Geist nach der Schicksalsgemeinschaft mit dem Fleisch verlangt und nicht ohne es vollendet werden kann. Deshalb gereicht der Seele sowohl die Hingabe des Leibes als auch sein Wiederfinden zum Fortschritt. Schließlich ist «in den Augen des Herrn der Tod seiner Heiligen kostbar» (Ps 116,15). Und wenn ihm schon ihr Tod kostbar ist, um wieviel mehr ihr Leben, und erst recht jene Art Leben?

Kein Wunder, daß der Körper von nun an zur Herrlichkeit des Geistes beizutragen scheint, nachdem er ihm schon in seiner Schwachheit und Sterblichkeit ganz offensichtlich nicht wenig genützt hat. O wie wahr hat doch gesprochen, der gesagt hat, denen, die Gott lieben, gereiche alles zum Guten (Röm 8,28)! Der Seele, die Gott liebt, dient auch der auferweckte Leib: zunächst, um die Früchte der Buße zu bringen, dann, um die Ruhe zu vermitteln, und schließlich, um zur Vollendung beizutragen. Und deshalb will sie mit Recht nicht ohne ihn vollendet werden, denn sie spürt ja, wie er ihr in jedem Zustand als Werkzeug zum Guten dient.

Hier auf Erden ist die tätige Liebe die unentbehrliche Nahrung des Glaubens.

32. Zuerst verzehrt also die Gott treue Seele ihr Brot, aber ach, im Schweiß ihres Angesichts (Gen 3,19). Noch im Reich weilend, geht sie ihren Weg im Glauben (2 Kor 5,6–7), der sich unbedingt in Werken der Liebe betätigen muß, denn wenn er sich darin nicht betätigt, ist er tot (Gal 5,6; Jak 2,20). Diese Werke sind seine Nahrung, wie der Herr sagt: «Meine Nahrung ist es, den Willen meines Vaters zu tun» (Joh 4,34).

Nach dem Tod und vor der Auferstehung des Leibes trinkt die Seele vom Wein der göttlichen Liebe, der noch gemischt ist mit der Milch der Liebe zum Leib.

Legt sie dann ihr Fleisch ab, so nährt sie sich nicht mehr vom Brot des Schmerzes (Ps 127,2), sondern vom Wein der Liebe. Es ist, als dürfe sie, nachdem sie von der Speise genossen hat, in vollen Zügen trinken, zwar noch nicht den reinen Wein; aber sie kann doch schon in der Rolle der Braut des Hohenliedes sagen: «Ich habe meinen Wein mit meiner Milch getrunken» (Hld 5,1). In den Wein der göttlichen Liebe mischt sie nämlich auch dann noch die Süße der natürlichen Neigung, mit der sie danach verlangt, wieder mit ihrem Leib vereint zu werden, und zwar jetzt mit dem verherrlichten. Sie glüht also bereits, trunken vom Wein heiliger Liebe, aber noch nicht ganz bis zur Berauschung, denn die Zugabe dieser Milch dämpft vorerst noch jene Glut. Am Ende berückt die Berauschung die Geister vollständig, so daß sie sich selbst völlig vergessen. Aber die Seele hat sich selbst noch nicht ganz vergessen, solange sie noch an die Auferweckung ihres eigenen Leibes denkt.

Aber erst nach der Wiedervereinigung seiner Seele mit dem Leib kann der Mensch ganz in Gott eingehen; dann endlich kann er den berauschenden Wein Gottes in Fülle trinken.

Hat sie aber das erlangt, was einzig noch gefehlt hatte: was hindert sie dann noch, gleichsam ganz von sich selbst wegzugehen und ganz in Gott einzugehen, um dort in ihm sich selbst im gleichen Maß unähnlich zu werden, in dem ihr geschenkt wird, Gott ganz ähnlich zu werden? Dann endlich wird sie zum Mischkrug der Weisheit zugelassen, zu dem Krug, von dem wir lesen: «Und mein Becher, der berauschende, wie herrlich ist er!» (Ps 23,5). Kein Wunder, daß sie sich schon an der Fülle des Hauses Gottes berauscht (Ps 36,9), wenn sie, frei von der nagenden Sorge um Eigenes, unbeschwert jenen reinen und neuen Wein mit Christus im Haus seines Vaters trinkt (Mt 26,29).

33. Wir werden bei der Wiederbelebung unserer Körper im unsterblichen Leben berauscht und werden überfließen von einer wunderbaren Fülle. So entspricht es dem Wort des Bräutigams im Hohenlied: «Eßt, Freunde, und trinkt, und werdet trunken, Geliebteste!» (Hld 5,1). Eßt vor dem Tod, trinkt nach dem Tod, werdet trunken nach der Auferstehung.

Die Vollendung: ewiger Jubel über Gott, der zum ewigen Lohn der ewig Liebenden wird.

Mit Recht werden diejenigen «Geliebteste» genannt, die von der Liebe trunken sind; mit Recht werden trunken genannt, die es verdienen, zur Hochzeit des Lammes zugelassen zu werden (Offb 19,9), um mit ihm an seinem Tisch in seinem Reich zu essen und zu trinken, wenn das Lamm sich seine Kirche bereits in Herrlichkeit vorstellt, «ohne Makel, ohne Runzel und ohne andere Fehler dieser Art» (Eph 5,27). Dann berauscht es seine Geliebtesten vollends, dann «tränkt es sie mit dem Gießbach seiner Wonne» (Ps 36,9), denn in jener ganz engen und lauteren Umarmung von Bräutigam und Braut «erfreut der Wogendrang des Flusses die Gottesstadt» (Ps 46,5).

Ich glaube aber, das ist nichts anderes als der Sohn Gottes, der umhergeht und bedient, wie er es selbst versprochen hat (Lk 12,37), damit von da an «die Gerechten in Feststimmung schwelgen und vor dem Angesicht Gottes jauchzen und in der Wonne der Freude leben» (Ps 68,4).

Deshalb diese Sättigung ohne Überdruß; deshalb diese unersättliche und zugleich von Ruhelosigkeit freie Wißbegier; deshalb dieses ewige, unstillbare Verlangen, das dennoch nicht notvoll ist; deshalb schließlich jene nüchterne Trunkenheit, bei der der Mensch in Überfülle die Wahrheit unvermischt in sich hineintrinkt und nicht von Wein, sondern von der Begeisterung für Gott von Sinnen ist.

Von da an ist der Mensch für immer auf die vierte Stufe der Liebe gelangt, wenn er im höchsten Maß und allein Gott liebt und wo wir uns selbst nur noch um Gottes willen lieben. Gott selbst wird dann der Lohn derer, die ihn lieben, der ewige Lohn der ewig Liebenden.

Das Kommen und Gehen des WORTES und wie seine Erfahrung beschaffen ist

Aus der 74. Predigt über das Hohelied (Cant.)

Das ständige Hin und Her beim Kommen und Gehen des WORTES.
3. Zeig mir eine Seele, die vom WORT als Bräutigam oft besucht wird; eine Seele, die mit ihm vertraut ist und deshalb etwas wagen darf; die ihn verkostet hat und deshalb nach ihm hungert; die alles verschmäht hat und deshalb zur Ruhe gekommen ist. Einer solchen Seele verleihe ich ohne zu zögern die Stimme und den Namen der Braut. Und ich glaube, daß unsere Stelle: «Kehr zurück!» (Hld 2,17), die wir gerade behandeln, sehr viel mit ihr zu tun hat. Denn eine solche Seele wird hier als Sprecherin vorgestellt. Daß sie dem Bräutigam zuruft, er solle zurückkehren, beweist eindeutig, daß sie zwar nicht seine ständige Anwesenheit, aber doch schon seine zeitweilige Gegenwart erfahren durfte. Sonst hätte sie ihn nicht zurückgerufen, sondern erst einmal herbeigerufen. Das Wort «Kehr zurück!» (Hld 2,17) ist ein Wort, das etwas schon Erfahrenes in Erinnerung ruft. Vermutlich hat er sich ihr entzogen, damit sie ihn mit um so größerer Sehnsucht zurückrufe und damit sie ihn desto stürmischer in ihre Arme schließe.
Schon bei einer anderen Gelegenheit hat er so getan, als wolle er weitergehen; aber er wollte es gar nicht, sondern er wollte die Worte zu hören bekommen: «Bleibe bei uns, denn es wird Abend!» (Lk 24,28–29). Ein andermal ist er über das Meer gekommen, als die Apostel im Boot saßen und sich mit Rudern abmühten, und er

hat so getan, als wolle er an ihnen vorbeigehen. Auch da wollte er es nicht wirklich tun, sondern er wollte ihren Glauben prüfen und ihnen einen Hilferuf entlocken. Der Evangelist berichtet, daß sie deshalb erschraken und aufschrien, weil sie meinten, es sei ein Gespenst (Mk 6,48–49). Ein solches liebesvolles Tun-als-ob, ein solches heilsames erzieherisches Spielen hat damals das leibhaftig gewordene WORT leibhaftig gespielt; und das WORT, das Geist ist, geht weiterhin auf die ihm eigene geistliche Weise voll Umsicht so mit der Seele um, die sich ihm schenken will. Es geht an ihr vorbei und möchte gehalten werden, es geht fort und möchte zurückgerufen werden. Denn dieses WORT ist kein Wort, das sich nie mehr zurückrufen läßt (irrevocabile verbum: Horaz, Epist. I, 18,71): es geht und kommt zurück, wie es ihm beliebt. Es kehrt ein beim Morgengrauen und kommt plötzlich, um zu prüfen (Ijob 7,18). Es geht sozusagen planmäßig fort, kommt aber immer aus freiem Antrieb, wann es will; und beides geschieht mit gezielter Absicht. Der Grund dafür liegt im WORT selbst.

Die unerträglich lange «kleine Weile» der Abwesenheit des Bräutigams.
4. Tatsächlich gibt es in der Seele einen solchen Wechsel zwischen Gehen und Wiederkommen des WORTES. Das WORT hat ja selbst gesagt: «Ich gehe fort und komme wieder zu euch» (Joh 14,28) und: «Eine kleine Weile, und ihr seht mich nicht mehr; und wiederum eine kleine Weile, und ihr seht mich wieder» (Joh 16,17).
O kleine kleine Weile! O lange kleine Weile! Lieber Herr, du sagst, es dauere eine kleine Weile, wo wir dich nicht sehen werden? Das Wort meines Herrn in Ehren: es dauert lange, fast unerträglich lange! Und doch ist beides wahr: für den, der Verdienste erwerben will, ist es kurz; für den, der die Erfüllung herbeiwünscht, ist es lang.
Du findest beides beim Propheten: «Wenn er sich Zeit läßt», sagt er, «warte auf ihn, denn er wird kommen und nicht zögern» (Hab 2,3). Wie reimt sich das: «wenn er sich Zeit läßt» und «er wird nicht zögern»? Nur so, daß eben unsere Sehnsucht ihn sehr viel

schneller da haben möchte, als ihn unsere Verdienste und unsere
Reife erwarten dürfen. Eine Seele, die liebt, wird von ihren Wünschen getragen und von ihrer Sehnsucht gezogen, und sie täuscht
sich dabei über den Stand ihrer Verdienste. Sie hat keinen Blick
mehr für seine Größe, sondern öffnet sich nur noch weit für die Erfüllung. Sie setzt ganz darauf, daß er ihr Heil ist, und fühlt sich
ganz in der Rolle seiner eng Vertrauten (Ps 11,6). Ohne Scheu und
ohne Furcht vor seiner Größe ruft die liebende Seele das WORT zurück und bittet voll Zuversicht um eine Wiederholung ihrer un-
säglichen Freude, und sie spricht das WORT in gewohnter Vertrautheit nicht mit «Herr», sondern mit «Geliebter» an: «Kehr zurück, mein Geliebter!» (Hld 2,17).

Bernhard berichtet, wie er den Besuch des WORTES erfahren hat.
5. Jetzt aber ertragt eine kleine Weile ein bißchen Torheit von mir.
Ich will, wie versprochen, erzählen, wie es mir selbst hierin ergangen ist. Das gehört sich zwar nicht. Doch ich will etwas verraten,
um euch zu nützen. Und wenn ihr dadurch Fortschritte macht,
will ich getrost meine Torheit tragen; wenn nicht, gestehe ich meine Torheit offen ein.
Ich bekenne, auch zu mir ist das WORT gekommen – ich sage das
voller Torheit (2 Kor 11,21) –, und schon öfter. Obwohl es öfter
bei mir eingekehrt ist, habe ich einige Male sein Eintreten gar nicht
bemerkt. Ich spürte, daß es *da* war. Ich erinnerte mich im nachhin-
ein, daß es zugegen gewesen war. Zuweilen konnte ich auch sein
Kommen vorausspüren, aber unmittelbar spüren konnte ich sein
Kommen niemals, und auch nicht sein Gehen. Denn woher es in
meine Seele kam oder wohin es wiederum ging, das, so gestehe ich,
weiß ich bis zur Stunde noch nicht, nach dem Schriftwort: «Du
weißt nicht, woher er kommt oder wohin er geht» (Joh 3,8). Das
ist kein Wunder, denn es ist ja der, von dem es heißt: «Und deine
Spuren erkennt man nicht» (Ps 77,20).
Sicher ist das WORT nicht durch die Augen eingetreten, denn es hat
keine Farbe. Auch nicht durch die Ohren, denn es hat keinen

Klang. Auch nicht durch die Nase, denn es durchdringt nicht die Luft, sondern den Geist; hat zwar die Luft erschaffen, schenkt ihr aber keinen Duft. Auch nicht durch den Gaumen, denn es ist nichts, was man essen oder trinken kann. Auch mit dem Tastsinn habe ich es nicht erfaßt, denn man kann es nicht berühren. Auf welchem Weg ist es also hereingekommen? Oder ist es vielleicht gar nicht hereingekommen, weil es nicht von draußen gekommen ist? Denn es ist ja nicht ein Ding außerhalb meiner selbst. Aber es kann auch nicht aus meinem Innern gekommen sein, weil es gut ist und weil ich weiß, daß in mir nichts Gutes ist. Ich bin in die höchsten Giebel meines Wesens hinaufgestiegen – und siehe: das WORT war oberhalb von allem. Ich bin in die tiefsten Keller meines Wesens als neugieriger Forscher hinabgestiegen – und dennoch: es fand sich unterhalb von allem. Wenn ich nach draußen schaute, so erfuhr ich, daß es weiter außen war als alles, was außerhalb von mir ist. Wenn ich in mein Inneres schaute, daß es weiter innen war als alles, was in mir ist. Und ich erkannte, wie wahr es ist, was ich gelesen habe: «In ihm leben wir, bewegen wir uns und sind wir» (Apg 17,28). Aber selig ist der, in dem das WORT ist, der für das WORT lebt, der durch das WORT bewegt wird!

Die unwahrnehmbare Erfahrung des WORTES kann aus ihren Wirkungen erschlossen werden.
6. Du fragst nun, woher ich überhaupt weiß, daß das WORT da ist, wenn doch alle seine Wege derart unwahrnehmbar sind. Es ist lebendig und wirksam (Hebr 4,12). Gleich nach seinem Eintreten weckte es meine schlafende Seele auf. Es bewegte, erweichte und verwundete mein Herz, denn dieses Herz war hart und steinern und recht krank. Das WORT begann auszureißen und zu zerstören, aufzubauen und zu pflanzen (Jer 18,9), das Dürre zu bewässern, das Finstere zu erleuchten, das Verschlossene zu öffnen, das Gefrorene in Glut zu versetzen, das Krumme gerade und das Unebene zu ebenen Wegen zu machen (Lk 3,5), so daß meine Seele den Herrn pries, und alles, was in mir ist, seinen heiligen Namen (Ps 103,1).

So trat zu mir manchmal das WORT als Bräutigam ein. Aber niemals hat es sein Eintreten durch irgendwelche Anzeichen kundgetan, weder durch ein Wort noch durch eine Gestalt oder einen Schritt. Kurz: durch keinerlei Bewegung seiner selbst wurde es mir offenbar, durch keines meiner Sinnesorgane glitt es in mein Inneres. Nur an der Erregung meines Herzens habe ich, wie schon gesagt, seine Gegenwart erkannt. Am Schwinden meiner Leidenschaften, am Zusammenschrumpfen meiner fleischlichen Empfindungen merkte ich seine mächtige Wirkkraft. Am Aufstöbern und Entlarven meiner verborgenen Schwächen und Fehler stellte ich staunend die Tiefe seiner Weisheit fest. An einer noch so geringen Verbesserung meiner Lebensart erfuhr ich, wie gut und mild es war. An der Erneuerung und Wiederherstellung meiner inneren Gesinnung, das heißt meines inneren Menschen, stellte ich bis zu einem gewissen Grad fest, wie schön seine Gestalt war. Und angesichts all dieser Wirkungen geriet ich in Schrecken und Staunen ob seiner gewaltigen Größe.

Die Erfahrung der Abwesenheit des WORTES *steigert die Sehnsucht um so mehr.*

7. Doch sobald das WORT wieder entschwunden ist, beginnt all dies sogleich wie in einer Krankheit starr und kalt dazuliegen, wie wenn man unter einem kochenden Topf das Feuer wegnimmt. Und das ist für mich das Zeichen, daß es fortgegangen ist: meine Seele wird mit einemmal traurig, bis es wiederkommt und wie gewohnt mein Herz in meinem Innern erwärmt. Diese Erwärmung ist mir dann das Zeichen dafür, daß es zurückgekehrt ist.

Da ich schon solches mit dem WORT erfahren habe, darf es nicht wundernehmen, wenn ich mir die Stimme der Braut aneigne, um das WORT zurückzurufen, wenn es sich entfernt hat. Trägt mich doch, wenn nicht die gleiche, so doch eine zumindest stückweise ähnliche Sehnsucht. Zeit meines Lebens wird dieses «Kehr zurück!» (Hld 2,17) ein Wort sein, das ich oft gebrauchen werde, um das WORT zurückzurufen. Und so oft es mir wieder entgleitet, so oft werde ich diesen Ruf wiederholen. Ich werde nicht aufhören, mit der glühenden Sehnsucht meines Herzens zu schreien, wie man einem Davonlaufenden nachschreit, damit es wieder umkehrt und mir wieder die Freude seines Heils schenkt, mir sich selbst schenkt.

Wer Gott liebt und sucht, wird bereits von Gott geliebt und gesucht

84. Predigt über das Hohelied (Cant.)

Die großartigste Eigenschaft der Seele ist ihr Suchen nach Gott; dieses Suchen geht in Ewigkeit weiter.

1. «Auf meinem Lager in den Nächten suchte ich, den meine Seele liebt» (Hld 3,1).

Ein großes Gut ist es, Gott zu suchen. Ich bin der Überzeugung, daß ihm unter den Gütern der Seele kein zweites gleichkommt. Das Gottsuchen ist die erste unter den Gaben, die letzte unter den Stufen des Fortschritts. Es reicht an keine der Tugenden heran und steht keiner von ihnen nach. An welche Tugend sollte es auch reichen, wo ihm doch keine voraus ist? Und welcher sollte es nachstehen, wo es die höchste Vollendung von ihnen allen ist? Denn welche Tugend könnte man einem nicht zuschreiben, der Gott sucht? Welchen Schlußpunkt könnte man hinter die Suche nach Gott setzen? «Sucht», so heißt es, «sein Antlitz immer» (Ps 105,4). Ich bin der Überzeugung, daß das Suchen selbst dann nicht aufhören wird, wenn wir Gott gefunden haben.

Beim Suchen macht man Schritte auf Gott zu nicht mit den Füßen, sondern mit Empfindungen der Sehnsucht. Und das glückliche Finden löscht die heilige Sehnsucht nicht aus, sondern steigert sie. Hat denn etwa die Vollendung in der Freude die Tilgung der Sehnsucht zur Folge? Nein, die Vollendung ist eher Öl für die Sehnsucht, denn die Sehnsucht ist ein Feuer. So ist es. Die Freude wird randvoll; aber damit hört die Sehnsucht nicht auf, und folglich auch nicht das Suchen. Versuch dir also vorzustellen, wenn du kannst, eine Art Suchen ohne Entbehrung, eine Sehnsucht ohne Angst: denn gewöhnlich schließt die Anwesenheit die Angst aus, die Fülle die Entbehrung.

Undankbarkeit verkehrt die Gaben Gottes in Übel und führt zu Überheblichkeit.

2. Und nun seht, weshalb ich das vorausgeschickt habe. Ich habe es getan, damit jede Seele unter euch, die Gott sucht, nicht dieses große Gut bei sich in ein großes Übel verkehrt. Es muß ihr deshalb klar sein, daß nicht sie selbst mit Suchen angefangen hat, sondern daß sie bereits gesucht worden ist, ehe sie zu suchen begonnen hatte. Oft kehren sich nämlich große Werte dadurch in genauso große Übel um, daß wir, allzu selbstbewußt geworden angesichts der Güter Gottes, seine Gaben so gebrauchen, als hätte er sie uns nicht geschenkt, und daß wir dann nicht Gott die Ehre geben. Und so kommt es, daß Menschen, die infolge der ihnen verliehenen Gnade zunächst ganz groß waren, von Gott schließlich als klein erachtet werden, weil sie nicht aus der Dankbarkeit ihm gegenüber leben.

Doch ich schone euch. Ich habe die untertreibenden Ausdrücke «groß» und «klein» gebraucht und damit noch nicht deutlich ausgesprochen, worum es mir geht. Ich habe den Ernst der Sache verschleiert. Aber nun will ich doch offen sprechen. Ich hätte also statt von Großen und Kleinen von den Besten und den Schlechtesten sprechen sollen.

Denn tatsächlich und ohne Zweifel ist einer desto schlechter, je besser er ist und dieses sein Bestes sich selbst zuschreibt. Denn das ist das Schlechteste. Würde einer sagen: «Das sei mir fern! Ich weiß: Durch die Gnade Gottes bin ich, was ich bin» (1 Kor 15,10) und sich dennoch bemühen, wegen der Gnade, die ihm zuteil geworden ist, sich ein bißchen Ruhm zu verschaffen: wäre der nicht ein Dieb und ein Räuber? Wer sich so verhält, der soll das Wort hören: «Mit den Worten deines eigenen Mundes richte ich dich, du schlechter Knecht» (Lk 19,22). Denn was ist schlechter als ein Knecht, der die Ehre seines Herrn für sich selbst in Anspruch nimmt?

Nur wer schon von Gott gesucht worden ist, sucht auch selbst Gott, denn Gott schenkt das Wollen und das Können dazu.
3. «Auf meinem Lager in den Nächten suchte ich, den meine Seele liebt» (Hld 3,1).
Die Seele sucht das WORT. Doch nur die Seele, die zuvor schon vom WORT gesucht worden ist. Eine Seele, die nicht wieder vom WORT gesucht würde, würde ihr Auge nie mehr umwenden, um das Gute zu sehen (Ijob 7,7), wenn sie einmal vom Angesicht des WORTES weggegangen oder fortgejagt worden wäre. Wäre unsere Seele ganz sich selbst überlassen, so wäre sie nichts anderes als ein Hauch, der dahingeht und nicht wiederkehrt (Ps 78,39). Höre, wie die Flüchtige und vom Weg Abgekommene klagen und worum sie bitten soll: «Ich bin verirrt wie ein verlorenes Schaf; suche du deinen Knecht» (Ps 119,176).
O Mensch, du willst zurückkehren? Aber wenn das eine Willenssache ist, warum bittest du dann um Beistand? Weshalb bettelst du anderswo um etwas, was du bei dir selbst in Fülle hast? Es ist offensichtlich: weil der Mensch will und doch nicht kann. Er ist ein Geist, der dahingeht und nicht wiederkehrt. Noch weiter fort ist der Mensch, der überhaupt nicht will. Dagegen würde ich von jener Seele, die zurückkehren und gesucht werden will, nicht sagen, sie sei völlig aufgegeben und verlassen. Denn woher kommt ihr dieses Wollen? Daher, wenn ich mich nicht täusche, daß sie bereits vom WORT besucht und gesucht worden ist; und dieser Besuch war nicht fruchtlos, denn er hat ihren Willen beeinflußt, ohne den eine Rückkehr nicht möglich war. Aber es reicht nicht aus, *einmal* gesucht zu werden, denn die Krankheit der Seele ist sehr schwerwiegend, und ihre Schwierigkeiten, zurückzukehren, sind sehr groß. Denn was geschieht, wenn sie es tun will? Der Wille liegt am Boden, wenn nicht das Können dazukommt. «Denn zwar ist bei

mir das Wollen vorhanden», sagt Paulus, «aber dennoch gelingt es mir nicht, das Gute wirklich zu tun» (Röm 7,18). Was sucht also jener Mann, den wir oben mit dem Psalm zu Wort kommen ließen? Nichts anderes als die Gnade, gesucht zu werden. Und er würde das nicht suchen, wenn er nicht schon gesucht worden wäre; und er würde es auch nicht suchen, wenn er schon genügend gesucht worden wäre. Darum bittet er auch: «Suche deinen Knecht» (Ps 119,176), damit er, der das Wollen geschenkt hat, angesichts seines guten Willens auch das Vollbringen schenke.

Das Suchen ist die Frucht der Liebe und ihr sicheres Anzeichen.
4. Die vorliegende Schriftstelle scheint mir allerdings nicht auf eine Seele in diesem Zustand zu passen. Sie hat ja die zweite Gnade noch nicht empfangen; sie will zwar zu dem gehen, den sie liebt, aber sie kann noch nicht zu ihm gehen. Denn wie würde zu ihr passen, was hier folgt: daß sie aufsteht und die Stadt durchstreift und von sich aus auf den Straßen und Plätzen den Geliebten sucht (Hld 3,2)? Sie muß doch selbst erst noch gesucht werden.
Das möge die tun, die das bereits kann. Nur soll sie immer daran denken, daß sie bereits vorher gesucht worden ist, wie sie auch im voraus geliebt worden ist; und daß dies die Ursache dafür ist, daß sie sucht und daß sie liebt.
Beten auch wir, Geliebteste, darum, daß uns rasch jene Erweise der Barmherzigkeit zuvorkommen, denn bitter arm sind wir geworden (Ps 79,8). Ich sage das nicht von uns allen. Denn ich kenne einige unter euch, die ihren Weg in jener Liebe gehen, mit der Christus uns geliebt hat, und die ihn in der Einfalt ihres Herzens suchen. Aber es gibt andere – ich sage das voll Trauer –, die uns bis jetzt noch keine Anzeichen dafür gegeben haben, daß ihnen dieses Heil zuvorgekommen ist, und deshalb auch kein Anzeichen, daß sie im Heil leben. Das sind Menschen, die sich selbst lieben, nicht den Herrn, und die das Ihre suchen, nicht was des Herrn ist.
5. «Ich habe gesucht», sagt jene, «den meine Seele liebt» (Hld 3,1). Ja, dazu lockt dich die Güte dessen, der vor dir angefangen hat, der

dich zuerst gesucht und dich zuerst geliebt hat. Du würdest gar nicht suchen, wenn du nicht schon zuvor gesucht worden wärest, und du würdest nicht lieben, wenn du nicht schon zuvor geliebt worden wärest. Nicht nur mit *einer* Segnung, sondern mit zweien war einer vor dir da: mit dem Lieben und mit dem Suchen. Die Liebe ist der Grund für die Suche; die Suche ist die Frucht der Liebe und ihr sicheres Anzeichen. Du wirst geliebt, damit du nicht im Bangen leben mußt, man suche dich für das Gericht; du wirst gesucht, damit du dich nicht beklagen kannst, der Umstand, geliebt zu werden, habe keine Folgen für dich. Die Erfahrung dieser doppelten, so freundschaftlichen Wonne verleiht Kühnheit, vertreibt die Scheu, ermutigt zur Umkehr, weckt das Liebesvermögen. Und daher kommt dieser Eifer, diese Glut, den zu suchen, den deine Seele liebt; denn wärest du nicht gesucht worden, so hättest du dich nicht auf die Suche begeben können; und wenn du gesucht wirst, kannst du nicht anders, als dich ebenfalls auf die Suche zu begeben.

Eine Geliebte hat nichts zu befürchten.
6. Aber vergiß nicht, von woher du bis zu dieser Stelle gekommen bist. Ich will das an mir selbst deutlich machen, denn das ist zuverlässiger.
Meine Seele, bist du es nicht, die ihren ersten Mann verlassen hat, bei dem es ihr so gut gegangen war? Du hast deine erste Treue gebrochen und bist hinter deinen Liebhabern hergelaufen (Hos 2,5.13). Du hast mit ihnen Unzucht getrieben, wie es dir gepaßt hat. Nun verachten sie dich, und du wagst es, schamlos mit erhobener Stirn zu dem zurückkehren zu wollen, den du voll Hochmut verschmäht hattest? Wie? Dir gebührte die Finsternis, und du suchst das Licht? Du läufst zum Bräutigam, wo du eher Schläge als Küsse verdient hast? Es sollte mich wundern, wenn du nicht statt auf den Bräutigam auf den Richter stoßen solltest.
Selig, wer hört, wie seine Seele darauf zu Antwort gibt: «Ich habe keine Angst, denn ich liebe; und das könnte ich nicht, wenn ich nicht geliebt würde. Folglich werde ich geliebt.»

Eine Geliebte hat nichts zu befürchten. Sollen sich fürchten, die nicht lieben. Weshalb mutmaßen sie ständig, sie hätten Feinde? Ich aber liebe, und deshalb kann ich nicht bezweifeln, daß ich geliebt werde, und ebensowenig, daß ich liebe. Ich kann mich nicht vor dem Angesicht dessen fürchten, dessen Zuneigung ich gespürt habe. Worin habe ich sie gespürt? Darin, daß er eine solche Seele nicht nur gesucht, sondern auch im Innern angerührt hat, und daß er ihr dadurch die Gewißheit geschenkt hat, gesucht zu werden. Warum sollte ich sein Suchen nicht erwidern, wo ich doch auch seine Liebe erwidere? Wie sollte er böse auf mich sein, wenn ich ihn suche, wo er mich sogar laufen ließ, als ich ihn verschmäht habe? Wenn er schon den sucht, der ihn verschmäht, dann wird er erst recht nicht den zurückweisen, der ihn sucht. Der Geist des WORTES ist gütig, und er schenkt mir Zeichen der Güte; er bringt mir nahe und überzeugt mich davon, daß das WORT voll Eifer und Sehnsucht ist. Dieser Eifer und diese Sehnsucht können ihm nicht verborgen bleiben, denn er durchforscht die Tiefen Gottes (1 Kor 2,10) und kennt seine Gedanken, und das sind Gedanken des Friedens, nicht des Dreinschlagens (Jer 29,11). Wie könnte ich anders, als zum Suchen ermutigt zu werden, wo ich seine Milde erfahre und von seinem Frieden angerührt werde?

Von der erbarmenden Liebe Gottes zutiefst überzeugt sein bedeutet: vom WORT *gesucht werden.*

7. Brüder, davon überzeugt werden, bedeutet, vom WORT gesucht werden. Hiervon überzeugt werden heißt: gefunden werden. Aber nicht alle fassen dieses Wort. Was sollen wir für unsere Kleinen tun? Ich spreche von denen unter uns, die noch Anfänger sind, wenn auch nicht mehr Unwissende; denn sie stehen ja schon am Anfang zur Weisheit und sind einander untertan in der Furcht Christi. Wie, frage ich, können wir ihnen das Vertrauen darauf einflößen, daß die Aussichten der Braut derart gut sind, wo sie doch noch nicht bei sich selbst spüren, daß es so ist? Ich schicke sie einfach zu jemandem, dem sie unbedingt glauben müssen. Sie sollen

im Buch lesen, was sie dem Herzen eines andern nicht glauben, weil sie es nicht selbst erfahren. Bei den Propheten steht geschrieben: «Wenn ein Mann seine Frau entläßt, und wenn diese von ihm geht und einen andern Mann heiratet, wird er da später wieder zu ihr zurückkehren? Wird diese Frau nicht befleckt und unrein sein? Du aber hast mit vielen Liebhabern Unzucht getrieben. Und dennoch: Kehr zu mir zurück, spricht der Herr, und ich nehme dich auf!» (Jer 3,1; Vulg.).

Das sind Worte des Herrn. Man darf ihnen nicht den Glauben verweigern. Sie sollen glauben, was sie nicht erfahren, damit ihnen eines Tages dank ihres Glaubens die Frucht der Erfahrung zuteil wird.

Ich denke, nun habe ich zur Genüge erklärt, was es heißt, vom WORT gesucht zu werden, und wie notwendig das nicht für das WORT, aber für die Seele ist. Und nur die Seele, die das erfahren hat, erkennt das noch deutlicher und wird darüber noch froher.

Drei Orte der Begegnung mit Gott

Aus der 23. Predigt über das Hohelied (Cant.)

Ein Ort der Begegnung mit Gott, wo diese Begegnung noch mit Unruhe und Ruhelosigkeit verbunden ist.

11. Es gibt beim Bräutigam einen Ort, von wo aus er als Lenker der ganzen Welt seine Rechtssprüche fällt und seine Ratschlüsse faßt, wo er jedem Geschöpf seine Gesetze erläßt und Gewicht, Maß und Zahl festlegt. Dieser Ort liegt hoch und abgelegen, aber er ist durchaus nicht still. Denn obwohl der Herr von sich aus alles voll Süße anordnet (Weish 8,1), ordnet er eben doch an. Kommt ein Kontemplativer zufällig an diesen Ort, so läßt er ihn nicht zur Ruhe kommen, sondern ermüdet ihn auf merkwürdige, wenn auch köstliche Weise mit all dem, was es zu erforschen und zu bestaunen gibt, und so bleibt er in der Unruhe.

Treffend bringt die Braut beides, nämlich den köstlichen Genuß dieser Art Kontemplation und die damit verbundene Ruhelosigkeit, zum Ausdruck, wenn sie sagt, sie schlafe, aber ihr Herz sei wach (Hld 5,2). Ins Bild vom Schlaf faßt sie die Erfahrung der Ruhe süßen Staunens und stillen Bewunderns, ins Bild vom Wachen das Ermüdende einer ruhelosen Wißbegier und mühsamen Anstrengung. So sagt auch der selige Ijob: «Wenn ich schlafe, frage ich: Wann darf ich aufstehen? Und dann warte ich wieder auf den Abend» (Ijob 7,4). Hörst du nicht aus diesen Worten heraus, wie die heilige Seele zuweilen diese Süßigkeit loswerden möchte, weil sie in gewisser Hinsicht mühsam zu tragen ist, und wie sie sich dann wiederum nach dieser Mühsal sehnt? Denn er hätte nicht gesagt: «Wann darf ich aufstehen?», wenn er sich in dieser Ruhe seiner Kontemplation ganz und gar wohlgefühlt hätte; hätte sie ihm aber ganz gefallen, dann hätte er nicht wiederum auf die Stunde der Ruhe, nämlich auf den Abend, gewartet.

Dieser Ort, an dem man noch keine vollkommene Ruhe genießt, ist also noch nicht der Ort des Ruhelagers.

Ein anderer Ort der Begegnung mit Gott, wo die Begegnung furchterregend ist.

12. Es gibt noch einen anderen Ort. Von ihm aus wacht der gerechte Richter mit unbeweglicher, alles durchdringender, äußerst strenger Aufmerksamkeit über die vernünftige, aber verdorbene Schöpfung. Dieser aufmerksame Gott ist furchtbar in seinen Ratschlüssen über die Menschenkinder (Ps 66,5). An diesem Ort sieht der von Furcht erfüllte Beschauer, wie Gott nach seinem gerechten, aber unergründlichen Gericht den Verworfenen weder ihre Vergehen tilgt, noch von ihnen Gutes annimmt; wie er sogar die Herzen verhärtet, damit sie nicht etwa bereuen, zur Vernunft kommen, umkehren und sich von ihm heilen lassen (Jes 6,10; Apg 28,27). Er tut das nicht ohne bestimmten und ewigen Grund. Ein solches Urteil ist besonders schrecklich, weil es in Ewigkeit unabänderlich feststeht.

Man muß sich sehr fürchten, wenn man liest, was der Prophet darüber schreibt. Gott sagt dort zu seinen Engeln: «Lassen wir den Übeltäter laufen» (Jes 26,10). Als sie betroffen fragen: «Soll er also nicht (durch dein Eingreifen) lernen, Gerechtigkeit zu üben?», gibt er zur Antwort: «Nein.» Und er fügt zur Begründung an: «Er hat im Land der Heiligen Übles getan; deshalb soll er die Herrlichkeit des Herrn nicht schauen.»

13. Wie könnte man also an diesem Ort Ruhe suchen, wenn man hier vor Augen hat, daß der Herr, dessen Ratschlüsse abgrundtief sind, solche Menschen in der Gegenwart verschont und laufen läßt, um sie in der Ewigkeit nicht zu verschonen? Dieser Anblick ver-

mittelt den Schrecken vor dem Gericht, nicht die Geborgenheit der Ruhekammer. «Schaudererregend ist dieser Ort» (Gen 28,17), bar aller Ruhe. Ich werde durch und durch von Schrecken gepackt, wenn ich im Geist an ihn entrückt werde, und immer wieder beschäftigt mich die bohrende Frage: «Wer weiß von sich, ob er liebens- oder hassenswert ist?» (Koh 9,1).

Kein Wunder, wenn ich, ein vom Wind umhergetriebenes Blatt, ich dürrer Stoppel (Ijob 13,25), den Halt verloren habe, wo selbst jener höchste Beschauer zugibt, fast seien seine Füße gestrauchelt, fast seine Schritte ausgeglitten (Ps 72,2), als er sich ereiferte wegen der Frevler, weil er sah, in welchem Frieden die Sünder leben (Ps 72,3). Weshalb? «Sie teilen nicht die Mühsal der Menschen und werden nicht wie andere Menschen gezüchtigt. Deshalb hält sie der Hochmut gefangen» (Ps 72,5–6), damit sie nicht in Demut Buße tun, sondern wegen ihres Hochmuts mit dem hochmütigen Teufel und seinen Engeln der Verdammnis anheimfallen. Sie teilen zwar nicht die Mühsal der Menschen, aber sie werden die Mühsal der Dämonen teilen, wenn der Richter zu ihnen sagt: «Fort mit euch, ihr Verfluchten, in das ewige Feuer, das dem Teufel und seinen Engeln bereitet ist» (Mt 25,41).

Und trotzdem ist auch das ein Ort Gottes, ja es ist nichts anderes als das Haus Gottes und die Pforte des Himmels (Gen 28,17). Denn hier ist von Gott als dem Furchterregenden die Rede; hier ist sein Name heilig und furchtbar (Ps 111,9), und deshalb ist hier das Eingangstor zu seiner Herrlichkeit: denn «der Anfang der Weisheit ist die Furcht des Herrn» (Ps 111,10).

Die Furcht Gottes ist der Anfang der Weisheit: denn Gott fürchten heißt, vom ihm lebendig gepackt sein.
14. Laß dich nicht davon verwirren, daß ich als Anfang der Weisheit gerade diesen und nicht den zuvor genannten Ort bezeichnet habe. Dort *hören* wir die Weisheit, wie sie sozusagen in ihrem Hörsaal als Lehrmeisterin über alles ihre Vorträge hält; *hier* nehmen wir sie zugleich in uns auf. *Dort* werden wir zwar *belehrt, hier* aber wer-

den wir *ergriffen.* Der Unterricht bringt Gelehrte hervor, die innere Liebesbeziehung Weise. Die Sonne schenkt nicht allen, denen sie leuchtet, ihre Wärme. So erfüllt auch die Weisheit nicht alle, denen sie Unterricht gibt, mit jenem Feuer, das zur Tat schreiten läßt.

Es ist ein Unterschied, ob man von vielen Reichtümern *weiß* oder ob man sie *besitzt;* und nicht das Wissen davon macht einen selbst reich, sondern der Besitz. Und so ist es auch ein Unterschied, ob man von Gott *weiß,* oder ob man von der Furcht Gottes *ergriffen* ist. Nicht das Erkennen macht weise, sondern die Furcht, die einen packt. Würdest du jemanden, den sein Wissen aufbläht, weise nennen? Nur einer, der von Weisheit nicht die leiseste Ahnung hat, würde jene weise nennen, die Gott zwar erkannt, ihm aber nicht als Gott die Ehre gegeben und ihm nicht gedankt haben (Röm 1,21). Ich schließe mich lieber der Meinung des Apostels an, der deutlich sagt, ihr Herz sei bar aller Weisheit gewesen. Und so stimmt es wirklich, daß «der Anfang der Weisheit die Furcht des Herrn» ist (Ps 111,10), denn erst dann bekommt die Seele Geschmack an Gott, wenn er sie mit seiner Furcht erfüllt, und nicht schon, wenn er ihr ein Wissen über sich beibringt. Wenn du Gottes Gerechtigkeit fürchtest, wenn du seine Allmacht fürchtest, dann bekommst du ein Geschmacksvermögen für den gerechten und allmächtigen Gott. Denn Furcht haben, das heißt auf den Geschmack gekommen sein. Und so macht der Geschmack (sapor) den Menschen zum Weisen (sapientem), wie ihn dies Wissen zum Wissenden und der Reichtum zum Reichen macht.

Welche Aufgabe hat also der erste Ort? Er bereitet lediglich auf die Weisheit vor. Du wirst dort vorbereitet, um hier eingeführt werden zu können. Die Vorbereitung besteht darin, daß man die inneren Zusammenhänge erkennt. Aber daraus entsteht leicht die Geschwulst der Überheblichkeit, falls das Wissen nicht von der Furcht in Zucht genommen wird. So heißt es mit Recht, der Anfang der Weisheit sei die Furcht des Herrn, weil diese Furcht zunächst der Krankheit der Torheit einen Riegel vorschiebt. An diesem ersten Ort wird also gezeigt, wo der Zugang zur Weisheit ist, und hier am zweiten wird der Eingang zu ihr geöffnet. Aber weder dort noch hier ist die Ruhe vollkommen, denn dort erscheint Gott sozusagen in der Sorge um vieles, hier sozusagen im Zorn. Suche also die Ruhekammer nicht an diesen Orten; denn der eine gleicht mehr dem Hörsaal eines Lehrers, der andere mehr dem Amtsraum eines Richters.

Ein dritter Ort der Begegnung mit Gott: hier schenkt die Begegnung Ruhe und Frieden im Angesicht des Erbarmens Gottes.
15. Aber es gibt einen Ort, wo man Gott wirklich in seiner ganzen Stille und Ruhe gewahr wird. Das ist der Ort, wo Gott uns nicht als Richter oder als Lehrer, sondern wo er uns als Bräutigam begegnet. Möge das doch auch meine Ruhekammer werden – denn wie es anderen geht, weiß ich nicht –, wenn mir zuteil wird, irgendwann darin eingeführt zu werden! Aber ach: das wird zu seltener Stunde nur einen Augenblick wahr. Da leuchtet dann ganz hell «das Erbarmen des Herrn von Ewigkeit und bis in Ewigkeit über denen auf, die ihn fürchten» (Ps 103,17). Selig, wer dann sagen kann: «Ich gehöre zu diesen Menschen, die dich fürchten und die deine Gebote halten» (Ps 119,63). Fest steht Gottes Vorsatz, fest steht sein Friedensspruch über denen, die ihn fürchten. Er sieht über ihre schlechten Seiten hinweg und belohnt ihre guten, so daß ihnen auf wunderbare Weise nicht nur ihre guten, sondern auch ihre schlechten Eigenschaften zum Guten mitwirken. O einzig wirklich «glücklich der, dem der Herr die Sünde nicht anrechnet!» (Ps 32,2). Denn es gibt niemanden, der keine Sünde hat. «Alle haben gesündigt, und alle entbehren der Herrlichkeit Gottes» (Röm 3,22). «Wer aber wollte sich gegen die Auserwählten Gottes zum Ankläger erheben?» (Röm 3,33). Mir genügt es zur vollen Gerechtigkeit, daß mir allein der gnädig ist, gegen den allein ich gesündigt habe (Ps 51,6). Alles, was er mir nicht anzurechnen beschlossen hat, ist, als wäre es nie gewesen. Gottes Gerechtigkeit besteht darin, nicht zu sündigen; die Gerechtigkeit des Menschen besteht darin, Gottes Verzeihung zu erlangen. Ich erkannte dies, und da ging mir

auf, wie wahr jener Ausspruch ist: «Jeder, der aus Gott geboren ist, sündigt nicht, denn seine himmlische Abkunft bewahrt ihn davor» (1 Joh 5,18). Vom Himmel abzustammen, bedeutet: von Ewigkeit vorherbestimmt sein. Durch diese Vorherbestimmung hat Gott seine Erwählten schon vor der Grundlegung der Welt in seinem geliebten Sohn geliebt und beschenkt (Eph 1,4). Sie sollten in seinem Heiligtum vor ihm erscheinen und seine Macht und Herrlichkeit schauen (Ps 63,3), als Ebenbilder dessen, dessen Miterben sie sein sollten (vgl. Röm. 8,29).

Diese Auserwählten also sah ich, als hätten sie niemals gesündigt, denn wenn sie sich auch in der Zeitlichkeit etwas hatten zuschulden kommen lassen, so ist das in der Ewigkeit nicht mehr zu sehen, weil die Liebe des Vaters eine Menge Sünden zudeckt (1 Petr 4,8). So habe ich glücklich genannt, «deren Frevel vergeben und deren Sünden bedeckt sind» (Ps 32,1; Röm 4,7), als mich plötzlich selbst ein Vertrauen überkam und eine Freude in mich einströmte, deren Maß weit die Furcht überstieg, die ich zuvor am Ort des Schrekkens (Dtn 32,10), das heißt am Ort der zweiten Schau, verspürt hatte. Und so kam ich mir selbst wie einer dieser Glücklichen vor. O wenn das nur angedauert hätte! Komm wieder, Herr, komm wieder «und besuche mich mit deinem Heil, damit ich das Glück deiner Auserwählten schaue und mich freue über die Freude deines Volkes!» (Ps 196,4–5).

Ruhen in der Schau des ruhenden Gottes.
16. O du Ort wahrer Ruhe! Nicht zu Unrecht habe ich dich als Ruhekammer bezeichnet. Hier schaut man Gott nicht wie im Zorn erregt oder wie von Sorgen zerrissen, sondern hier erweist sich sein Wille als gut, als wohlgefällig und vollkommen. Diese Schau schreckt nicht, sondern beruhigt voll Milde; sie weckt keine unruhige Neugier, sondern stillt; sie ermüdet nicht die Sinne, sondern läßt sie zur Ruhe kommen. Hier ruht man wirklich. Der stille Gott erfüllt alles mit Stille: und ihn in seiner Ruhe schauen, heißt selbst ruhen. Es heißt den König schauen, wenn er sozusagen seine

täglichen Amtsstunden als Richter in Streitsachen beendet und die Menge von sich fortgeschickt hat; wenn er alle lästigen Sorgen von sich abstreift und eine Bleibe für die Nacht sucht, eine Ruhekammer, in die er nur wenige mitnimmt, die er einer solchen intimen Nähe und Vertrautheit für würdig hält. Da ruht er nun, um so sorgenfreier, je zurückgezogener; da gibt er sich um so heiterer, um so sorgenfreier, je zufriedener sein Blick nur solche sieht, denen seine Liebe gilt.

Wenn einmal einer von euch in einer glücklichen Stunde in dieses geheime Gemach und in dieses Heiligtum Gottes entrückt wird, dann ist er dort geborgen. Nichts lenkt ihn dort ab und verwirrt ihn; kein umherschweifender Sinn, keine quälende Sorge, kein nagendes Schuldbewußtsein, und selbst nicht die Phantasie, die noch schwerer zum Schweigen zu bringen ist, behelligt ihn mit ihren plastischen Bildern. Wer von dort zu uns zurückkommt, kann sich rühmen und sagen: «Der König hat mich in seine Ruhekammer geführt» (Hld 1,3).

Ich möchte nicht ohne weiteres behaupten, hier handle es sich bereits um jene Ruhekammer, über die die Braut in Jubel ausbricht. Jedenfalls ist es eine Ruhekammer, und eine Ruhekammer des Königs. Und von den drei Orten, die wir mit drei verschiedenen Arten der Schau in Verbindung gebracht haben, ist nur dieser Ort wirklich von Frieden erfüllt (Ps 76,3).

Zusammenfassung: die drei verschiedenen Orte der Begegnung mit Gott.
Es ist nun deutlich gezeigt worden, daß am ersten Ort wenig und am zweiten Ort gar keine Ruhe zu finden ist, denn am ersten Ort erscheint Gott als Wunderbarer, der unserer Wißbegier eine Menge Fragen und Aufgaben stellt, und am zweiten Ort erscheint er als Furchterregender, der uns in unserer Schwachheit beben läßt. Aber an diesem dritten Ort zeigt er sich nicht mehr als Furchterregender oder Wunderbarer, sondern als Liebenswerter, in Heiterkeit und Stille, in Süße und Milde, voll Erbarmen für alle, die ihn erblicken.

Die Ekstase in den Ort jenseits aller Bilder und Vorstellungen hinein

Aus der 52. Predigt über das Hohelied (Cant.)

Die unfaßbar zärtliche Liebe Gottes zur Seele.

1. «Ich beschwöre euch, ihr Töchter Jerusalems, bei den Rehen und Hirschen der Fluren: stört die Geliebte nicht und weckt sie nicht auf, bis sie selbst es will!» (Hld 2,7).

2. Hier wird der himmlische Bräutigam eingeführt, wie er mit glühendem Eifer um die Ruhe seiner Geliebten besorgt ist. Er hält die Schlafende behutsam in seinen Armen, damit sie nicht durch irgend etwas Lästiges oder Beunruhigendes aus ihrem ungemein süßen Schlaf aufgeschreckt wird.

Ich kann mich vor Freude nicht fassen, daß jener erhaben Große sich nicht zu gut ist, um sich zu einer derart vertraulichen und zärtlichen Gefährtenschaft mit unserer Schwachheit herabzuneigen. Die höchste Gottheit schließt einen Ehebund mit der Seele, die in der Verbannung weilt; sie glaubt nicht, es sei unter ihrer Würde, der Seele die Gefühle eines Bräutigams entgegenzubringen, der über beide Ohren verliebt ist.

So, ja so muß es zweifellos im Himmel sein, wie ich es hier auf Erden lese. Dort wird die Seele in voller Gewißheit das erfahren, was auf dieser Seite der Schrift steht. Allerdings vermag dieses Geschriebene überhaupt nicht angemessen auszudrücken, was die Seele dort erfassen wird; ja, Worte können schon nicht beschreiben, was sie bereits jetzt erfahren kann. Was, glaubst du, wird sie erst dort empfangen, wenn ihr schon hier eine derart vertraute Nähe zuteil wird, daß sie sich von Gott in die Arme geschlossen erfährt, an Gottes Brust seine Wärme spürt und von Gottes Sorge und Umsicht behütet wird, damit sie beim Schlafen nicht von jemandem aufgeweckt wird, bis sie von selbst erwacht?

Das Ruhen in der Liebe Gottes ist mit einem hellwachen Schlafen zu vergleichen.

3. Der Schlummer der Braut ist kein leiblicher Schlaf, der die Sinne des Fleisches vorübergehend angenehm betäubt; auch nicht der schreckliche Schlaf, der das Leben ganz aufhebt. Und erst recht ist er etwas ganz anderes als jener Schlaf, durch den man in den Tod sinkt (Ps 13,4), wenn man unwiderruflich in einer tödlichen Sünde verharrt (Joh 5,17). Diese Art Schlaf, in den die Braut fällt, ist vielmehr voller Leben; er ist ein hellwaches Schlummern, das die innere Wahrnehmung erleuchtet, den Tod verjagt und das ewige Leben schenkt. Es handelt sich wirklich um einen Schlaf; aber um einen Schlaf, der das Wahrnehmungsvermögen nicht einschlummern läßt, sondern es entführt.

Die Ekstase der Braut kann man ein Sterben nennen, das sie den Fallstricken des vordergründigen Lebens entreißt.

Ich möchte sogar ohne Bedenken sagen, daß es sich um ein *Sterben* handelt. Ermahnt doch der Apostel einige, die noch im Fleisch leben: «Ihr seid gestorben, und euer Leben ist mit Christus verborgen in Gott» (Kol 3,3).

4. Daher kann auch ich mit gutem Grund die Ekstase der Braut ein Sterben nennen, das sie zwar nicht aus dem Leben reißt, aber aus den Fallstricken dieses Lebens. So kann sie sagen: «Unsere Seele ist wie ein Vogel der Schlinge des Jägers entkommen!» (Ps 124,7). Denn wir bewegen uns in diesem Leben wie zwischen lauter Fallstricken. Die Angst vor ihnen schwindet in dem Maß, in dem die Seele durch einen heiligen und mitreißenden Gedanken von sich selbst weggerissen wird; allerdings muß sie dabei wirklich im Geist auswandern und davonfliegen, das heißt, über die gewöhnliche Art und Weise des Denkens hinaussteigen. Dann «spannt man umsonst das Netz vor den Augen derer aus, die Flügel haben» (Spr 1,17). Wird nicht, wo einer mit seinem Sinn über das Leben hinaus ist, die Furcht, sich zu sehr in den Annehmlichkeiten des Lebens zu verlieren, belanglos? Wenn die Seele weggerissen ist, zwar nicht aus

dem Leben, aber aus dem vordergründigen Leben, kann sie auch nicht mehr von den Versuchungen dieses Lebens angefochten werden. «Wer gibt mir die Flügel der Taube, daß auch ich so fliegen und die Ruhe finden kann?» (Ps 55,7). Würde ich doch recht oft diesem Sterben anheimfallen, um den Fallstricken des Todes zu entkommen; um nicht die todbringenden Schmeicheleien des Wohllebens zu spüren, um unempfindlich zu werden gegenüber den Regungen der Lust, dem Fieber der Habsucht, den Stacheln des Jähzorns und der Ungeduld, dem drückenden Kummer und den lästigen Sorgen! Möchte doch meine Seele den Tod der Gerechten sterben, damit ihr kein Unrecht mehr Fallen stellt, nichts Schlechtes mehr sie betört. O gutes Sterben, das nicht das Leben aufhebt, sondern es in eine bessere Wirklichkeit hebt! Gutes Sterben, in dem der Leib nicht abgeworfen, sondern die Seele emporgehoben wird!

Das «Sterben der Engel»: in der Ekstase alle leibhaftigen Bilder hinter sich lassen; erst dies ist wirkliche Kontemplation.
5. Das ist ein wirklich menschliches Sterben. Aber ich wünschte, daß meine Seele auch noch das – wenn man so überhaupt sagen kann – «Sterben der Engel» an sich erführe, das heißt: mit ihrem Erinnerungsvermögen allem Gegenwärtigen entrissen würde und alle niedrigen und körperhaften Dinge nicht nur dem Begehren, sondern auch dem bildhaften Beeindrucktwerden nach abstreifte, um, geläutert von allem, am Leben und Sinnen derer Anteil zu haben, in denen die Lauterkeit selbst sich abbildet.
Ich denke, nur eine solche Ekstase, oder doch vor allem diese, kann man als Kontemplation bezeichnen. In seinem Leben nicht gehemmt zu sein von der Anziehungskraft der Dinge, ist eine Frucht menschlicher Tugend; in der Schau nicht mehr in körperhaften Bildern befangen zu sein, ist ein Zeichen der Lauterkeit der Engel. Beides ist ein Geschenk Gottes; beides bedeutet, dich selbst überschreiten, beides bedeutet, über dich selbst hinaussteigen; aber das eine ist ein sehr großer, das andere kein sehr großer Schritt.

Erst die Lauterkeit jenseits aller Bilder und Vorstellungen ist der «weit entfernte» Ort der Ruhe.

Selig, wer sprechen kann: «Siehe, ich bin geflüchtet und habe mich weit entfernt, und ich habe mich in der Einsamkeit aufgehalten» (Ps 55,8). Ein solcher Mensch hat sich nicht damit begnügt, einfach aus sich herauszugehen, sondern er wollte sich «weit entfernen», um ruhen zu können.

Du bist über die Köder des Fleisches weggesprungen, wenn du nicht mehr auf ihre Verlockungen achtest; ihre Werbungen halten dich dann nicht mehr fest. Du hast dann einen Schritt vollbracht und hast dich gelöst; aber du bist noch nicht weit fort. Das bist du erst dann, wenn du es fertigbringst, mit der Lauterkeit deines Geistes die Bilder aller körperhaften Vorstellungen, die von überallher auf dich eindringen, zu überfliegen. Versprich dir keine Ruhe, ehe du so weit bist. Du irrst dich, wenn du meinst, du könntest schon diesseits dieser Schwelle einen Ort der Ruhe (Jes 66,1) finden, einen verborgenen, einsamen Platz, die Heiterkeit des Lichts, die Wohnung des Friedens.

Weißt du jemanden, der bis dorthin gelangt ist? Ich zögere nicht, jenem diese Ruhe zuzusprechen, der zu Recht sagen kann: «Kehre ein, meine Seele, in deine Ruhe, denn der Herr hat dir Gutes getan» (Ps 115,7). Das ist wirklich der Ort in der Einsamkeit (Offb 12,6), die Wohnung im Licht, ja, wie der Prophet es ausdrückt, «ein Zelt vor der Hitze und ein Schutz und Dach vor Sturmwind und Regen» (Jes 4,6). Auch der heilige David spricht davon: «Er hat mich am Tag, wo es übel zuging, in seinem Zelt verborgen, hat mich gedeckt in der Verborgenheit seines Zeltes» (Ps 27,5).

6. Nimm also an, die Braut habe sich in diese Art Einsamkeit zurückgezogen und sei, weil der Ort so bezaubernd war, in den Armen des Bräutigams süß eingeschlummert, das heißt: sei im Geist entrückt worden. Deshalb ist den Mädchen geboten worden, sie nicht eher aufzustören, als bis sie selbst es wollte.

Die Sprache der Liebe

Aus der 67. Predigt über das Hohelied (Cant.)

Die Sprache des Herzens.

2. «Mein Geliebter ist mein, und ich bin sein» (Hld 2,16), sagt die Braut. Nicht mehr? Ihre Rede bleibt in der Schwebe; oder besser: sie setzt aus. Auch der Hörer bleibt in der Schwebe; er bekommt nichts mitgeteilt, sondern horcht auf.

3. Was bedeutet das, daß sie sagt: «Er ist mein, und ich bin sein»? Wir wissen nicht, was sie sagt (Joh 16,18), weil wir nicht empfinden, was sie empfindet.

O heilige Seele, was bedeutet das: der Deine sei dein, und du seist sein? Sag mir doch bitte, was bedeutet dieses zärtliche und liebevolle Hin und Her von Vertrauen und Anvertrautwerden? Er ist dein, und du bist sein. Er ist dein was? Du bist sein was? Bist du ihm das gleiche, was er dir ist, oder etwas anderes? Wenn du zu uns sprichst und von uns verstanden werden möchtest, dann sag doch bitte klar und deutlich, was du meinst (Joh 10,24). Oder gehört, wie der Prophet sagt, dein Geheimnis dir (Jes 24,16)?

Ja, so ist es: In diesem Wort voller Zuneigung hat sich ihr Herz mitgeteilt, nicht ihr Verstand; und deshalb hat sie nicht zum Verstand gesprochen. Wozu hat sie also gesprochen? Zu nichts. Die Gegenwart des Geliebten hat die Braut wunderbar erquickt, seine ersehnten Worte haben sie ganz aus der Fassung gebracht, und jetzt sind sie vorbei, und sie kann einfach nicht schweigen und kann zugleich nicht in Worten ausdrücken, was sie empfindet. So hat sie nicht mit der Absicht gesprochen, sich auszudrücken, sondern sie konnte einfach nicht schweigen. Ihr Herz war so voll, daß ihr Mund zu sprechen anfing (Lk 6,45), aber nicht in Fülle.

Die Empfindungen des Herzens haben ihre eigenen Stimmen. Sie verraten sich durch diese Stimme, auch wenn sie es gar nicht wollen. So verrät zum Beispiel die Furcht, daß das Herz verängstigt ist, der Schmerz, daß es leidet, die Liebe, daß es froh ist. Wenn ein Leidender weint, ein Trauriger schluchzt, ein Verwundeter stöhnt, und wenn Menschen in Angst plötzlich losschreien: dann ist das nicht eine Sache der Gewohnheit; nicht die Vernunft löst das aus, nicht eine kluge Überlegung ordnet das an; das ist nicht das Ergebnis vorherigen gründlichen Erwägens. Nein, so etwas geschieht nicht auf Geheiß des Verstandes, sondern es bricht aus spontaner Erregung hervor.

Die Liebe drängt ins Wort; ihre Sprache ist spontan, ursprünglich, jenseits aller Logik.
So ist es auch bei der ungestüm flammenden Liebe, vor allem bei der göttlichen: wenn sie nicht mehr an sich halten kann, fragt sie nicht mehr nach Ordnung, nach Gesetz, nach Wahl und Zahl der Worte, sondern sie sprudelt einfach hervor. Nur eines zählt dabei für sie: daß sie selbst dadurch keine Minderung erfährt. Sie sucht nicht lange nach Worten, nicht einmal nach klar geformten Ausdrücken, sondern es genügen ihr dazu stammelnde Seufzer.

So ist es auch bei der Braut, die von heiliger Liebe brennt, und zwar in einem unglaublichen Maß: sie muß unbedingt von dieser übermäßigen Glut in ihrem Inneren etwas ausstoßen und kann dabei nicht darauf achten, was sie sagt und wie sie es sagt. Was ihr gerade in den Mund kommt, teilt sie unter dem Druck der Liebe nicht eigentlich mit, sondern stößt es einfach heraus. Kann ein derart erquickter, ein derart erfüllter Mensch anders als so sich erleichtern?

4. Lies noch einmal gründlich den Text dieses Hochzeitsgesangs vom Anfang bis hierher durch und sieh zu, ob der Braut bisher schon jemals bei all den Besuchen und Anreden des Bräutigams eine solche Fülle geschenkt worden ist wie dieses Mal, und ob sie schon jemals aus seinem Mund nicht nur so viele, sondern auch so beglückende Worte erhalten hat. Wen wundert es, daß sie nun eher etwas hervorstößt, als daß sie ein klares Wort spricht, wo ihre Sehnsucht derart mit Gütern erfüllt worden ist (Ps 103,5)? Und solltest du den Eindruck haben, sie habe dennoch ein Wort formuliert, dann nimm an, es sei spontan hervorgesprudelt und nicht zu-

vor überdacht und genau überlegt worden. Die Braut hat den Ausspruch des Propheten nicht wie etwas Gestohlenes auf sich angewandt (vgl. Phil 2,6): «Mein Herz sprudelt ein gutes Wort hervor» (Ps 45,2), sondern sie war tatsächlich des gleichen Geistes voll wie er. «Mein Geliebter ist mein, und ich bin sein» (Hld 2,16).
Nichts folgt weiter; keine weitere Ausführung. Was heißt das? Es ist ein spontaner Ausbruch. Was suchst du in einem solchen jähen Ausbruch logische Wortverbindungen, feierliche Sätze? Von welchen Gesetzen oder Regeln läßt du deinen spontanen Ausbruch fesseln? Er entzieht sich deinem mäßigenden Zugriff, er erwartet von dir keine geschickte Anordnung, er fragt nicht danach, ob er gelegen kommt und den rechten Eindruck macht. Er bricht, wann er will, aus deinem Innersten hervor und fragt nicht danach, ob du einverstanden bist, ja nicht einmal, ob du es vorher weißt; er reißt sich selbst los und läßt sich nicht schicken.

Das Wesentliche erfährt man nicht mit dem Verstand, sondern mit der Zuneigung des Herzens.
8. «Mein Geliebter ist mein, und ich bin sein» (Hld 2,16). Zweifellos lodert an dieser Stelle die gegenseitige Liebe zweier Herzen; aber diese Liebe bedeutet für das eine Herz das höchste Glück, für das andere eine wunderbare Zuneigung. Denn dieser Einklang, diese Umarmung geschieht nicht zwischen zwei Gleichgestellten.
Wer könnte im übrigen mit Bestimmtheit von sich behaupten, er kenne genau das Geschenk der Liebe, dessen die Braut sich rühmt und das sie ihrerseits verschenkt? Das kann nur, wer verdient hat, etwas Ähnliches in seinem Herzen zu erfahren, indem er zu einer außerordentlichen Reinheit des Herzens und Heiligkeit des Leibes gelangt ist. Das Wesentliche erfährt man ja nur in der liebevollen Zuneigung; man kann nicht mit dem Verstand daran rühren, sondern nur durch ein Gleichförmigwerden. Und so können nur wenige sagen: «Wir spiegeln mit enthülltem Antlitz die Herrlichkeit Gottes und werden in das gleiche Bild verwandelt, von Klarheit zu Klarheit, angeleitet vom Geist des Herrn» (2 Kor 3,18).

Wie der Mensch mit Gott eins werden kann

Aus der 71. Predigt über das Hohelied (Cant.)

Die Vereinigung von Gott und Mensch als gegenseitiges Sich-Essen.

4. Ein guter Familienvater ist, wer sich um seine Hausgenossen sorgt, besonders in schlechten Tagen; wer darauf bedacht ist, ihnen in einer Hungerszeit Nahrung zu verschaffen (Ps 33,19), sie mit dem Brot des Lebens und der Einsicht zu versorgen (Sir 15,3) und sie so auf das ewige Leben hin zu ernähren. Ich glaube aber, wenn er sie mit Nahrung versorgt, ist das für ihn selbst Nahrung, und zwar eine Speise, die ihm äußerst gut schmeckt: unser Reiferwerden. «Denn, daß wir stark werden, freut den Herrn» (Neh 8,10).

5. So nährt er sich also, wenn er andere ernährt, und er ernährt andere, wenn er sich selbst nährt. Mit seiner geistlichen Freude schenkt er uns neue Kraft, und unser geistliches Vorankommen schenkt ihm neue Freude.

Meine Bekehrung ist seine Nahrung, mein Heil ist seine Nahrung, ich selbst bin seine Nahrung. Ißt er denn nicht Asche wie Brot (Ps 102,10)? Und da ich ein Sünder bin, bin ich Asche, um von ihm gegessen zu werden. Wenn ich zurechtgewiesen werde, werde ich gekaut; wenn ich unterwiesen werde, werde ich geschluckt; wenn ich verändert werde, werde ich gekocht; wenn ich umgewandelt werde, werde ich verdaut; wenn ich ihm gleichgeformt werde, werde ich mit ihm vereint.

Wundert euch darüber nicht: er ißt uns, und er wird von uns gegessen, je enger wir mit ihm verbunden sind. Und es gibt keine andere Möglichkeit für uns, völlig mit ihm geeint zu werden. Denn wenn ich ihn esse, aber nicht von ihm gegessen werde, ist er zwar in mir, aber ich bin noch nicht in ihm. Und wenn ich von ihm gegessen werde, aber ich ihn nicht esse, hat er mich zwar in sich, aber er ist noch nicht in mir. In beiden Fällen ist die Vereinigung nicht vollkommen. Erst wenn er mich ißt, um mich in sich zu haben, und wenn er umgekehrt von mir gegessen wird, damit ich ihn in mir habe, ist die Vereinigung vollständig und fest. Dann bin ich in ihm, und er ist genauso in mir.

Gott Vater und Gott Sohn sind auf andere Weise eins, als der Mensch mit Gott eins werden kann.

6. Soll ich dir das Gesagte durch einen Vergleich erläutern? Erhebe deine Augen jetzt zu einem subtileren Ineinander-Übergehen, das aber doch mit diesem hier vergleichbar ist.

Wenn der Bräutigam im Vater wäre, aber der Vater nicht auf die gleiche Weise in ihm; oder wenn der Vater im Bräutigam wäre, aber der Bräutigam nicht auf die gleiche Weise in ihm, dann wagte ich zu sagen: in diesem Fall bliebe auch ihr Einssein unvollkommen, selbst wenn es bereits ein Einssein wäre. Nun ist aber er im Vater, und der Vater ist in ihm (vgl. Joh 14,11); ihr Einssein hinkt nicht mehr, sondern er und der Vater sind wirklich und vollkommen eins. So darf auch die Seele, deren Freude es ist, Gott anzuhangen (Ps 73,28), erst dann annehmen sie sei vollkommen mit ihm eins, wenn sie spürt, daß er in ihr und daß sie in ihm bleibt. Sie kann dann allerdings trotzdem nicht sagen, sie sei genauso eins mit Gott, wie der Vater und der Sohn eins sind, obwohl «wer Gott anhängt, *ein* Geist mit ihm ist» (1 Kor 6,17). Letzteres habe ich gelesen, ersteres nicht. Ich spreche nicht von mir, der ich nichts bin. Aber niemand, außer ein Verrückter, niemand von der Erde und niemand vom Himmel, kann sich die Aussage des Einziggeborenen zu eigen machen: «Ich und der Vater sind eins» (Joh 10,30). Und dennoch, obwohl ich Staub und Asche bin (Gen 18,27), scheue ich mich nicht, unter Berufung auf die Heilige Schrift zu behaupten: «Ich bin *ein* Geist mit Gott.» Die Voraussetzung dafür ist allerdings, daß ich aus sicheren Erfahrungen die Überzeugung gewonnen habe, Gott so anzuhangen wie einer derjenigen, die in der Liebe und deshalb in Gott bleiben, weshalb auch Gott in ihnen bleibt (1 Joh 4,16), so daß sie also gewissermaßen Gott essen und von Gott gegessen werden. Denn ich glaube, von einem solchen Anhangen ist gesagt: «Wer Gott anhängt, ist *ein* Geist mit ihm» (1 Kor

6,17). Was folgt daraus? Der Sohn sagt: «Ich bin im Vater, und der Vater ist in mir» (Joh 14,11) und: «wir sind eins» (Joh 10,30). Der Mensch sagt: «Ich bin in Gott, und Gott ist in mir, und wir sind *ein* Geist.»

Vater und Sohn sind ihrem Wesen nach eins, der Mensch kann mit Gott im Geist eins werden.

7. Aber essen sich etwa der Vater und der Sohn, um ineinander und folglich eins zu sein, so wie Gott und der Mensch sozusagen durch gegenseitiges Einander-Essen ineinander übergehen und so, wenn auch nicht eins, doch *ein Geist* werden? Keineswegs. Gott und der Mensch sind nicht auf die gleiche Weise ineinander wie der Vater und der Sohn, und darum ist auch in diesen beiden Beziehungen die Einheit nicht von gleicher Art.

Vater und Sohn sind nicht nur auf unaussprechliche, sondern auch auf unbegreifliche Weise ineinander. Sie können sich gegenseitig fassen und voneinander fassen lassen. Und zwar können sie sich gegenseitig auf eine solche Weise fassen, daß sie sich nicht teilen müssen, und sie sind füreinander auf eine solche Weise faßbar, daß sie sich nicht nur Anteil aneinander geben. Es ist, wie die Kirche in einem Hymnus singt:

> In Patre totus Filius,
> Et totus in Verbo Pater.
> Im Vater ist der ganze Sohn,
> ganz ist der Vater in dem WORT.

Der Vater ist im Sohn, an dem er stets sein Wohlgefallen hat (Mt 17,5). Der Sohn ist im Vater; er war schon immer aus ihm geboren und ist niemals von ihm getrennt. Nun ist aber durch die Liebe der Mensch in Gott und Gott im Menschen, wie Johannes sagt: «Wer in der Liebe bleibt, bleibt in Gott, und Gott bleibt in ihm» (1 Joh 4,16).

Diese Übereinstimmung ist der Grund dafür, daß Gott und Mensch zwei in *einem* Geist sind, ja daß sie *ein* Geist sind. Siehst du den Unterschied? Im *Wesen* gleich zu sein, ist nicht dasselbe wie gleichen *Sinnes* zu sein.

Der Unterschied zwischen Einheit und Einssein.

Wenn du genau darauf achtest, deuten dir die Wörter «ein» und «eins» schon zur Genüge den Unterschied zwischen Einheit und Einssein an, denn für Vater und Sohn wäre es unangemessen, sie als «einen» zu bezeichnen, und für Mensch und Gott wäre es unangebracht, zu sagen, sie seien «eins». Man kann nicht sagen, Vater und Sohn seien «einer», denn der eine ist der Vater, der andere der Sohn. Aber man kann sagen, sie seien «eins», denn das sind sie, weil beide ein und dieselbe Substanz besitzen, und nicht jeder eine besondere für sich. Im Gegensatz dazu kann man von Mensch und Gott nicht sagen, sie seien eins, denn sie sind nicht aus *einer* Substanz oder Natur. Doch kann man in einem sicheren und unbedingt richtigen Sinn sagen, sie seien *ein* Geist, wenn sie von der Liebe zusammengeschweißt werden. Dabei ist mit «Einheit» kein Verschmelzen der Wesenheiten, sondern ein Zusammenneigen der Willen bezeichnet.

Bei Gott: Wesenseinheit; bei Gott und Mensch: Einssein im Wollen der Liebe.

9. Damit ist wohl genügend deutlich geworden, daß die beiden Weisen des Einsseins nicht nur unterschiedlich, sondern von ganz verschiedener Art sind. Die eine besteht innerhalb *einer* Wesenheit, die andere verknüpft verschiedene Wesenheiten. Was liegt weiter auseinander als die Einheit mehrerer Individuen und die innere Einheit eines Einzigen? So grenzen, wie gesagt, die Ausdrücke «ein» und «eins» zwei verschiedene Weisen des Einsseins voneinander ab: als «eins» bezeichnen wir die Wesenseinheit zwischen Vater und Sohn, und mit dem Wort «ein» (Geist) beschreiben wir das Einssein von Gott und Mensch, das keine Wesenseinheit ist, sondern ein Übereinstimmen im Wollen der Liebe. Man kann dann auch mit Vorbehalt ganz richtig vom Vater und vom Sohn sagen, sie seien

236

«einer», zum Beispiel: *ein* Gott, *ein* Herr, und so weiter mit anderen Bezeichnungen, die sich auf jede Person einzeln und nicht zugleich auf die anderen beziehen. Dagegen ist ihre Gottheit und Herrlichkeit nicht von unterschiedlicher Art, genausowenig wie ihr Wesen, ihr Sein oder ihre Natur. Denn wenn du alle diese Bezeichnungen in liebender Hingabe betrachtest, sind sie bei den göttlichen Personen nicht unterschiedlich oder unter sich aufgeteilt, sondern sie sind eins. Nein, ich habe zu wenig gesagt: sie sind auch eins mit ihnen.

Einssein im strengen und im abgeleiteten Sinn.
Wie steht es nun mit jenem Einssein, von dem wir lesen, es mache viele Herzen zu einem und viele Seelen zu einer (Apg 4,32)? Meiner Ansicht nach verdient das gar nicht eigentlich den Namen «Einssein», wenn man es mit demjenigen Einssein vergleicht, das nicht viele vereinigt, sondern ausschließlich Einen bezeichnet. Folglich ist das einzigartige und höchste Einssein dasjenige, das nicht durch Vereinigung mehrerer zustandekommt, sondern von Ewigkeit her besteht. Es ist nicht erst das Ergebnis jenes geistigen Einander-Essens, von dem oben die Rede war, denn es kommt nicht erst *zustande*, sondern ist einfach *da*. Noch viel weniger darf man es für das Ergebnis irgendwelcher Verbindung von Wesenheiten oder einer Übereinstimmung der Willen halten, da diese gar nicht bestehen. Denn, wie gesagt, die göttlichen Personen haben eine einzige Wesenheit und einen einzigen Willen. Wo aber nur etwas Einziges ist, ist es unsinnig, von Übereinstimmung, Zusammensetzung, Verbindung oder etwas ähnlichem zu sprechen. Es bedarf mindestens zweier Willen, um eine Übereinstimmung herstellen zu können; mindestens zweier Wesenheiten, um eine Verbindung oder Vereinigung durch Übereinstimmung schaffen zu können. Nichts dergleichen ist zwischen Vater und Sohn, denn sie haben nicht zwei Wesenheiten und keine zwei Willen. Beides ist bei ihnen ein und dasselbe; oder vielmehr, wie ich mich erinnere, oben gesagt zu haben, beides ist bei ihnen und mit ihnen eins, und daher bleiben sie

auf eine ebenso unbegreifliche wie unvergleichliche Weise ineinander und sind wirklich und einzigartig *eins*. Wollte jemand trotzdem sagen, zwischen Vater und Sohn herrsche Übereinstimmung, so habe ich nichts dagegen, vorausgesetzt, er verstehe darunter nicht eine Einheit zweier Willen, sondern das Einssein des Willens von Vater und Sohn.

Die Vereinigung von Gott und Mensch: eine Vereinigung im Wollen und in der Liebe.

10. Was nun Gott und den Menschen betrifft, so bleiben sie, weil sie sich durch einen jeweils eigenen Willen und eine eigene Wesenheit auszeichnen und voneinander unterscheiden, in einem ganz anderen Sinn ineinander, das heißt, sie bleiben ihrem Wesen nach unvermischt, aber dem Willen nach werden sie gleichgestimmt. Diese Einigung besteht für sie also in einer Vereinigung der Willen und in einer Übereinstimmung in der Liebe. Das ist eine glückliche Einigung, wenn du sie erfährst; es ist eigentlich gar keine, wenn du sie mit derjenigen zwischen Vater und Sohn vergleichst. Wer sie erfahren hat, sagt: «Gott anzuhangen ist mein Glück» (Ps 73,28). Es ist wahrhaftig ein Glück, wenn du ihm in jeder Hinsicht anhängst. Wer aber hängt vollkommen an Gott? Nur wer als Geliebter Gottes in Gott bleibt und umgekehrt als Liebhaber Gottes ebenso Gott in sich hineinzieht. Wo sich also der Mensch und Gott in jeder Hinsicht gegenseitig anhängen – was nur durch innigste gegenseitige Liebe, gleichsam durch eine wechselseitige Einverleibung möglich ist –, da möchte ich ohne Bedenken sagen, Gott weile im Menschen und der Mensch weile in Gott.

Der Mensch ist jedoch von Ewigkeit her in Gott, denn Gott liebt ihn von Ewigkeit her – vorausgesetzt, er gehört zu denen, die sagen können: «Er hat uns geliebt und reich beschenkt in seinem geliebten Sohn vor Grundlegung der Welt» (Eph 1,4–5). Umgekehrt ist Gott im Menschen von dem Augenblick an, wo Gott vom Menschen geliebt wird. Wenn es sich so verhält, dann ist der Mensch sogar dann in Gott, wenn Gott noch nicht im Menschen ist; aber

Gott ist nicht in dem Menschen, der nicht in Gott ist. Der Mensch kann nicht in der Liebe bleiben, ohne selbst geliebt zu werden, selbst wenn es ihm gelingen sollte, als Ungeliebter eine Zeitlang zu lieben. Er kann aber auch die Liebe verweigern, wenn er schon geliebt wird. Wie könnte es sonst heißen: «Er hat uns zuerst geliebt» (1 Joh 4,10)? Erwidert der Mensch die vorausgehende Liebe Gottes mit seiner Liebe, dann ist der Mensch in Gott und Gott ist im Menschen. Wer aber niemals liebt, ist offensichtlich niemals geliebt worden; und folglich ist weder er in Gott, noch ist Gott in ihm.

So viel soll gesagt sein, um den Unterschied deutlich zu machen zwischen jener Verbindung, in der Vater und Sohn eins sind, und derjenigen, in der die Gott anhangende Seele *ein* Geist mit ihm ist. Sonst könnte jemand meinen, den Ehrenvorzug, den der Einziggeborene Sohn hat, genieße auch der Mensch als Adoptivsohn Gottes, wenn er einerseits über den Menschen liest: «Wer in der Liebe bleibt, bleibt in Gott und Gott bleibt in ihm» (1 Joh 4,16) und andererseits vom Sohn: «Ich bin im Vater, und der Vater ist in mir» (Joh 14,10).

Die Teilhabe am Leben des dreifaltigen Gottes in Erkenntnis und Liebe

8. Predigt über das Hohelied (Cant.)

1. Wie gestern versprochen, haben wir uns für heute vorgenommen, über das Höchste zu sprechen: über den Kuß des Mundes. Hört also aufmerksamer zu: das schmeckt süßer, läßt sich seltener verkosten, ist schwieriger zu erfassen.

Gott Vater und Gott Sohn sind in einem unaussprechlichen Kuß der Liebe miteinander vereint.
Ich will noch etwas höher ansetzen.
Wenn der Herr sagt: «Niemand kennt den Sohn, als der Vater, und

niemand kennt den Vater, als der Sohn oder der, dem es der Sohn enthüllen will» (Mt 11,27), dann scheint mir, er spreche dabei von einem Kuß, an den kein Wort und keine Erfahrung irgendeines Geschöpfes reicht. Denn der Vater liebt den Sohn und umarmt ihn mit einer einzigartigen Liebe: der Höchste den ihm Wesensgleichen, der Ewige den mit ihm Ewigen, der Eine seinen Einzigen. Aber er selbst wird in keiner geringeren Zuneigung vom Sohn umfangen. Der Sohn stirbt ja um der Liebe zum Vater willen, wie er selbst ausdrücklich sagt: «Damit alle wissen, daß ich den Vater liebe, steht auf und laßt uns gehen» (Joh 14,31), und er meint damit zweifellos: in das Leiden hinein. Was ist dieses gegenseitige Sich-Erkennen und Sich-Lieben des Erzeugers und des Gezeugten also anderes als der allersüßeste und zugleich allerverschwiegenste Kuß?
2. Ich nehme mit Gewißheit an: in das verhüllte Innere eines so großen und heiligen Raumes der göttlichen Liebe erhält nicht einmal ein Geschöpf vom Rang der Engel Zutritt. Paulus hat das gespürt und hat deshalb gesagt, jener Friede übersteige alle Fassungskraft, selbst die der Engel (Phil 4,7).

Der Kuß des Mundes, den die Braut erbittet, ist der Geist zwischen Vater und Sohn.
Selbst die Braut, die doch recht kühn ist, wagt deshalb nicht zu sagen: «Er küsse mich mit seinem Mund.» Das behält sie einzig und allein dem Vater vor. Sie bittet um etwas nicht ganz so Großes mit den Worten: «Er küsse mich mit dem Kuß seines Mundes» (Hld 1,1).
Seht: die neue Braut empfängt einen neuen Kuß. Sie empfängt ihn nicht vom Mund, sondern vom Kuß des Mundes. «Er hauchte sie an», heißt es – zweifellos von Jesus und von den Aposteln, das heißt von der Urkirche – «und sprach: Empfangt den Heiligen Geist» (Joh 20,22). Das war offensichtlich ein Kuß. Was war ein Kuß? Dieses Hauchen von Körper zu Körper? Nein: der unsichtbare Geist war der Kuß. Der Herr schenkte ihn, indem er die Apostel anhauchte, um so deutlicher zu machen, daß er von ihm in gleicher

Weise ausgeht wie vom Vater (Joh 15,26). Ein wirklicher Kuß gehört ja in gleicher Weise dem Küssenden wie dem Geküßten.

Deshalb findet die Braut ihr Genügen, wenn sie vom *Kuß* des Bräutigams und nicht von seinem *Mund* geküßt wird. Sie hält es nicht für zu wenig oder zu gering, vom *Kuß* geküßt zu werden; denn das bedeutet nichts anderes, als die Eingießung des Heiligen Geistes zu erfahren.

Wenn wir uns also zu Recht vorstellen, der Vater sei der Küssende und der Sohn sei der, der geküßt wird, dann kann der Kuß selbst nur der Heilige Geist sein. Er ist der unzerstörbare Friede zwischen Vater und Sohn, das unzerreißbare Band, die unzertrennliche Liebe, das unteilbare Einssein.

3. Um ihn geht es also der kühnen Braut; daß er ihr eingegossen werde, erbittet sie voll Vertrauen, wenn sie um den Kuß bittet. Sie verfügt ja über ein Unterpfand, das sie berechtigt, eine derart große Bitte zu äußern. Dieses Unterpfand ist das Wort des Sohnes: «Niemand kennt den Sohn als der Vater, und niemand kennt den Vater als der Sohn», und die Beifügung: «und der, dem es der Sohn enthüllen will» (Mt 11,27). Die Braut bezweifelt nicht, daß, wenn er es schon jemandem enthüllen will, er es gewiß *ihr* enthüllen will. Und so erbittet sie sich kühn die Gabe des Kusses, das heißt des Heiligen Geistes, mit dem ihr der Sohn und der Vater enthüllt werden soll.

Der Heilige Geist vermittelt die Erfahrung des Vaters und des Sohnes.
Keiner der beiden enthüllt sich nämlich ohne den anderen. Deshalb heißt es: «Wer mich sieht, der sieht auch den Vater» (Joh 14,9), und anderswo bei Johannes: «Niemand, der den Sohn leugnet, hat den Vater. Wer aber den Sohn bekennt, hat auch den Vater» (1 Joh 2,23). Daraus ist klar ersichtlich, daß sich weder der Vater ohne den Sohn noch der Sohn ohne den Vater erkennen läßt. Und deshalb hat der Herr zu Recht als Gipfel der Seligkeit nicht die Erkenntnis eines der beiden, sondern die Erkenntnis beider bezeichnet: «Das ist das ewige Leben, daß sie dich, den wahren Gott, er-

kennen und den du gesandt hast, Jesus Christus» (Joh 17,3). Auch heißt es von denen, die dem Lamm folgen, daß sie seinen Namen und den Namen seines Vaters auf ihrer Stirn geschrieben tragen (Offb 14,1–4); das bedeutet, daß sie sich der Erkenntnis beider rühmen dürfen.

4. Aber da bemerkt jemand: «Folglich ist die Kenntnis des Heiligen Geistes nicht notwendig, denn er sagt, das ewige Leben bestehe darin, den *Vater* und den *Sohn* zu erkennen, und vom Heiligen Geist schweigt er?»

Ja, so steht es zwar da. Aber kann jemandem, der den Vater und den Sohn vollständig erkennt, die Zuneigung beider, die der Heilige Geist ist, unbekannt bleiben? Der Mensch hat ja auch einen Menschen erst dann richtig kennengelernt, wenn er weiß, ob er von einem guten oder von einem schlechten Geist beseelt ist. Das Wort lautet zwar: «Das ist das ewige Leben, daß sie dich, den wahren Gott, erkennen und den du gesandt hast, Jesus Christus.» Aber dieses Senden ist ja der Ausdruck des Wohlgefallens des Vaters, seiner Güte, mit der er den Sohn sendet, und des freiwilligen Gehorsams des Sohnes; und folglich wird vom Heiligen Geist doch nicht ganz geschwiegen, wenn von einer so großen Liebeszuwendung beider die Rede ist. Denn die Liebe und die Zuneigung beider ist der Heilige Geist.

5. Wenn die Braut um den Kuß bittet, bittet sie also um die Gnade, daß ihr die Erkenntnis aller drei eingegossen werde, soweit das in diesem sterblichen Fleisch zu fassen ist. Sie erbittet es vom Sohn, denn am Sohn liegt es, sich zu offenbaren, wem er will (Mt 11,27). Und der Sohn offenbart sich tatsächlich, wem er will; und wem er sich offenbart, dem offenbart er zugleich den Vater. Dabei offenbart er sich zweifellos mit einem Kuß, das heißt durch den Heiligen Geist. Der Apostel ist dafür Zeuge, wenn er sagt: «Uns aber hat es Gott durch seinen Geist offenbart» (1 Kor 2,10). Wenn er aber den Geist schenkt, durch den er sich offenbart, dann offenbart er auch den Geist selbst: indem er ihn schenkt, offenbart er ihn, und indem er ihn offenbart, schenkt er ihn.

Der Heilige Geist vermittelt immer zugleich Erkenntnis und Liebe.
Folglich erleuchtet die Offenbarung, die durch den Heiligen Geist
geschieht, nicht nur zur Erkenntnis, sondern sie entzündet auch zur
Liebe. Darum sagt der Apostel: «Die Liebe Gottes ist in unsere
Herzen ausgegossen durch den Heiligen Geist, der uns geschenkt
worden ist» (Röm 5,5).

Wenn wir deshalb irgendwo von Menschen lesen, die zwar Gott
erkannt, ihm aber nicht als Gott die Ehre gegeben haben (Röm
1,21), dann steht bezeichnenderweise nicht dabei, daß ihre Erkenntnis aus einer Offenbarung des Heiligen Geistes stamme: denn
sie erkannten ihn zwar, liebten ihn aber nicht. Da liest du lediglich:
«Denn Gott hat es ihnen offenbart» (Röm 1,19), aber es ist nicht
hinzugefügt: «durch den Heiligen Geist». So können Geister, die
zur Hingabe unfähig sind, nicht den Kuß für sich in Anspruch nehmen, der der Braut zusteht: sie begnügen sich mit dem, was aufbläht, und kennen nicht das, was aufbaut (1 Kor 8,1).

Lassen wir auch den Apostel noch sagen, wodurch sie ihn erkannt
haben: «Sie haben auf das, was erschaffen ist, gesehen und haben erkannt» (Röm 1,20). Daraus geht klar hervor, daß sie den, dem sie
keinen Funken Liebe geschenkt haben, auch nicht vollständig erkannt haben. Hätten sie ihn nämlich ganz erkannt, dann wäre ihnen seine Güte nicht verborgen geblieben, mit der er im Fleisch geboren werden und sterben wollte, um sie zu erlösen.

Wahre Erkenntnis und Liebe findet man nur auf dem Weg der Demut.
Höre noch, was ihnen von Gott offenbart worden ist: «Seine Kraft
und Göttlichkeit ist ewig» (Röm 1,20). Du siehst, mit ihrem eigenen hochfahrenden Geist, nicht mit dem Geist Gottes, haben sie erforscht, daß Gott erhaben und machtvoll sei; aber daß er sanft und
demütig von Herzen sei (Mt 11,29), das haben sie nicht erkannt.
Das ist kein Wunder, denn ihr Kopf ist wie der des Behemoth, von
dem wir lesen, er «gaffe nach allem Erhabenen» (Ijob 41,25 Vulg.),
so daß ihm das Niedrige entgeht. Ganz anders David: er erging sich
nicht in großen Dingen, in Wunderbarem, das sein Verstehen

überstieg (Ps 131,1); er wollte nicht die Allmacht erkunden und dann von der Herrlichkeit erdrückt werden (Spr 25,27).

6. So sollt auch ihr immer an die Mahnung des Weisen denken: «Suche nicht etwas, was über dich hinausgeht, und erforsche nicht, was deine Kraft übersteigt» (Sir 3,22), damit ihr euch behutsamen Schrittes in das Heiligtum vortastet. Laßt euch den Weg vom Geist Gottes weisen (Gal 5,16), nicht von eurem eigenen Sinnen und Trachten. Wenn der Heilige Geist den Unterricht übernimmt, spitzt er nicht die Neugier an, sondern entzündet die Liebe. Und so verläßt sich die Braut mit Recht bei der Suche nach dem, den ihre Seele liebt (Hld 3,1), nicht auf die Sinne ihres Fleisches und gibt sich nicht mit leeren Spekulationen der menschlichen Wißbegier zufrieden, sondern sie bittet um den Kuß. Das bedeutet: sie ruft den Heiligen Geist an, um von ihm zugleich den Geschmackssinn für die Erkenntnis und die Würze der Gnade zu empfangen. Eine Erkenntnis, die aufbläht (1 Kor 8,1), weil sie ohne Liebe ist, stammt also nicht vom Kuß her.

Die Gnade des Kusses schenkt immer beides: Licht der Erkenntnis und spürbare Hingabe.

Alle, die zwar Eifer für Gott haben (Röm 10,2), aber ohne Erkenntnis sind, sollen sich ja nicht einbilden, daß sie den Kuß empfangen haben. Denn die Gnade des Kusses schenkt immer beide Gaben: das Licht der Erkenntnis und die lebendige, spürbare Hingabe. Der Geist ist der Geist des Geschmacks an der Weisheit und der Geist der Einsicht (Jes 11,2). Er ist wie die Biene, die immer sowohl Wachs als auch Honig herstellt: er zündet das Licht der Erkenntnis an und weckt auch zugleich immer den Geschmackssinn, der die Gnade verkostet. Verfügt jemand nur über eines von beidem: erkennt er die Wahrheit und ist ungerührt von der Liebe, oder hat er Gefühle der Liebe und ist ohne Erkenntnis, dann braucht er nicht zu meinen, er habe den Kuß erfahren. Denn dieser Kuß läßt dem Irrtum oder der Empfindungslosigkeit keinen Raum.

244

Wer eine Braut ist, soll also seine beiden Lippen bereithalten, um die doppelte Gnade dieses heiligen Kusses zu empfangen: seinen Verstand für die Erkenntnis, sein Liebesvermögen für das Verkosten. Nur so ist Aussicht, daß ihm die Ehre des vollen Kusses zuteil wird und daß er hören darf: «Anmut ist auf deinen Lippen ausgegossen; deshalb hat dich Gott auf ewig gesegnet» (Ps 45,3).

Die Freunde Gottes haben Kunde vom Kuß zwischen Vater und Sohn.
Wenn der Vater den Sohn küßt, gibt er ihm von Mund zu Mund die innersten Geheimnisse seines Gottseins weiter und haucht ihm die köstliche Süßigkeit der Liebe ein. Das meint die Schrift, wenn es heißt: «Ein Tag gibt dem andern Tag das Wort von Mund zu Mund weiter» (Ps 19,3).

Wie schon gesagt, wird es niemals irgendeinem Geschöpf zuteil, sich mitten in dieser ewigen und einzigartig seligen Umarmung vorzufinden; nur der Geist beider ist der Zeuge und Mitwisser dieses gegenseitigen Sich-Erkennens und -Liebens. «Denn wer hat den Sinn des Herrn erkannt, oder wer ist sein Ratgeber gewesen?» (Röm 11,34).

7. Aber jetzt könnte vielleicht jemand zu mir sagen: «Woher ist denn *dir* das zu Ohren gekommen, wenn du doch sagst, keinem Geschöpf werde das anvertraut?» «Der Einziggeborene, der im Schoß des Vaters ruht: er hat es erzählt» (Joh 1,18). Ich sage mit Bedacht: «Er hat es erzählt», nicht mir Armem und Unwürdigem, sondern dem Johannes, dem Freund des Bräutigams (Joh 3,29), von dem diese Worte stammen; und nicht nur ihm, sondern auch Johannes dem Evangelisten, dem Jünger, den Jesus liebte (Joh 13,23). Seine Seele gefiel Gott (Weish 4,14); sie war des Namens und der Mitgift der Braut würdig, war würdig der Umarmungen des Bräutigams, würdig sogar, an der Brust des Herrn zu ruhen (Joh 13,25). Johannes hat aus der Brust des Einziggeborenen geschöpft, was dieser aus der Brust des Vaters geschöpft hat. Aber nicht nur Johannes hat das getan, sondern alle sind dazu imstande, zu denen dieser «Engel des großen Ratschlusses» (Jes 9,6, alte Lese-

art) gesagt hat: «Ich habe euch Freunde genannt, weil ich euch alles kundgetan habe, was ich von meinem Vater gehört habe» (Joh 15,15). Auch Paulus hat daraus geschöpft: sein Evangelium stammt nicht von einem Menschen, noch hat er es über einen Menschen empfangen, sondern durch eine Offenbarung Jesu Christi (Gal 1,11–12).

So können also sie alle voll Glück und in Wahrheit sagen: «Der Einziggeborene, der im Schoß des Vaters war, er hat es» uns «erzählt» (Joh 1,18).

War aber dieses Erzählen für sie etwas anderes als ein Kuß? Jedoch ein Kuß vom Kuß, nicht unmittelbar vom Mund.

Der Kuß vom Mund: die Fülle zwischen Vater und Sohn; der Kuß vom Kuß: der Anteil des Menschen an dieser Fülle.
Höre dagegen, wie von einem Kuß unmittelbar vom Mund die Rede ist: «Ich und der Vater sind eins» (Joh 10,30); und: «Ich bin im Vater, und der Vater ist in mir» (Joh 14,10). Das ist ein Kuß, der von Mund zu Mund geht. Aber niemand kann einen solchen Kuß von sich aus erzwingen.

Dieser Kuß ist voll Liebe und Frieden. Seine Liebe überragt alles Wissen (Eph 3,19), und sein Friede ist weit über aller Wahrnehmung. Ja: «Was das Auge nicht sieht und das Ohr nicht hört und was nicht ins Herz des Menschen aufsteigt» (1 Kor 2,9–10), das hat Gott dem Paulus durch seinen Geist enthüllt, das heißt durch den Kuß von seinem Mund.

So bedeutet also der Kuß vom Mund, daß der Sohn im Vater und der Vater im Sohn ist. Und der Kuß vom Kuß ist gemeint, wenn wir lesen: «Wir haben nicht den Geist dieser Welt empfangen, sondern den Geist, der aus Gott ist, damit wir erkennen, was uns von Gott geschenkt worden ist» (1 Kor 2,12).

8. Um noch einmal deutlicher den Unterschied zwischen beidem klarzumachen: wer die Fülle in sich aufnimmt, der empfängt den Kuß vom Mund; wer aber etwas *von* der Fülle aufnimmt (Joh 1,16), der empfängt den Kuß vom Kuß. Paulus ist bestimmt groß;

aber er mag seinen Mund noch so weit in die Höhe strecken, ja mag ihn bis in den dritten Himmel recken (2 Kor 12,2) – er muß dennoch notwendigerweise in einiger Entfernung vom Mund des Allerhöchsten bleiben; er muß in seinen Verhältnissen zufrieden bei sich bleiben. Und weil er nicht bis zum Antlitz der Herrlichkeit emporreichen kann, bleibt ihm nur übrig, in Demut darum zu bitten, daß Gott sich zu ihm herabneige und ihm aus der Höhe einen Kuß herabreiche.

Aber er, «der es nicht als Beute ansah, Gott wesensgleich zu sein» (Phil 2,6), so daß er das Wort wagen durfte: «Ich und der Vater sind eins» (Joh 10,30), weil er ihm von gleich zu gleich verbunden ist und ihn von gleich zu gleich umarmt, er bettelt nicht von einem tiefer gelegenen Ort aus um den Kuß, sondern er reicht in gleicher Höhe mit seinem Mund an den Mund, und mit einem einzigartigen Vorrecht empfängt er einen Kuß vom Mund.

Christus erhält also den Kuß in Fülle, Paulus erhält Anteil am Kuß. So darf Christus sich rühmen, den Kuß vom Mund zu empfangen, Paulus aber kann nur sagen, er sei vom Kuß geküßt worden.

Der Mensch ist – als Seele – Tochter, Braut und Schwester Gottes.
9. Dennoch handelt es sich auch da um einen glücklichen Kuß, wo nicht nur die Erkenntnis Gottes aufgeht, sondern auch die Liebe zum Vater lebendig wird. Vollkommen kann er ja erst dann erkannt werden, wenn er vollkommen geliebt wird.

Hat nicht eure Seele in euch zuweilen in der Tiefe ihres Herzens vernommen, wie der Geist des Sohnes «Abba, Vater» (Gal 4,6) gerufen hat? Sie, sie ist es, die kühn von sich sagen darf, daß sie mit väterlicher Zuneigung geliebt wird, denn sie spürt, daß sie vom gleichen Geist geliebt wird wie der Sohn. Hab Vertrauen, der du diese Seele bist, hab Vertrauen und wage dich hervor (Jak 1,6). Erkenne am Geist des Sohnes: du bist die Tochter des Vaters und die Braut und Schwester des Sohnes.

Du findest, daß eine Seele, die in dieser Lage ist, mit diesen beiden Bezeichnungen benannt wird. Belege dafür habe ich sofort zur

Hand; ich brauche mir keine große Mühe geben, sie zu finden. Die Stimme des Bräutigams ruft ihr zu: «Komm in meinen Garten, meine Schwester Braut!» (Hld 5,1). Sie ist seine Schwester, weil beide den gleichen Vater haben; sie ist seine Braut, weil sie im Geist mit ihm eins ist. Denn wenn eine fleischliche Ehe zwei zu *einem* Fleisch werden läßt (Gen 2,24; 1 Kor 6,16), verbindet dann nicht das Band geistlicher Brautschaft noch weit enger zwei zu *einem* Geist? Zudem heißt es: «Wer den Herrn umarmt, ist *ein* Geist» (1 Kor 6,17).

Aber höre auch aus dem Mund des Vaters, wie er sie liebevoll und voller Anerkennung seine Tochter nennt und sie dennoch zugleich wie seine eigene Schwiegertochter in die zärtliche Umarmung seines Sohnes einlädt: «Höre, Tochter, sieh und neige dein Ohr; vergiß dein Volk und das Haus deines Vaters, denn der König verlangt nach deiner Schönheit» (Ps 45,11–12).

Sieh also, von wem sie einen Kuß erbittet.

O heilige Seele, sei voll Ehrfurcht, denn er ist der Herr, dein Gott, den du zwar nicht küssen, aber doch anbeten (Ps 95,6–7) kannst mit dem Vater und dem Heiligen Geist von Ewigkeit zu Ewigkeit. Amen.

ANHANG

Schlüssel der zitierten Werke

Cant.   = Sermones şuper Cantica Canticorum (Predigten über das Hohelied)
Cons.   = De Consideratione (Über das Nachdenken)
Conv.   = Ad Clericos de Conversione (An die Kleriker über die Bekehrung)
Dil.   = De diligendo Deo (Über die Gottesliebe)
Div.   = Sermones de Diversis (Predigten über verschiedene Themen)
Grad.   = De gradibus humilitatis et superbiae (Über die Stufen der Demut
           und des Stolzes)
Grat.   = De gratia et libero arbitrio (Über die Gnade und den freien Willen)
Sup. Missus est = Super Missus est (4 Marienpredigten über die Perikope
           Lk 1,26–38)

Lateinische Textausgaben

Bernhards Werke finden sich in der von J. Mabillon OSB im 17. Jahrhundert erarbeiteten Form in den Bänden 182 und 183 der Patrologia Latina von J. P. Migne (Paris 1862).
Eine neue kritische Ausgabe besorgten J. Leclercq OSB u. H. M. Rochais OSB: S. Bernardi Opera (8 Bde.), Editiones Cistercienses, Romae 1957–1977; sie wurde für unsere Übersetzung verwendet.

Übersetzungen

Die umfangreichsten Übersetzungen sind bislang:
Geist des hl. Bernhard. Geistliche Lesung auf alle Tage des Jahres, aus den Schriften des hl. Abtes u. Kirchenlehrers, hrsg. v. Nivard Schlögl OCist, 4. Bde. Schöningh, Paderborn 1898–1899 (viele Predigten, etliche Traktate)
Die Schriften des honigfließenden Lehrers Bernhard von Clairvaux, übers. v. Agnes Wolters OCist, 6 Bde. Georg Fischer, Wittlich 1934–1938 (alle Predigten)

Eine Auswahl kürzerer Texte aus seinen Schriften:
Bernhard von Clairvaux. Die Botschaft der Freude, hrsg. v. J. Leclercq, Benziger, Einsiedeln 1953, neu aufgelegt in der Reihe «Klassiker der Meditation» 1977

Einige Briefe:
W. v. d. Steinen, Bernhard von Clairvaux, Leben und Briefe, F. Hirt, Breslau 1926
Briefe des hl. Bernhard, übers. v. Hedwig Michel (Relig. Geister 21), M. Grünewald, Mainz/H. Rauch, Wiesbaden 1928

De Conversione:
Heimkehr. Die Predigt des hl. Bernhard von Clairvaux über die Bekehrung, eingel.
  u. übertr. v. Joh. Schuck, «Ars Sacra», Joseph Müller, München 1925

De diligendo Deo:
Ein Buch von der Liebe Gottes, übers. v. D. Grillnberger, Schöningh, Paderborn
  1892
Des hl. Bernhard von Clairvaux Abhandlung über die Gottesliebe, übers. v. K. Hart-
  mann (Relig. Geister 8), M. Grünewald, Mainz/K. Rauch, Wiesbaden 1921 u.
  1924

Literaturhinweise

*Die Gesamtbibliographie aller bis 1979 über Bernhard erschienenen Bücher, Studien,
Aufsätze usw.:*
Bibliographie Générale de l'Ordre Cistercien, par H. Rochais et E. Manning, Edi-
tions La Documentation Cistercienne, vol. 21, fasc. hors série 1, Abbaye N.-D. de
St-Remy, B–5430 Rochefort 1979

*Alle Manuskripte, Textausgaben und Übersetzungen der Werke Bernhards in andere Spra-
chen:*
in derselben Reihe vol. 21 fasc. hors série 2–4.
Die Gesamtbibliographie umfaßt knapp 3000 Titel, aus denen hier nur eine bescheidene Auswahl erwähnt werden kann.

Sammelwerke:
Commission d'Histoire de l'Ordre Cistercien, Bernhard de Clairvaux, Aiguebelle
  (Frankr.) 1953
Mélanges S. Bernard, Dijon 1954
Bernhard von Clairvaux, Mönch und Mystiker, Internat. Bernhardskongreß Mainz
  1953, hrsg. v. J. Lortz, Franz Steiner, Wiesbaden 1955
Saint Bernard of Clairvaux, Studies Commemorating the Eighth Centenary of his
  Canonization, ed. B. Pennington, Cistercian Publications, Kalamazoo, Mich.
  USA 1977

Einzelne Bücher und Artikel:
Bernhart, J., Bernhardische u. Eckardische Mystik in ihren Beziehungen und Ge-
  gensätzen, Kempten 1912
Brauneck, J., Bernhard von Clairvaux als Mystiker, Düsseldorf 1935
Bredero, A. H., Etudes sur la Vita prima de S. Bernardo, Rom 1960
– Bernhard von Clairvaux im Widerstreit der Historie, Wiesbaden 1966

Castren, O., Bernhard von Clairvaux. Zur Typologie des mittelalterlichen Menschen, Lund 1938, 382 S.

Delfgaauw, P., Saint Bernard, maître de l'amour divin, Tilburg (Niederlande) 1974

Duinkerken, A. van, Bernhard von Clairvaux, Wien 1966, 200 S.

Dumontier, M., Saint Bernard et la Bible, Paris 1953, 186 S.

Frischmuth, G., Die paulinische Konzeption in der Frömmigkeit Bernhards von Clairvaux, Gütersloh 1933, 111 S.

Gilson, St., Die Mystik des hl. Bernhard von Clairvaux, übers. v. Ph. Bohner, Wittlich 1936

Herde, R., Das Hohelied in der lateinischen Literatur des Mittelalters bis zum 12. Jahrhundert in: Studi Medievali (Spoleto/Italien) 1967, 957–1073

Hiss, W., Die Anthropologie Bernhards von Clairvaux, Bruxelles 1964, 148 S.

Kahles, W., Radbert und Bernhard, zwei Ausprägungen christlicher Frömmigkeit, Emsdetten 1938, XIV+201 S.

Knotzinger, K., Hoheslied und bräutliche Christusliebe bei Bernhard von Clairvaux, in: Jahrbuch f. myst. Theologie 7 (1961), 5–88

– Die Seligpreisungen bei Bernhard von Clairvaux, ebd. 13 (1967), 11–42

Köpf, K., Religiöse Erfahrung in der Theologie Bernhards von Clairvaux (Beitr. z. hist. Theologie, 61, Tübingen 1980)

Leclercq, J., Christusnachfolge und Sakrament in der Theologie des hl. Bernhard, in: Archiv f. Liturgiewissenschaft 8 (1963), 58–72

– Der hl. Bernhard und das Weibliche, in: Erbe und Auftrag 51 (1975), 161–179

– Bernard of Clairvaux and the Cistercian Spirit (Cistercian Studies Series 16), Cistercian Publications Kalamazoo, Mich. USA 1976, 166 S.

– Nouveau visage de Bernard de Clairvaux. Approches psycho-historiques, Paris 1976, 181 S.

Linhardt, R., Die Mystik des hl. Bernhard von Clairvaux, München 1924 u. 1937, VII+247 S.

Luchaire, A., Saint Bernard, in: Revue Historique XXIV, tome LXXI (1899) 225–243

Pascoe, L., S. Bernard of Clairvaux, the doctrine of the Imago and it's relationship to cistercian monachism, New York 1960 (These in Fordham University)

Schaffner, O., Die Nobilis Deo Creatura des hl. Bernhard, in: Geist und Leben 23 (1950) 43–57

Schellenberger, B., Bernhard von Clairvaux, Mystik der Liebe, in: J. Sudbrack (Hrsg.), Zeugen christlicher Gotteserfahrung, M. Grünewald, Mainz 1981, 64–94

Schenk, J., Der Adler, der in die Sonne blickt, Regensburg 1953, 283 S.

Schmidt-Pauli, E. von, Bernhard von Clairvaux, Düsseldorf 1953, 435 S.

Schuck, J., Das religiöse Erlebnis beim hl. Bernhard von Clairvaux, Würzburg 1922, 111 S.

Stoeckle, B., Die Konkupiszenz bei Bernhard von Clairvaux. Ein zeitgemäßes Stück mittelalterlicher Geisteslehre, in: Geist und Leben 35 (1962) 444–453

Sudbrack, J., Gott entfremdet, bist du selbst dir fremd, in: Geist und Leben 44 (1971) 241–248

Talbot, C.H., San Bernardo nelle sue lettere, in: S.Bernardo, pubblicazione commemorativa nell'VIII centenario della sua morte, Milano (Italien) 1954

Vacandard, E., Leben des hl.Bernhard, übers. v. M.Sierp, 2 Bde., Mainz 1897 u. 1898, XIX+595 u. 644 S. (bis heute die gründlichste systematische Darstellung des Lebens Bernhards)

Vogt, K., Ein Mönch lenkt das Abendland, Saarbrücken 1949 u. Luzern 1953, 366 S.

Wechssler, E., Deutsche und französische Mystik: Meister Eckart und Bernhard von Clairvaux, in: Euphorion 20 (1929), 40–93

Wolter, H., Meditation bei Bernhard von Clairvaux, in: Geist und Leben 29 (1956) 206–218 u. 30 (1957) 206–209

Lebenstafel

1090 Geburt auf Schloß Fontaine bei Dijon.

1112 Eintritt ins Kloster Cîteaux zusammen mit dreißig Gefährten.

1115 Aussendung mit zwölf Mönchen zur Gründung von Clairvaux.

1118 Gründung des 1.Tochterklosters von Clairvaux.

1128 Als Sekretär auf dem Konzil von Troyes, Beginn (kirchen-)politischer Vermittlertätigkeiten.

1130 Auf dem Konzil zu Etampes bewegt Bernhard den König und die Kirche von Frankreich, sich Papst Innozenz II. anzuschließen und seinen Konkurrenten Anaklet II. als unrechtmäßig anzusehen. Dieser Entscheidung schließen sich kurz darauf in Deutschland König Lothar und der Klerus an, 1131 auch der König von England.

1133 Italienreise auf Wunsch des Papstes; politische Schlichtungs- und Vermittlungsaufgaben.

1135 Auf dem Fürstentag zu Bamberg; von dort aus Reise in die Lombardei.

1137 Vom Papst nach Rom gerufen. Vermittlung im Streit zwischen Papst und Kaiser.

1140 Auf Drängen Bernhards werden auf dem Konzil zu Sens die theologischen Ansichten des Petrus Abälard verworfen.

1145 Ein früherer Mönch von Clairvaux wird als Eugen III. Papst. Predigtkampagne gegen Häretiker durch Südfrankreich.

1146 Der Papst ruft auf der Synode zu Vézélay zum 2.Kreuzzug auf und bestellt Bernhard als Kreuzzugsprediger.

1146/47 Ausgedehnte Predigtreisen durch Frankreich, Flandern und Deutschland (u. a. auf den Fürstentagen 1146 in Speyer und 1147 in Frankfurt).

1147 Bernhard begleitet den Papst ein Jahr lang auf seiner Reise durch Frankreich. Er gründet gleichzeitig in diesem Jahr das 50. Tochterkloster von Clairvaux.

1153 Am 20. 8. stirbt Bernhard in Clairvaux.

1174 Seine Heiligsprechung.